曾巩文化丛书

曾南丰先生评传

王琦珍 著

Wang QiZhen

江西人民出版社
Jiangxi People's Publishing House
全国百佳出版社

图书在版编目（CIP）数据

曾南丰先生评传 / 王琦珍著. — 南昌：江西人民出版社，2019.6

（曾巩文化丛书）

ISBN 978-7-210-11403-1

Ⅰ. ①曾… Ⅱ. ①王… Ⅲ. ①曾巩（1019-1083）—评传 Ⅳ. ①K825.6

中国版本图书馆CIP数据核字（2019）第125378号

曾南丰先生评传

ZENGNANFENG XIANSHENG PINGZHUAN

王琦珍 著

策划编辑：王一木

责任编辑：陈子欣

封面设计：上尚装帧设计

出版发行：江西人民出版社

经　　销：各地新华书店

地　　址：江西省南昌市三经路47号附1号

编辑部电话：0791-88612505

发行部电话：0791-86898815

邮　　编：330006

网　　址：www.jxpph.com

E-mail：jxpph@tom.com　web@jxpph.com

2019年6月第1版　2019年6月第1次印刷

开　　本：787毫米×1092毫米　1/16

印　　张：16.25

字　　数：230千字

ISBN 978-7-210-11403-1

定　　价：62.00元

赣版权登字—01—2019—241

承 印 厂：南昌市红星印刷有限公司

赣人版图书凡属印刷、装订错误，请随时向承印厂调换。

总序：向来一瓣香，敬为曾南丰

王水照

宋代的江西是文化辉煌、群星璀璨的地区，所谓“两宋文人半江西”。其时人文鼎盛，堪与汉唐比肩，给后世留下丰厚的精神遗产，江西的才俊们做出很大的贡献。唐宋八大家，宋占其六，而江西又占宋之半壁。在这些熠熠群星间，曾巩是炫人眼目的存在，用朱熹的评价就是：“公之文高矣，自孟、韩以来，作者之盛未有至于斯。”

曾巩早年求学期间，家庭频遭变故，以致他以单弱之身“经营食众口，四方走遑遑”，但“艰难困苦，玉汝于成”，终于进士及第，走上仕途。在馆阁九年，校勘、编定了多种史书。馆阁之后自求外放，转徙七州，政务处理精敏清廉，政声流芳千古。在曾巩的著述生涯中，于文学、理学、史学、金石学等文化领域均有重大的建树，王安石对他的成就推崇备至：“曾子文章众无有，水之江汉星之斗。”这是曾巩的生前之名。

从南宋朱熹的崇奉开始，历元、历明、历清，数百年间，他的声望一日高于一日。明初的朱右创《八先生文集》，嗣后就形成了绵延不绝的“八大家”选本系统。到清初被誉为“天下清官第一”的张伯行编《唐宋八大家文钞》，此书共选曾巩文章128篇，几等于同书其余宋五大家选文的总和。曾巩的声誉到达顶点，几乎无人可以颉颃。也就是说，在八九百年的时间内，曾巩在文学上的声望是不亚于欧、苏、王的，甚至某些方面、某个时期还受到过特别的褒扬。作为中国文学史两宋期间承上启下的代表性人物，曾巩被誉为“上续孟子，下启濂洛”，也因此，他被视为“千古醇儒”。

后世对曾巩这样的尊奉，可用陈师道的诗来形容：“向来一瓣香，敬为曾南丰。”这是曾巩的身后之名。

五四狂飙突起，曾巩的历史命运遭遇重大转折。提倡科学、民主，高呼“打倒孔家店”口号的新文化运动，对于素以“醇儒”面世的曾巩，自然处在横扫之列；他的“古文”以说理为主，提供了我国古典散文审美体系中别具一格的类型，但与其时新文学运动提倡文学革命、张扬以抒情性、形象性为核心的西方“纯文学”观念，发生严重冲突，曾巩和其他文学先贤一起，跌落到被冷落、被贬抑的低谷。虽有不同的声音，但甚为微弱。这不仅是对历史人物的不公，更是不利于深刻认识曾巩遗产对于当下社会的精神价值，不利于文化选择的多样性，不利于民族性的坚守。我们不能自弃取径，自毁宝藏。

1983年，江西省在曾巩故里南丰县举办了曾巩逝世900周年的纪念活动。学界重新审视曾巩，对曾巩的文学、史学的存在致以相当隆重的敬意。从此曾巩重新进入现代人的视野，他的文本被重新阅读，重新评价。曾巩自然是经得起重新阅读和重新评价的。

2019年是曾巩诞辰1000周年，江西各地举行隆重的纪念活动。这是一次盛会，也是一股东风，我们要借此更深入地研究曾巩，拿出更多的成果来，以慰藉这位曾一度备受冷落的大家。曾巩诞辰千年之际，江西省及曾巩故里南丰及早谋划，推出这套《曾巩文化丛书》，一共8册，从曾巩的诗、文、传记、家族、年谱、生平事迹、仕历等方面着手研究，力图全方位展示曾巩整体的完满形象。丛书作者既有省内外曾巩资深研究学者、专家，也有本地新的研究人员，《曾巩文化丛书》墨香浓郁，琳琅满目，深耕细作，推广了曾巩文化，又培养了后继人才，可谓一举数得。

传承中华优秀的传统文化，探寻两宋江右文化繁荣兴盛的原因，必须以深刻分析研究人物个案为切入点。这套《曾巩文化丛书》便是一次很好的践行，值得细读精研。

是为序。

（王水照，复旦大学首席教授，博士生导师，中国宋代文学学会原会长）

目录

第五章
文词近比汉京西

第六章
盛世文坛竞风流

第七章

望处更有山几重

小 引

在宋代文坛上，曾巩是一位很有成就和影响的作家。他以自己的成就，被后人尊为“唐宋八大家”之一。

曾巩，字子固，北宋建昌军南丰（今江西南丰县）人，生于宋真宗天禧三年（1019），卒于宋神宗元丰六年（1083）。后人尊称为“南丰先生”。

以往研究曾巩，比较多的是从“唐宋八大家”的角度来看待他的成就。这自然是应该的。但倘若我们尝试着拓开一些视野，从更为广阔的社会背景上来看待他的全部政治和文化活动，看待他的文学创作和整个社会背景的密切关系，那么，我们对他的观照和研究，可能就会更全面、更完整、更深刻一些。

曾巩生活的时代，是11世纪的中叶。如果孤立地从朝代更替来讲，这正是赵宋王朝的前期。赵宋王朝的建立，结束了自唐代安史之乱以来几百年的动乱局面，一代王朝鸿业初开的喜悦和气象，给人们带来了创建太平盛世的憧憬。但几百年的政治动乱留给新兴王朝的历史教训，也迫使他们去深入地反思和总结，力图寻找到一种新的治国方略，以确保国家的统一和政权的巩固。赵宋王朝的统治者所确立的这个最基本的方略就是崇文抑武，后人将其称之为“文官政治”。一千多年后，当我们冷静地来回顾这段历史、评价它的得失时，我们就会发现，这一方略确实比较有效地保持了国家政权的稳定，带来了经济的短暂繁荣，而更主要的，是造就了一个文化事业空前鼎盛发达的时代。所谓的“风雅大宋”，至今也还为许多文人所倾心向往。但这一方略造成的严重后果，却也是毋庸讳言的，这最主要的，就是明显地削弱了防御外来侵略的能力，同时还给国家财政造成了不堪承受的负担，最后导致了一代王朝的覆亡。而从整个中国封建社会的发展来说，安史之乱又是中国封建社会由盛而衰的转折点。赵宋王朝则正好处于这种下滑的最初阶段，尽管它也曾一度充满鸿业初开的喜悦，但就时代的总趋势看，中国封建社会毕竟已是日过中天，表面的繁华与承平，还是掩盖不了业已出现的衰败征兆，江河日下，百感苍茫，于是，有抱负的最高统治者和政治家们，总想通过革新朝政来扭转局面。所以，在曾巩生活的北宋前期的政治舞台上，也便交织着复杂而激烈的革新与守旧的矛盾，充满着改革与反改革的抗争。这一时期有成就的文人，绝大部分都被卷入了这些政治风暴里。他们的诗文，也在相当程度上折射出了这一历史阶段的社会风貌。曾巩也一样。

第一章

建隆家业大于天

——曾巩和他生活的时代

第一节 “半部《论语》治天下”

——赵宋王朝崇文抑武的治国方略

历史上的任何一个新兴王朝，在其鸿业初开时，自然都有一种令人鼓舞的欣欣向荣的气象。建立于公元960年的赵宋王朝也一样。后来南宋时的杨万里，面对只有半壁江山、偏安于江南的小朝廷，就很怀念北宋开国之初国家的鼎盛局面，写下过“建隆家业大于天，庆历春风一万年”[①]的诗句。但实事求是地说，赵宋王朝的前期其实也还是处于一种非常矛盾的状态中。一方面是结束了五代十国的分裂局面，除燕云十六州和西北地区之外，天下基本一统。随着政权的日渐巩固及一系列休养生息政策的实施，国家确实呈现出一片太平盛世的气象。但另一方面，赵宋王朝的统治者所施行的文官政治，也给国家的安危造成了许多的隐患。

赵宋王朝文官政治的形成，很大程度上导源于两个方面的原因。

一是接受李唐王朝因藩镇割据而最后倾覆的教训。“安史之乱”被平定后，

① 杨万里：《题盱眙军东南第一山》，《诚斋集》卷27，四库全书本。

唐王朝在全国范围内新增了许多节度使，他们所管辖的地区被称作“藩镇”。唐王朝的统治者原本是想通过这些藩镇来加强中央对各地区的军事控制，以便随时平定地方的叛乱。这种设置，在“安史之乱”以后直到黄巢起义的百余年间，也确实起到了一定的作用。但在这个过程中，新的割据倾向，也在渐滋暗长，发展到后来，各节度使纷纷拥兵自重，在军事、财政、人事方面力图摆脱中央政府控制。到黄巢起义失败之后，藩镇连兵，天下大乱，李唐王朝终于在晚唐文人们一片哀婉的悲歌声中灭亡了。接踵而来的，便是五代十国的分裂割据局面。这样一个深刻的历史教训，对新兴的赵宋王朝来说，可以说是惊心动魄的。

二是与其开国皇帝赵匡胤自身的经历有关。赵匡胤原是五代十国时期后周的将领。显德六年（959），周世宗去世，六岁的周恭帝继位。赵匡胤和禁军将领石守信、王审琦控制了军队。这年年底，人们正热热闹闹地准备过春节，京城开封突然传闻纷纷，说是另一个割据政权——北汉，联合北方的少数民族契丹，起兵来犯。仓促之中，朝中执政大臣未辨真伪，立即命赵匡胤率兵出征。正月初四，赵匡胤率军驻扎在开封城外的陈桥驿，军中术士苗训声言天象异常，“日下复有一日，黑光摩荡者久之”[①]。天明时分，军中发生哗变。赵匡胤的弟弟赵光义和一批心腹如赵普、石守信等，将事前准备好的一件黄袍，披到赵匡胤身上，山呼万岁。然后回军京师，逼迫七岁的小皇帝恭宗退位，赵匡胤正式即位，改国号为宋，改年号为建隆。这便是历史上有名的“陈桥兵变、黄袍加身”的故事。而北汉、契丹是否真的联合犯境，赵匡胤即位后便没了下文。至于术士苗训之言、陈桥驿军营的哗变，乃至预先准备好的黄袍等等，是否说明这原本就是策划周密的一次军事政变，也就成了一桩历史的迷案。

这两件事对后来赵宋王朝治国方略的制定，有着相当大的影响。前者是逐渐摆脱了中央有效控制的藩镇，既然可以使强盛的李唐王朝最后土崩瓦解，新兴王朝的藩镇不也会一样效法吗？后者是国家的军队一旦落入有野心的将

---

① 托克托：《宋史·太祖本纪一》，《宋史》卷1，四库全书本。

领手中，便很容易导致直接颠覆国家政权的变乱。窃国者当然最怕新的政变阴谋在自己王朝上演。赵氏政权既然是通过军事政变取得的，作为阴谋家，赵匡胤他们自然深谙其中的奥秘。他们自然而然地会首先想到，是否有人会以其人之道还治其人之身，说不准什么时候，也步其后尘，来个“黄袍加身”呢？而这两种威胁，又都与武将有关。所以，赵宋王朝的统治者，较历史上任何一个朝代的帝王，对武将都更具备一种忌讳和戒备心理。这种心理，严重到近乎变态的程度。于是宋朝一立国，也便有了著名的“杯酒释兵权”的重大政治事件。

这一事件的始作俑者，是赵匡胤的心腹大臣赵普。赵普，字正则，是在陈桥兵变中，参与给赵匡胤披上黄袍的人物之一，此后一直辅佐赵匡胤平定天下，拜为宰相。赵普自小学习吏事，原本是不太读书的。拜相之后，因为赵匡胤一再勉励部下要多读书，赵普专学《论语》，“每决大事，启阁观书，乃《论语》也。时称赵普以半部《论语》治天下”。[①]“晚年手不释卷，每归私第，阖户启箧，取书读之竟日，及次日临政，处决如流。既薨，家人发箧视之，则《论语》二十篇也。”[②]这便是所谓“半部《论语》治天下”的来源。这话说的虽然是赵普个人，其实后来却成了北宋文官政治的代名词。

作为陈桥兵变的重要参与者，赵普也是深知这种手段对政权的重大威胁的。当赵宋王朝刚刚建立而又还不太稳固时，他首先想到了这一点。这件事，很多史料都有记载，而且所记都大同小异。如邵伯温《闻见录》：“太祖初受天命，诛李筠、李重进，威德日盛。因问赵普：‘自唐季以来，数十年间，帝王凡易十姓，兵革不息，生灵涂地，其故何也？吾欲息兵定长久之计，其道如何？’普曰：‘陛下言及此，天下之福也。唐季以来，战争不息、兴废无常者，无他，节镇太重、君弱臣强而已。今欲治之，惟稍夺其权，制其钱谷，收其精兵，则天下安矣。’语未卒，帝曰：‘卿勿复言。吾已悉矣。’顷之，上因晚朝，与故人石守信、王审琦饮酒。帝屏左右，谓曰：‘吾资尔曹之力多矣！念尔之功不忘。然为天子，亦大艰难，殊不若为节度使之乐。吾今终夕未尝

---

① 《氏族大全》卷 15，四库全书本。

② 托克托：《宋史·赵普传》，《宋史》卷 256，四库全书本。

敢安枕而卧也。'守信等问其故。帝曰:'此岂难知?所谓天位者众欲居之尔!'守信等皆顿首曰:'陛下何为出此言?今天命已定,谁敢复有异心?'上曰:'不然。汝曹虽无此心,其如麾下之人欲富贵者何?一旦以黄袍加汝之身,汝虽欲不为,其可得乎?'守信等泣涕曰:'臣愚,不及此,惟陛下哀怜,示以可生之涂。'上曰:'人生如白驹过隙耳,所谓富贵,不过欲多积金钱,厚自娱乐,使子孙显荣耳。汝曹何不释去兵权,择便好田宅市之,为子孙立永久之业?多置歌儿舞女,日饮食相欢,以终天命?君臣之间,两无猜嫌,上下相安,不亦善乎?'守信等皆拜谢,曰:'陛下念及此,所谓生死而肉骨也。'明日皆称病,乞解兵权。上许之,皆以散官就第,赐赉甚厚。或与之结为婚姻,置易制者使主亲军。"①但即便是对姻亲,赵普也是不放心的。《宋史·石守信传》在记述了这件事之后,便接着记述了赵普一力说服赵匡胤解除其岳父符彦卿兵权的过程。符彦卿是懿德符皇后的父亲,也是赵宋王朝的开国元勋。赵匡胤在杯酒释兵权后不久,想用符彦卿执掌兵权,赵普三番五次苦苦劝谏。"上(赵匡胤)曰:'卿苦疑彦卿,何也?朕待彦卿厚,彦卿岂负朕耶?'普对曰:'陛下何以能负周世宗?'太祖默然,事遂中止"。②这样做的结果,从好的方面讲,是彻底消除了藩镇割据和执掌军权的将领发动政变的威胁。但从消极的方面讲,则是使王朝从此严重缺乏文韬武略足可抵御外患的猛将。

与解除将领兵权相适应的,是改革兵制。"太祖、太宗平一海内,惩累朝藩镇跋扈,尽收天下劲兵,列营京畿,以备藩卫。其分营于外者,曰就粮。就粮者,本京师兵而便廪食于外,故听其家往。其边防要郡,须兵屯守,即遣自京师诸镇之兵,亦皆戍更"。宋初将军队分为四大类:藩军、禁军、厢军和乡兵:"制兵之额有四,曰禁兵,曰厢兵,曰乡兵,曰藩兵"。藩兵为边境地区各部落组织的边境防卫武装。乡兵实为各州县乡镇的民兵武装,起维护地方治安的作用。这里最重要的是禁军和厢军。禁军是国家最主要的武装力量。大凡边境防卫和镇压地方重大动乱,都需动用禁军。禁军列营京畿,直接归天子统帅。每年轮换去防守边境,谓之更戍。这就形成了一个所谓"兵

① 邵伯温:《闻见录》卷1,四库全书本。
② 托克托:《宋史·石守信传》,《宋史》卷256,四库全书本。

无常帅，帅无常师”[①]的管理模式，从此，任何将领都不可能直接拥有忠心于自己的强大军队了。这一来，确实相当有效地解决了将领拥兵自重的问题，消除了军阀藩镇对政权的威胁。但弊端也相当明显。这一是军队缺乏有效的训练。二是很多时间往来奔波于京城和边境的道路，不但军队疲惫不堪，而且要耗费大量的钱财。三是一旦边境发生少数民族政权军队的骚扰，等到朝廷派出的军队赶到，对方已掳掠而去，军队往往无功而返。厢军则是各州府所部属的军队，职责是镇守国内各个地区，有时也会被朝廷征调去平定其他地区的叛乱，或增援边境。因为废除了节度使统领地区兵权的制度，宋王朝改由文官即州府长官兼领军队，这些军队就是厢军。宋开国后百年间，除南方和西南曾发生过一些少数民族起义之外，国内基本安定。这些厢军养尊处优，散漫慵懒。有史料记载，说他们日常生活所需的粮食和菜蔬，自己都不去采买，而是雇请人夫运送。他们不但缺乏最基本的军事训练，战斗能力十分低下，而且由于州府长官更换频繁，管理相当混乱，冗兵状况十分严重。而乡兵后来实际上是处于一种有名无实的状态。

对武将的压制与排斥，也就直接导致了对文官的依赖，最高统治者必须依靠文人来管理国家。宋初的两代君主宋太祖赵匡胤和宋太宗赵光义，其实都没有太高的文化修养。但他们对文人却是非常佩服和尊重的。赵匡胤即位的第四年打算改元，交代宰相们拟一个前人未用过的年号，宰相们拟用了“乾德”。但过了三年，宋军平定西蜀，从掳掠来的西蜀宫女用的铜镜上，发现有“乾德四年铸”字样，讯问宰相们，竟无人知晓。后来问到学士窦仪，“仪曰：‘此必蜀物。昔伪蜀王衍有此号，当是其岁所铸也。’”赵匡胤才明白是怎么回事，“因叹曰：‘宰相须用读书人。’由是益重儒臣矣”。[②]他告诫赵普他们要多读书，也便由此而来。

赵宋对文士的优礼，还可以从下面一件事体现出来，那就是内定的不杀文人的政策。这在中国封建社会中是极为罕见的。陶宗仪《说郛》转录了一则记闻，说赵匡胤即位的第三年，曾在太庙寝殿的夹室内密镌一碑，刻有誓

---

① 马端临：《文献通考·兵考》卷152。

② 李焘：《续资治通鉴长编》卷7，四库全书本。

词，用布幔覆盖，并规定天子每次祭享之后，以及新君即位之时，都必须去恭读誓词，但所有官员和随从，都不许靠近，所以没有人知道这誓词的内容。直到北宋灭亡，京城陷落，金兵将徽、钦二帝及整个宫室掳掠北去之后，人们得以进入太庙，才看到这块誓碑的真容，见上面刻有三条誓词："一云：'柴氏子孙有罪，不得加刑。纵犯谋逆，止于狱中赐尽，不得市曹刑戮，亦不得连坐支属。一云：不得杀士大夫及上书言事人。一云：子孙有渝此誓者，天必殛之。"[①]《说郛》注明是摘自陆游《避暑漫抄》。明陆楫《古今说海》也说摘自陆游《避暑漫抄》，但下注说陆游又是抄自《秘史》。应该说这事有相当的可靠性。后来在乌台诗案中，据说宋神宗原本是想杀苏轼的，也是有人提醒他，说祖宗有规矩，不杀士大夫，苏轼这才捡了一条命。

此外，便是给官员们（也包括已交出兵权的武将）以优厚的俸禄。清代的史学家赵翼，写过一本《廿二史札记》。他根据《宋史·职官志》，对整个宋代官员的俸禄标准做过一个统计，其中关于宋初的俸禄制度说："京朝官宰相枢密使月三百千，春冬服各绫二十匹，绢三十匹，绵百两。参知政事枢密副使月二百千，绫十匹，绢三十匹，绵五十两。其下以是为差。节度使月四百千，节度观察留后三百千。观察二百千，绫绢随品分给，其下亦以是为差。凡俸钱并支，一分见钱，二分折支。此'正俸'也。其禄粟，则宰相枢密使月一百石。三公三少一百五十石。权三司使七十石。其下以是为差。节度使一百五十石。观察防御使一百石。其下以是为差。"熙宁变法后，还有增益，此姑且不论。宋初的这种俸禄制度所带来的耗费，对国家和人民，都是不堪承受的负担。所以，赵翼非常感叹地说："此宋一代制禄之大略也。其待士大夫可谓厚矣……然给赐过优，究于国计易耗，恩逮于百官者惟恐其不足，财取于万民者不留其有余。"[②]这就出现了所谓"冗禄"之弊。

再者，就是恩荫。宋朝恩荫分定例和天恩两大类。赵翼《廿二史札记》说："文臣自太师及开府仪同三司，可荫子若孙。及期亲大功以下亲，并异姓亲及门客，太子太师至保和殿大学士，荫至异姓亲，无门客。中大夫至中散大夫，

① 陶宗仪：《说郛》卷39，四库全书本。
② 赵翼：《廿二史札记》卷25，曹光甫点校，上海古籍出版社2011年版。

荫至小功以下亲，无异姓亲。武臣亦以是为差。凡遇南郊大礼及诞圣节，俱有荫补。宰相、执政，荫本宗异姓，及门客医人各一人。太子太师至谏议大夫，荫本宗一人。寺长贰监以下，至左右司谏，荫子或孙一人。余以是为差。此外又有致仕荫补。曾任宰执及现任三少使相者，荫三人。曾任三少及侍御史者，荫一人。余以是为差。此外又有遗表荫补，曾任宰相及现任三少使相者，荫五人。曾任执政官至大中大夫以上，荫一人。诸卫上将军四人，观察使三人。余以是为差。由斯以观，一人入仕，则子孙亲族，俱可得官，大者并可及于门客医士，可谓滥矣。然此犹属定例，非出于天恩也。天圣中，诏五代时三品以上告身存者，子孙听用荫，则并及前代矣。明道中，录故宰臣及员外郎以上致仕者子孙授官有差，则并及于故臣矣。甚至天子新即位，监司郡守，遣亲属入贺，亦得授官，则更出于常荫之外矣。”①

作为对功臣的奖赏，荫子之制，古已有之，但如宋朝荫子如此之滥，却是前所未有。其中虽然包括有武官在内，但正如我们在前面说的，较于文官，武臣不但没有实权，而且人员也要少得多。所以，从某种意义上讲，赵宋王朝的统治者，实际上是将此作为了笼络各级文官的一种手段。这造成的一个直接后果，就是通过科举进入仕途的士子，在谋求一个实职方面，就很困难。而其中荫补入仕者，许多又并未有实际的才干，这也直接导致了施政能力的低下。

对文人的优礼，无疑给士子提供了更为明确的导向。流传甚广的宋真宗《劝学文》，便明确地倡导借读书求取功名富贵，说是“书中自有黄金屋，书中自有千钟粟。书中车马多如簇，书中有女颜如玉”。②而国家又大力兴学，“自仁宗命郡县建学，而熙宁以来，其法寖备，学校之设遍天下，而海内文治彬彬矣”。③学校之设，无疑是为国家培养人才，虽盛于神宗熙宁之后，但却是肇始于宋仁宗一朝的。学校所教育的，都是儒家的经典。杨万里说的“庆历春风”，指的就是这种教学内容和崇学风尚。“春风”一典，出自《论语·先

① 赵翼：《廿二史札记》卷 25，曹光甫点校，上海古籍出版社 2011 年版。
② 高拱：《本语》卷 6，四库全书本。
③ 托克托：《宋史·选举志》，《宋史》卷 155，四库全书本。

进》的“子路曾皙冉有公西华侍坐章”。孔子问曾皙的志向，曾皙说：“暮春者，春服既成，冠者五六人，童子六七人，浴乎沂，风乎舞雩，咏而归。”[①]因为很符合孔子的政治理想，得到孔子的赞许。后来“春风”一词，便被人用来作为传扬儒家学说的典故。杨万里对仁宗的庆历兴学是非常肯定的，所以会做出这样的赞叹。兴学为国家培养了人才，但人才的选拔则还是要通过科举来进行。宋朝的科举分贡举、制举、武举、童子举等四大类。贡举是最主要的科举形式。其中又分“进士”和“诸科”：“初礼部贡举，设进士、九经、五经、开元礼、三史、三礼、三传、学究、明经、明法等科，皆秋取解，冬集礼部，春考试。合格及第者，列名发榜于尚书省。”[②]不过，这中间取人最多的还是进士一科。当然，这也经历了一个过程。“国初进士，尚仍唐旧制，每岁多不过二三十人。太平兴国二年，太宗皇帝以郡县阙官颇多，放进士几五百人，比旧二十倍”。[③]这里说的“几五百人”，包括“诸科”所选拔的在内。洪迈《容斋续笔》卷十三对此有个比较精确的统计。大致来说，宋太宗太平兴国二年进士一百零九人，三年七十四人，五年一百二十一人，八年二百三十九人。雍熙二年二百五十八人。端拱元年二十八人。二年一百八十六人。淳化三年三百五十三人。实际上还有诸科所取录的未计算在内。如淳化三年，除“进士”科录取三百五十三人之外，还有五十一人赐同进士出身，又复试诸科擢七百八十四人并赐及第，百八十人同进士出身。淳化五年得进士王曾以下三十八人，九经诸科百八十人。景德二年得进士李迪等二百四十余人，特奏一百余人，诸科五百余人，诸科特奏七十余人。

更有意思的是，宋初科举，士子在落第之后，当时还可以再试，用今天的话来说，就是二次考试。宋太宗雍熙二年的二百五十八人的取录就存在这种情况。本来已取进士一百七十九人，但公榜之后，有人提出，落第者中，还有很多可取者。于是太宗便下令复试，又得七十六人。又因为这批补录进士中的洪湛文采遒丽，特升正榜第三。又如端拱元年礼部取录程宿等二十八

① 《论语·先进》，《论语注疏》卷11，四库全书本。
② 托克托：《宋史·选举志》，《宋史》卷155，四库全书本。
③ 王栐：《燕翼诒谋录》卷1，四库全书本。

人为进士，有位叫叶齐的落榜考生不服，击鼓论榜，也下令再试，又取了三十一人，加上诸科，因这种取录方式而得官者至于七百人。洪迈在记述了这些事件之后，不由得非常感慨，称赞说，宋初“一时待士，可谓至矣”。[①]

这里所说的，还只是宋太宗一朝的进士取录情况，而且还不包括制举和童子举在内。比如宋词“四大开祖”之一的晏殊，就是以神童被取录而后至宰辅的。此后各朝，几乎都是沿袭这一套路。这在国初官员大量缺乏的情势下，对国家各级政权的迅速完善和稳固自然是大有益处的。但饱和之后，为笼络文人而继续施行这样的政策，就不妥当了。如此庞大的通过科举进入仕途的文士，加上通过恩荫取得官职的官僚子弟，渐渐地也就形成了一个极其庞大的文官集团,宋王朝“冗官”现象的形成,在相当大的程度上便与此有关。这些人都享有国家的俸禄，而恩荫的子弟亲属中的绝大多数人又都无能力承担实际政务。国家用大量的钱财,养着这样一批闲人。这对任何一个政权来说,都是不堪承受的重负。

我们这样说，当然是从其弊端一面来讲的。但赵宋王朝在其初期所推行的这样一套治国方略，在当时还是起到了很重要的作用的。

这首先是国内政局的大致稳定，“天下晏然，逾百年而无犬吠之警”。[②]国家经济也得到了较迅速的发展，这从城市的繁荣状况便可见一斑。我们不妨选择三个城市来看看。仁宗时的词作家柳永有一首著名的《望海潮·东南形胜》:“东南形胜，三吴都会，钱塘自古繁华。烟柳画桥，风帘翠幕，参差十万人家。云树绕堤沙，怒涛卷霜雪，天堑无涯。市列珠玑，户盈罗绮，竞豪奢。重湖迭巘清佳。有三秋桂子，十里荷花。羌管弄晴，菱歌泛夜，嬉嬉钓叟莲娃。千骑拥高牙,乘醉听箫鼓,吟赏烟霞。异日图将好景,归去凤城夸。”据说，金国的国君完颜亮，就是在读了这首词之后，“遂起投鞭渡江之志”。[③]再看西京洛阳。《墨庄漫录》记述洛阳官吏的赏花盛况说:“西京牡丹闻于天下，花盛时，太守作万花会，宴集之所，以花为屏帐，至于梁栋柱栱，悉以竹筒

① 洪迈 :《容斋续笔》卷 13，四库全书本。
② 马端临 :《文献通考·兵考》卷 152，四库全书本。
③ 刘一清 :《钱塘遗事·十里荷花》,《钱塘遗事》卷 1，四库全书本。

贮水簪花钉挂，举目皆花也。”[①]士民如何呢？欧阳修在《洛阳牡丹记》中说：“春时，城中无贵贱皆插花，虽负担者亦然。花开时，士庶竞为游遨，往往于古寺废宅有池台处，为市井，张幄帟，笙歌之声相闻。”[②]真可谓是一片太平和乐气象。最繁华的，当然还要数东京汴梁。张择端的《清明上河图》是尽人皆知的，画中所描绘的汴京的繁华，千载之下，还令人满目骇然。这种景象也可以从其他史料中找到证据。孟元老《东京梦华录自序》说：“辇毂之下，太平日久，人物繁阜。垂髫之童，但习鼓舞。班白之老，不识干戈。时节相次，各有观赏。灯宵月夕，雪际花时，乞巧登高，教池游苑，举目则青楼画阁，绣户珠帘。雕车竞驻于天街，宝马争驰于御路。金翠耀目，罗绮飘香。新声巧笑于柳陌花衢，按管调弦于茶坊酒肆。八荒争凑，万国咸通。集四海之珍奇，皆归市易；会寰区之异味，悉在庖厨。花光满路，何限春游？箫鼓喧空，几家夜宴？伎巧则惊人耳目，侈奢则长人精神。”[③]从书中记录来看，在当时汴京的市肆中，从各类日常用品或奢侈用品，到天下小吃，无不兼备。而最能体现这种繁华气象的，还有社会消费状况。南宋的刘子翚《汴京纪事》中，有一首诗追忆北宋时汴京一所酒楼的宴乐说：“梁园歌舞足风流，美酒如刀解断愁。忆得承平多乐事，夜深灯火上樊楼。”[④]樊楼是汴京最著名的酒楼之一。《东京梦华录》也记载了樊楼生意的兴隆：“向晚灯烛荧煌，上下相照。浓妆妓女数百，聚于主廊□面上，以待酒客呼唤，望之宛若神仙。”“大抵诸酒肆瓦市，不以风雨寒暑，白昼通夜骈阗如此……九桥门街市酒店，彩楼相对，绣旆相招，掩翳天日。”[⑤]

其次，是确确实实为国家培养和选拔了一大批极为杰出的人才。赵宋自太宗至神宗乃至哲宗，人才“彬彬之盛”的局面，其实就是从国初的文官政治中来的。这样大面积、多层次地选拔人才，天下的顶尖人才没有理由不被国家笼括于囊中，到仁宗时期，几乎是井喷式地出现。仁宗朝所得名臣和文

---

① 张邦基：《墨庄漫录》卷 9，四库全书本。
② 欧阳修：《洛阳牡丹记》，《文忠集》卷 72，四库全书本。
③ 孟元老：《东京梦华录自序》，《东京梦华录》卷首，四库全书本。
④ 刘子翚：《汴京纪事》之十五，《屏山集》卷 18，四库全书本。
⑤ 孟元老：《东京梦华录》卷 2，四库全书本。

学名人文彦博、范仲淹、欧阳修、韩琦、富弼、刘沆、张方平、余靖、蔡襄、包拯、赵抃、梅尧臣、司马光、王安石、曾巩、苏轼、苏辙、刘敞、刘攽等，都是在政治或文学上有重要建树的人物。

再次，是文人雅集对文学、史学繁荣的促进作用。文人有文人的好尚和习性，雅集酬唱，诗酒风流，是他们日常生活的重要内容。赵宋王朝的崇文抑武倾向，又为这种习性提供了便利。始于太宗朝的赏花钓鱼曲宴，便是由皇帝发起的。“(雍熙二年四月丙子)是日召宰相、参知政事、枢密三司使、翰林枢密直学士、尚书省四品、两省五品以上三馆学士，宴于后苑，赏花钓鱼，张乐赐饮，命群臣赋诗习射。自是每岁皆然，赏花钓鱼曲宴始于是也。”①这种风气很快扩展至整个官僚群体。沈括《梦溪笔谈》记载的晏殊的一件佚事，即可见一斑：“(殊)及为馆职，时天下无事，许臣僚择胜燕饮，当时侍从文馆士大夫为燕集，以至市楼酒肆往往皆供为游息之地。公是时贫甚，不能出，独家居与昆弟讲习。一日迁东宫官，忽自中批：‘除晏殊。’执政莫喻所因，次日进复。上谕之曰：‘近闻馆阁臣僚，无不嬉游宴赏，弥日继夕，唯殊杜门与兄弟读书，如此谨厚，正可为东宫官。’公既受命，得对，上面谕除授之意，公语言质野，则曰：‘臣非不乐宴游者，直以贫无可为之。臣若有钱，亦须往，但无钱不能出耳。’”②还有就是在家中设宴，邀请朋友、门人聚会，歌舞弹唱，吟诗作赋。同是这位晏殊在枢密使任上时，一日大雪，天寒地冻，欧阳修、陆经等到晏府拜望，晏殊以瑞雪兆丰年，在自家西园设宴招待欧阳修和陆经。座间对雪咏诗。其时西夏大军屯兵边境，边防形势紧张。欧阳修即席赋《晏太尉西园贺雪歌》，诗的结尾云：“主人与国共休戚，不惟喜悦将丰登。须怜铁甲冷彻骨，四十余万屯边兵。”③将大雪与当前严峻的边防形势联系在一起，对晏殊的宴饮歌舞暗含讽谕之意。这种风气，对文学、史学的发展影响很大，宋词的繁荣就是一个例证，宋词中不少名篇，便是这种士大夫或其子弟宴集中的产物，而且还往往伴随着一段风流故事。晏几道的一曲

① 李焘：《续资治通鉴长编》卷26，四库全书本。
② 沈括：《梦溪笔谈》卷9，四库全书本。
③ 吴曾：《能改斋漫録》卷11，四库全书本。

《蝶戀花·小令尊前见玉箫》以其写尽王孙公子们的情场风流，被人们传唱至今："小令尊前见玉箫，银灯一曲太妖娆！歌中醉倒谁能恨？唱罢归来酒未消。春悄悄，夜迢迢。碧云天共楚宫遥。梦魂惯得无拘检，又踏杨花过谢桥。"① 欧阳修和梅尧臣、尹洙等在钱惟演幕中时，和一位官妓特别要好。一日，钱惟演在府中设宴，梅尧臣等都到了，唯有欧阳修和官妓延误了很久才来。钱惟演责备官妓："末至何也？"官妓回答说："中暑往凉堂睡着，觉而失金钗犹未见。"钱惟演说："若得欧阳推官一词，当为赏汝。"欧阳修便即席填了那首有名的《临江仙·柳外轻雷池上雨》，得到大家的赞赏，钱惟演"遂命妓满酌赏欧，而令公库偿其失钗"。② 这样一种风气，也同样影响及于其他文学领域。宋代文学的成就足可与唐代媲美，与这种风气不无关系。但北宋冗官、冗兵、冗禄和积贫、积弱的局面，也在这种表面的盛世繁华底下，渐滋暗长地形成了。

第二节 "北兵林林长备胡"

——北宋前期的边境形势

文官政治造成的后果，当然有很多方面，但危害最烈的，还是国家财政负担的加重和对外防御能力的削弱。元朝的陈栎对此有一段非常精彩的评论。他说："诸将皆归老宿卫，诸州则略无兵权，一兵一财，皆朝廷自制之。故其始虽足以戢奸雄之变，而其终渐无以御外敌之骄。太祖虽以武功开国，而文事已开端，武略已微不竞，立国之势，甚似周鲁仁厚之积，渐必柔弱，理势然也。"③

北宋王朝所面临的外族侵扰，主要来自北边的契丹，亦即辽国，和西北的西夏。

先看来自契丹民族的威胁。

---

① 晏几道：《小山词》，四库全书本。
② 《钱氏私录》，四库全书本。
③ 陈栎：《历代通略》卷 3，四库全书本。

契丹是我国北方地区的一个非常骠悍的少数民族，古时为东胡族，生活在辽河上游，北魏时始见于史书的记载，唐时曾附于唐。公元907年前后，其首领耶律阿保机统一契丹各部及邻近各部，并于公元916年建立政权，后改国号为辽，成为了与五代十国及其后的北宋并立的政权。在唐末五代分裂割据的情势下，契丹乘机占据了幽州、蓟州等大片地区，史称燕云十六州。赵匡胤代周而立之后，将主要精力放在结束内地的分裂方面，次第用兵，先后消灭了荆南、南平、后蜀、南汉、南唐等割据政权，对北边的契丹基本上取守势，“命李汉超屯关西，马仁瑀守瀛州，韩令坤领常州，贺惟忠守易州，何继勋领棣州，以拒北敌”。[①] 以此，对在五代十国分裂时期被契丹占领的燕云十六州，也便没有去收复。但这始终是赵匡胤的一块心病。因为从宋辽边界，到处于中原腹地的北宋首都汴京，其间的华北平原，都是一马平川，无险可守。而作为半游牧半农耕的契丹民族，其骠悍的骑兵队伍正可充分发挥其优势。所以，在开国之初，赵匡胤便有过迁都的考虑，因为他生于洛阳，乐其土风，想先迁至洛阳，再迁至长安，效法周、汉两朝，依凭山河之险，来保证国都的安全，以节省为防卫京师而耗费的大量财力。他之所以想分两步走，看来是有过比较周密的考虑的。当务之急，是先解决建都汴梁的不安全感。而不直接迁于长安，则是因为西北还有一个强大的西夏政权存在。而长安与西夏之间的战略要地横山以北地区，当时也还不在赵宋王朝的版图中。后来朱熹便分析过这一态势，说了一段很精辟的话。朱熹说:“前代所以都关中者，以黄河左右旋绕，所谓临不测之渊是也。近东独有函谷关一路通山东，故可据以为险。又关中之山，皆自蜀汉而来，至长安而尽。若横山之险，乃山之极。本朝则自横山以北，尽为西夏所有。山河之固，与吾共之，反据高以临我，是以不可都也。”[②] 由此来看，赵匡胤是想对北面的辽国先取守势，而先统一中原、南方和巴蜀，并相继解决西夏的问题，再迁都长安，最后来收复燕云十六州。他之所以在北面安排那么多优秀的将领，而又迟迟不对辽国发动进攻，显然是出于这样一种考虑。但这个动议一提出，便遭到臣僚乃至其

---

① 托克托：《宋史·马仁瑀传》,《宋史》卷273，四库全书本。
② 《朱子语类》卷133，四库全书本。

弟弟即后来的宋太宗赵光义的坚决反对和抵制，只得作罢。《续资治通鉴长编》记载这一争论过程说："上（赵匡胤）生于洛阳，乐其土风，尝有迁都之意。始议西幸，起居郎李符上书，陈八难曰：'京邑凋弊，一难也。宫阙不完，二难也。郊庙未修，三难也。百官不备，四难也。畿内民困，五难也。军食不充，六难也。壁垒未设，七难也。千乘万骑盛暑从行，八难也。上不从。既毕祀事，尚欲留居之。群臣莫敢谏。铁骑左右厢都指挥使李怀忠乘间言曰：'东京有汴渠之漕，岁致江淮米数百万斛。都下兵数十万人，咸仰给焉。陛下居此，将安取之？且府库重兵，皆在大梁，根本安固已久，不可动摇。若遽迁都，臣实未见其便。'上亦弗从。晋王（赵光义）又从容言迁都非便。上曰：'迁河南未已，久当迁长安。'王叩头切谏。上曰：'吾将西迁者，无它，欲据山河之胜而去冗兵，循周、汉故事以安天下也。'王又言在德不在险。上不答。王出，上顾左右曰：'晋王之言固善，今姑从之。不出百年，天下民力殚矣。'"[①] 赵匡胤这一担心，后来也为历史所证明。宋太宗即位后，继承了赵匡胤先结束分裂局面的方略，先灭了北汉，又使吴越归顺。除燕云十六州外，天下复归一统。但他还是坚持建都汴京。为此，他调整了赵匡胤的战略，决定先解决北边的问题，在平定北汉、占领太原后，就提出了夺取燕云十六州的设想，但遭到许多将领的反对，"诸将以为晋阳之役，师罢饷匮。刘继元降，赏赉且未给，遽有平燕之议，不敢言"。当时只有一个叫崔翰的人支持。"翰独奏曰：'所当乘者，势也。不可失者，时也。取之易。'上谓然。定议北伐"。[②] 太平兴国四年（979）六月，宋军在赵光义的亲自统帅下，开始了收复燕云十六州的第一次北伐，双方鏖战于高梁河，结果宋军败绩，被辽军追杀三十余里，斩首万余级，赵光义在乱军中逃出，回到汴京。第二年十一月，宋辽两军又战于莫州，宋军再次被打败。雍熙三年（986），宋军第二次北伐，其初，连连大捷，收复了朔、云、应、飞狐、灵邱、蔚州等多处州县。但因粮草供应不上，又加暑热蒸腾，在辽军强势反击下，宋军的第二次北伐又以失败告终。

---

① 李焘：《续资治通鉴长编》卷 17，四库全书本。
② 托克托：《宋史·崔翰传》，《宋史》卷 260，四库全书本。

太宗朝的两次北伐失利，也标示着宋朝收复燕云十六州计划的终结，宋军对契丹的基本战略开始由进攻转为防御。这也便开启了辽国迭次南侵的阶段。自咸平二年（999）开始，辽军便经常在边境挑衅，规模大小不等，以掠夺财物为主，但也因此而屠杀百姓，给边境地区的人民造成巨大灾难。宋军虽然积极抵抗，但一望无际的河北平原，非常适合辽军骑兵的活动。辽军无论进退，都速度极快，且战术灵活，令宋军防不胜防。这种局面，一直持续到真宗景德元年（1004）。这一年，辽军仍旧用这种袭扰战术寇犯边境，"纵游骑掠深、祁间，小不利辄引去，徜徉无斗意"。宋朝方面位居宰辅的寇准和毕士安意识到，这很可能是辽军大规模进攻的前奏，于是"请练师命将，简骁锐，据要害以备之"。[①] 九月，辽圣宗、萧太后果然率兵二十万大举南侵，边境报急的信"一夕凡五至"。辽军直逼黄河北岸的澶州（今河南濮阳），东京危急。这显然不再是过去的中小规模的边境掠夺。面对险恶的形势，宋真宗非常畏惧，准备放弃汴京。大臣中，王钦若建议逃往金陵（今江苏南京），陈尧叟主张迁都成都。寇准和毕士安据理力争，终于说服真宗亲临澶州前线。当时双方的鏖战正处于胶着状态，当真宗的黄龙伞盖出现在城头上时，宋军士气大振，奋勇向前，将交战的辽军斩杀大半。又相持了十余日，在辽军攻城时，宋军将领一箭射死了辽军统帅挞览。辽军屡战不利，统帅又阵亡，加上劳师远征，粮草不济，主动提出和谈。宋真宗原本就很畏惧辽国，收到辽军和谈的要求，不顾寇准等的反对，派曹利用为使者，与辽议和，划定以白河沟为两国国界，辽归还此次南侵中新占领的宋朝河北地区的领土，双方约为兄弟之国，但宋每年须送辽银十万两、绢二十万匹。而之所以定下这个数目，还是寇准在看到无法阻止和谈的情况下，单独召见曹利用，"语曰：'虽有敕，汝所许毋过三十万。过三十万，吾斩汝矣！'利用至军，果以三十万成约"。[②] 历史上将这次和谈称为"澶渊之盟"。澶渊之盟是在宋朝取得胜利的形势下签订的条约，它开了得胜者反而年年赔款的先例，给宋朝的财政和民众增加了很重的负担。这种屈辱，令当时乃至后来的许多士大夫都非常愤懑。

---

① 冯琦：《宋史纪事本末》卷 3，四库全书本。

② 托克托：《宋史·寇准传》，《宋史》卷 281，四库全书本。

澶渊之盟缔结后，辽方其实并没有停止战争，辽主还一直想吞并宋朝。《辽史·萧孝穆传》记载说：“时天下无事，户口蕃息，上富于春秋，每言及周取十县，慨然有南伐之志。群臣多顺旨。”[①] 宋朝方面，真宗去世后，仁宗即位，改元庆历。庆历元年（1041）十二月，辽国启动了这一索地增款的阴谋计划。“是时帝欲一天下，谋取三关，集群臣议。（萧）惠曰：‘两国强弱，圣虑所悉。宋人西征有年，师老民疲。陛下亲率六军临之，其胜必矣。’萧孝穆曰：‘我先朝与宋和好，无罪伐之，其曲在我。况胜败未可逆料，愿陛下熟察。’帝从惠言，乃遣使索宋十城，会诸军于燕。惠与弟帅师压宋境。宋人重失十城，增岁币请和”。[②] 辽国的军事讹诈再次得逞，这一次，“宋岁增银绢十万两匹，文书称‘贡’，送至白沟”。[③] 此后，辽国便“不复求婚，专欲增币”，[④] 将之变成了没完没了的讹诈。

宋王朝面对的另一个边境威胁是西夏。西夏本名大夏国，因为地处中原的西面，学界便习惯地称之为西夏。这是我国历史上一个由西北少数民族党项族建立的政权。西夏统治者的先祖，在唐时，曾依附于唐朝中央政权，赐姓李。在唐亡之后的战乱中，也曾割据一方，但未称帝。宋太宗时期，夏主李继捧归顺宋朝。但因其宗室内部的矛盾，这种归附其实存有很大的隐患，为后来与宋朝的关系留下了祸根。李继捧归顺后，宋太宗用赵普的计策，将他召至京城，赐姓赵，改名保忠，让他去镇守边关，充定难军节度使，以解决西夏方面的问题。之后，宋朝相继任命了他的兄弟李继迁、李继忠为观察使、团练副使等职，而且都赐姓赵。但这个李继迁“实无降心”，三番五次背叛，在边境烧杀抢掠，扩大势力范围。真宗即位后，又曾一度归顺，但没过几年，于咸平五年（1002）又“大集蕃部，攻陷灵州，以为西平府”。[⑤] 第二年春，建都于灵州，派人和宋朝议和。宋朝还竟然将河西五州割让给了他。六月，他又以二万骑兵围攻麟州。但这次遭受宋军重创，死伤万余人，只好

---

① 托克托：《辽史·萧孝穆传》，《辽史》卷87，四库全书本。
② 托克托：《辽史·萧惠传》，《辽史》卷93，四库全书本。
③ 托克托：《辽史·兴宗纪二》，《辽史》卷19，四库全书本。
④ 托克托：《宋史·富弼传》，《宋史》卷313，四库全书本。
⑤ 托克托：《宋史·夏国传上》，《宋史》卷485，四库全书本。

撤兵而去。李继迁后来在和周边少数民族部落的作战中负重伤，死于宋真宗景德元年（1004）。他的儿子李德明继位。李德明也曾上表宋朝表示归顺之意，但同时又在宋辽两国之间游刃有余地谋取最大利益，并接受辽国的封号，称大夏国王，依旧不断骚扰宋朝边境。宋仁宗天圣六年派其子李元昊攻占甘州，势力越来越强大。三年后，李德明死，李元昊继位。如果说，李元昊的祖先们对宋朝的骚扰还只是小打小闹的话，李元昊可就是宋朝的大患了。李元昊是夏国历史上最有雄才大略、也最有野心的君主。他继位时，夏国已有五十万精锐的兵马，这还不算所占区域内随时可以征召的民兵。他对军队进行了一系列的改革和训练，可谓是精兵强将、气焰熏天。宋仁宗宝元元年（1038），自觉已羽翼丰满的李元昊“筑坛受册，即皇帝位，时年三十……国称大夏，年号天授”，[①] 移书宋朝，要求承认。宋朝在气愤之余，下令削夺了原来赐予西夏国主的官爵，停止了所有边境贸易，并揭榜于边境，招募能人，能生擒或斩杀李元昊者，直接授予节度使之职。

这时的宋朝，来自北边辽国的压力依然存在。而如果不消除来自西夏的威胁，要迁都长安，也便永远只是一句空话。偏偏在西北边境所面临的，又是一个如此强悍的对手。从某种意义上讲，李元昊的称帝，其实还只是赵宋王朝西北边境噩梦的开始。他所觊觎的，是横山及横山以东的关中平原，甚至赵宋王朝更大面积的国土。从李元昊称帝，到北宋末年，宋夏的战争前后共发生了五次，而且每一次都非常惨烈。其中在本书传主曾巩的一生中，便有四次。

第一次是发生在仁宗宝元二年（1039），历史上称之为延州之战或三川口之战。这年三月，赵元昊率军佯攻北宋的金明寨（今陕西安寨南），同时制造假象，写信给宋朝延州（今陕西延安）知州范雍，表示愿意与宋和谈。范雍信以为真。李元昊趁宋军防御松懈，调集大量军队，突然包围延州。宋军大将刘平等奉命增援，在三川口陷入西夏军队重重包围之中。刘平等率军与敌苦战，虽重创敌军，但终因寡不敌众，更加西夏又增援了大量军队，最

---

① 托克托：《宋史·夏国传上》,《宋史》卷 485，四库全书本。

后还是被西夏击败，两位主将被俘。这时幸得宋军另一支队伍偷袭李元昊部成功，西夏才撤军。这次战争，虽然成功抵御了西夏军队的入侵，但损失相当惨重，边境的防御也开始处于十分被动的地位。第二次是好水川之战。三川口之战失利以后，宋仁宗深感西夏的强大和威胁，调整并加强了西北的防务，令夏竦为陕西经略安抚使，韩琦、范仲淹为副使，共同谋划对西夏的战争。康定二年（1041）二月，李元昊再次率十万大军南下，进攻宋朝。他把主力埋伏在好水川口，另一部分攻打怀远（今宁夏西吉东），声言攻打渭州（今甘肃平凉），以引诱宋军深入。这时宋军将领意见发生分歧，韩琦力主进攻，范仲淹则主张谨慎行事。韩琦不听范仲淹劝阻，派出军队五万余人，想从西夏军队后面包抄，伺机攻破西夏，军队到达怀远城，正遇上另一支宋军与西夏军队鏖战，两军合力，斩首数千。西夏军队假装败退，宋军随尾追击至好水川，遇西夏主力伏击，宋军几乎全军覆没。宋仁宗撤换并贬谪了韩琦和范仲淹。第三次是定川寨之战。李元昊得知宋朝撤换了韩琦和范仲淹，认为形势更为有利，于仁宗庆历二年（1042），发动了第三次战役。因为当时宋朝的精锐部队都聚集在宋夏边境，关中地区的守备力量便显得很薄弱。西夏派出十万大军，分成两支，一支牵制边境地区的宋军，另一支乘机直取关中平原，企图攻占长安（今陕西西安）。前往增援的宋军在定川寨（今宁夏固原西北部）陷入西夏军队的重围，宋军大败，十五员将领战死，近万人的队伍基本上是全军覆没。但西夏的另一路军队却遇到宋军的顽强阻击，西夏军队也全军覆没。双方打成平手，李元昊直取关中、占领长安的美梦也随之而彻底破灭。史学界通常将第三次战役称之为定川寨之战。

北宋与西夏之间这三次大规模战役，宋军都以失败而告终。宋仁宗已然明白，对西夏的战争，在短期内是不可能取胜的，而国家的财力也再经不起这样的消耗。西夏方面，虽然屡屡得胜，但其借助战争之所得，也远远抵偿不了战争中的消耗。和先前归顺宋朝时的赏赐所得，及边境民间贸易所获取的物资与财富相比，明显的是得不偿失。此外，由于四面出击，连年征战，国库空虚。边境贸易中断之后，物资匮乏，物价上涨，百姓困苦，怨声载道，加上与辽国的关系也越来越紧张，各种原因迫使西夏选择了与宋和谈的道路，双方于宋仁宗庆历四年（1044）达成和议：西夏向宋称臣并取消帝号，李元昊接受宋的封号，称夏国主；宋夏战争中西夏所占领的宋朝领土以及其他边境蕃汉居住地区全部归属宋朝；宋朝每年赐给西夏银五万两，绢十三万匹，茶两万斤。除此之外，每年各种节日，宋朝还要赐给西夏银两万二千两，绢两万三千匹，茶一万斤。第二年，宋朝在边境重新开设贸易市场，双方恢复了贸易往来。历史上将此称之为“庆历和议”。李元昊、宋仁宗死后，西夏军队于英宗治平元年还曾攻略庆州，但被宋军击败，宋朝的西北边境才大致消停了下来。

在很长一段时间内，我们学界论及燕云十六州时，大都是语焉不详地说燕云十六州自始至终都没有在宋王朝的版图内，似乎宋王朝的统治者是不愿意或不敢去收复国土。其实，无论是北边的燕云十六州也罢，西北横山以西的大片国土也罢，宋辽之间，宋朝和西夏之间，都进行过极其残酷的争夺，只不过由于各种各样的原因，宋王朝没能取胜而已。而其中毋庸讳言的一点，就是赵宋王朝崇文抑武的治国方略，虽然稳定了其对内的统治，但却削弱了他抗击外来侵略的能力。这不但使赵匡胤在开国之初迁都洛阳、再迁长安的计划最终没能实现，赵宋王朝来自北面和西北的威胁依然存在，并且成为了两把利剑，时时悬在赵宋王朝的头上，比较开国之初，还要承受对辽和西夏每年极其沉重的纳款贡物的负担。这对原本就为“冗官”“冗兵”“冗禄”所极度困扰的宋王朝来说，更是平添了一种不堪承受的重负。北宋王朝积贫积弱的局面，也便越来越严重。连当时还是一介布衣的曾巩，都一再在诗中发出浩叹：“南粟鳞鳞多送北，北兵林林长备胡。北使一来大梁下，塞头弯弓士如无。折冲素恃将与相，大策合副艰难须。还来里闾索穷下，斗食尺衣皆北输。中原相观叹失色，胡骑日肥妖气麄。九州四海尽帝有，何不用之藩北隅？”[①]“太祖太宗能得人，长垒横边遮虏尘。”“当今羌夷久猖蹶，兵如疽痈理须决。堂堂诸公把旄钺，硕策神韬困羁绁。”[②]结果正如赵匡胤所预料的，国家将为此而弄得民穷财尽。实际上，开国不到五十年，宋王朝的财政压力

① 曾巩：《胡使》,《元丰类稿》卷 1，四库全书本。
② 曾巩：《边将》,《元丰类稿》卷 4，四库全书本。

便已经使它落入了空前的困顿之中。从仁宗庆历以后至神宗熙宁年间，宋王朝的两次重大的政治改革，也就由此而来了。在王安石倡导的熙宁变法推行四年之后，国家财力有了相当的改善，而当时的西夏又利用河湟地区（今甘肃省西南部）藏族部落首领的矛盾，力图将这一地区变成进攻宋朝的走廊。熙宁五年（1072），宋神宗接受了王安石的建议，任命王韶领兵出征，一举收复熙河地区（今甘肃临夏、临洮一带）。至次年冬，共收复失地两千多里，实际控制区恢复到唐代安史之乱前中原王朝对这一地区的控制范围。这是赵宋王朝立国以来在边境防御中取得的最为辉煌的胜利。但可惜的是，随着熙宁变法的失败和王安石的罢相，王韶也因为支持王安石变法而被贬谪，北宋王朝重新落入了贫弱不堪的泥淖里。这期间西夏和辽国的形势也发生了很大的变化。起先是辽国逐渐走向了衰败，北方新兴起了一个少数民族政权——金，辽在金、宋、西夏的三面夹击下，为金所灭。接着金军又挥师南下，不断袭扰宋朝。最后，像赵匡胤当年所担心的那样，金兵的铁骑，在坦荡如砥的华北平原上所向披靡，直捣汴京，把北宋最后的两个皇帝徽宗和钦宗及整个皇室成员，全部掳掠而去。立国一百五十余年的赵宋王朝，终因自身的积贫积弱而被北方南来的少数民族军事集团所灭亡。西夏后来也为后起的蒙古所灭亡。当年三足鼎立的北宋、辽和西夏，就这样被淹没在了历史的烟尘里。

第三节 “独恨无人作郑笺”

——北宋前期的文坛风尚

文官政治带来了国内的稳定，上层统治者不但极力引导和鼓励那些曾经手握重兵的武将们追求奢华享乐，对文人们的风雅好尚也是大加提倡，并因此而极力地营造一种浓重的文化气氛。这样一种导向确实在相当大的程度上促成了北宋文化的发展与繁荣。当代学者将这称之为“大宋风雅”。这说法确实比较生动地描绘出了整个北宋的社会风尚。这种风尚的影响是多方面的，其中一个主要的方面，便是宋代文风的走向。

文风的更替，和政权的更迭往往是不同步的。宋代文风的演变，和唐代及五代十国有很直接的关系。

我们先看它和唐代古文运动的关系。

唐代古文运动是一场所谓“文起八代之衰,而道济天下之溺”[①] 的文学革新运动。这场运动在当时取得了成功，但其自身在理论上的局限，也使它未能完美地完成其使命，而将一些问题留给了后世。这主要表现在以下两个方面。一是如何处理“文”与“道”的关系，二是如何对待古奥艰涩的文风。唐代古文运动带纲领性的口号是“文以明道”，但古文家们各自的解释是不一样的。这个口号在运动发起之初是有很强的现实意义的。韩愈、柳宗元他们是想借六经之学，来拯救自南北朝以来日益变得空洞淫靡的文风，来矫正文人不端的品行。但随着运动的深入，其中的不足也就暴露了出来，“道”的内涵究竟是什么？有“道”是否就一定有“文”？“道至”是否“文”也真的能“自至”？这些问题在唐代古文家中实际上没有达成共识。后来韩愈的弟子李翱，便把这一理论引向了极端，将文道合一，以“道”来替代“文”。另一方面，为了改变六朝淫靡华美的文风，韩愈特别强调“尚奇”。尽管他自己的文章也文从字顺，但也多给人一种“怪怪奇奇”的感受。他对“尚奇”的提倡，以及对文风艰涩的弟子樊宗师的赞许，也给古文运动的发展带来了负面的影响。到唐代古文运动的后期，韩愈的另一弟子皇甫湜便发展了他这一方面的特点，“今观其文，句镵字削，笔力生健，如挽危弓，臂尽力竭，而强不可制”。[②] 唐人将这些问题留给了后世。而在北宋之前五十余年的五代十国时期，用后人的话来说，又是一个所谓君子道消、小人道长的混乱年代，干戈扰攘，民不聊生。军阀们往往割据一隅，淫奢挥霍。依傍这些分裂政权的文士，囿于时风，花酒颓唐，大都流连声伎，陪伴着他们的主子们，在花间樽前的浅斟低唱中打发着时光。我们不难想象，这些终日沉浸在温柔富贵之乡中的文人们所喜好的文风会是什么？赵宋王朝建立之后，由晚唐五代沿袭而来的绮靡文风，仍旧按历史的惯性在继续发展。这情况和隋代及唐初非

① 苏轼：《潮州韩文公庙碑》,《东坡全集》卷 86，四库全书本。

② 章学诚：《皇甫持正文集书后》,《章氏遗书》卷 8，文物出版社 1982 年版。

常相似，而且延续了将近七十年之久。宋初的富弼在《哭尹舍人词》中，描绘宋初古文运动的倡导者尹洙登上文坛时的文风，说是“始君作文，世重淫丽。诸家舛殊，大道破碎。漫漶费词，不立根柢。号类啸朋，争相教惎。上翔公卿，下典书制”。[①] 这种状况，正是五代文风的沿续。唐末五代词的产生，原因固然有很多个方面，但和这种社会文化背景则有着非常密切的关系。反映到古文创作领域，整个五代，盛行于世而作为主流的，仍旧是唐末那种“忘于教化之道，以妖艳为胜”的“浮艳之文”。[②] 这些文章在体裁上，依旧是形式精美、全然律化了的骈体文。

出来扭转这种局面的，是较尹洙稍早一些的柳开和王禹偁。

柳开在宋初古文运动的蕴酿过程中，是一位很有贡献，而且颇有意思的人物。他给自己取了个名字叫“肩愈”，字“绍先”，表示要肩随韩愈，绍述先辈；后更名为“开”，字仲涂，用他自己在《补亡先生传》中的话来说，就是要“开古圣贤之道于时也，将开今人之耳目使聪且明也。必欲开之为其涂矣，使古今由于吾也。故以仲涂字之”。[③] 他是以韩、柳的继承者和新古文运动的先驱者自命的。更有意思的是，他为了写作古文、影响文风的走向，还身体力行，刻苦地加强自身的道德修养。这在常人看来，实在有些迂腐，甚至还有几分天真可爱。但在当时，却是难能可贵的。然而结果却让他非常沮丧，“动得憎嫌，挤而斥之。”[④] 他其实不太明白，骈体作为一种形式精美的文体，毕竟还有它存在的合理性，它的典雅华丽很适用于朝廷公文的写作。所以，全面废弃是不现实、也不可能的。而在文学本身，也毕竟已积重难返，文风转化的时机还远未成熟。他自己的理论与实践，乃至他自己的社会地位，也不足以对整个文坛发生重大的影响。柳开就他自己心目中的“文道”作过这样的说明：“吾之道，孔子、孟轲、扬雄、韩愈之道。吾之文，孔子、孟轲、扬雄、韩愈之文也。”他所继承的，实际上不是韩、柳古文的正确道路，而是李翱他们将文统与道统合一的理论。李翱他们曾因此而将唐代古文运动引向了衰落，柳

① 富弼：《哭尹舍人词》，《宋文鉴》卷 132，四库全书本。
② 牛希济：《文章论》，《文苑英华》卷 742，四库全书本。
③ 柳开：《补亡先生传》，《河东集》卷 2，四库全书本。
④ 柳开：《再与韩洎书》，《河东集》卷 9，四库全书本。

开想借此来振起一代，那当然也是不可能的。在创作实践中，他虽然也主张“古文者，非若辞涩言苦，使人难诵读之。在于古其理，高其意，随言短长，应变作制，同古人之行事，是谓古文也。”[①] 并自称是效法司马迁、班固和韩愈，但实际上远没有达到他们的水准。明代“后七子”的领袖王世贞在《池北偶谈》中评他的《河东集》说：“予读开《河东集》，但觉苦涩，初无好处。岂能言之而不能行耶？”[②] 他的古文写作，实际上是走了皇甫湜追求艰涩险怪的道路。这两者合在一起，他的沮丧也就在情理之中了。

王禹偁比柳开更强调文章的社会功用。这使他的文章显得内容丰富而充实。他的文章经常对社会政治进行直接的批评，有的批评还相当的尖锐。在语言方面，也简洁朴实、层次分明。他明确提出了为文须“句易道，义易晓”[③] 的主张，这正是对韩柳古文“文从字顺”传统的继承。这也就决定了他的文章，较之柳开的繁芜苦涩，更显得简洁、朴实而平易。

作为宋文最早的开拓者，柳开和王禹偁对李翱都有所继承。但柳开更得了他重道的这一方面，同时又深受皇甫湜他们因学韩愈“尚奇”而致苦涩的影响。所以他的成就便受到了很大的限制。宋代古文中的一派，便由李翱沿柳开而下，入于道学一派的理论之中。王禹偁则由李翱上溯韩愈，对“文”与“道”的关系，他的理解更接近于韩愈的本意。宋文中的另一支，便实际上是上承韩愈、李翱，沿王禹偁而下，既重道，又重文，开启了以欧阳修为代表的宋代古文的主流一派。三苏、曾巩、王安石便是沿着这一脉络发展而来的。

柳开、王禹偁吹响了反靡丽文风的号角，但文坛风尚毕竟积重难返。在柳开、王禹偁之后，文坛上盛行的是骈体文的一个新品种：西昆体。西昆体原本是对宋初馆阁文人杨亿、刘筠、钱惟演等倡导的一种文风的称呼。《古今诗话》载录的一则笑话，即可见这种文风的特点：“杨大年（亿）、钱文僖（惟演）、晏元献（殊）、刘子仪（筠）为诗，皆宗义山（李商隐），号‘西昆体’。

---

① 柳开：《应责》，《河东集》卷 1，四库全书本。
② 王世贞：《柳开论文》，《池北偶谈》卷 17，四库全书本。
③ 王禹偁：《再答张扶书》，《小畜集》卷 18，四库全书本。

后进效之，多窃取义山诗句。尝内宴，优人有为义山者，衣服败裂，告人曰：‘吾为诸馆职挦扯至此！’闻者大噱。”① 西昆体主要盛行在诗歌领域，但也波及于文，而且成了科举考试基本的文章模式。欧阳修在《记旧本韩文后》中说：“是时天下学者，杨、刘之作，号为‘时文’。能者取科第，擅名声，以夸荣当世。”② 范仲淹也说，因为当时科考所取就是这样的文章，事关功名富贵，自然也就天下向风，“学者刻辞镂意，有希髣髴，未暇及古也。其间甚者，专事藻饰，破碎大雅，反谓古道不适于用，废而弗学者久之”。③ 这时的骈体文比初唐还不如。至少，初唐“四杰”的骈文，在内容上具有了更多的社会现实的内涵和个人身世的感慨，在形式上又有使骈文更为精美的积极因素。西昆体从总体上讲，还是衰唐藻韵的延续，虽还不似五代骈文的空泛与鄙芜，但从主导倾向来看，还是属于赋颂功德、粉饰太平的一类。更加在语言上也和他们的诗歌一样，学李商隐的多用典故，所以往往给人以争奇斗胜、佶曲聱牙之感，文章差不多变成了文人们一种官场应酬的游戏文字。后来元代的作家元好问在《论诗绝句》中便很感慨地说：“诗家总爱西昆好，独恨无人作郑笺。”④ 实在是一针见血的批评。

西昆体在文坛上延续了好些年，终于因他们的诗歌被认为暗写了后宫风流，有伤皇家的体面与尊严，而受到了严厉的批评。宋灭蜀时，曾将蜀国的两个妃子作为战利品掳掠以归，置于后宫之中。杨亿、钱惟演和刘筠等唱和《宣曲》诗，其中有“取酒临邛远，吞声息国亡”⑤ 的诗句。另外，钱惟演也有“有恨岂因燕凤去？无言宁为息侯亡”⑥ 的诗句，用了汉代卓文君和《汉书》所载赵飞燕姐妹故事，还化用了《左传》所载楚灭息国，掳息夫人以归的典故。统治者认为是暗讽他们掳掠蜀中二妃之事，很不高兴。但此事毕竟不好过度渲染，所以只从文风方面予以批评。其实，这帮子文人用这些典故，只

① 马端临：《文献通考》卷 234，四库全书本。
② 欧阳修：《记旧本韩文后》，《文忠集》卷 73，四库全书本。
③ 范仲淹：《尹师鲁河南集序》，《范文正集》卷 6，四库全书本。
④ 元好问：《论诗绝句》，《遗山集》卷 11，四库全书本。
⑤ 刘筠：《宣曲》，《西昆酬唱集》卷上，四库全书本。
⑥ 钱惟演：《无题三首》其一，《西昆酬唱集》卷上，四库全书本。

是学李商隐，是在掉书袋子，想方设法表达诗题所要求的内涵，非关美人，非关国事，统治者多心而已。大中祥符二年（1009），真宗皇帝亲自颁发诏令，要求纠正文风。诏书中说："国家道莅天下，化成域中。敦百行于人伦，阐六经于教本。冀斯文之复古，期末俗之还淳。而近代以来，属辞多弊，侈靡滋甚。浮艳相高，忘祖述之大猷，竞雕刻之小巧。爰从物议，俾正源流……"并明确规定："今后属文之士，有辞涉浮华、玷于名教者，必加朝典，庶复古风。"[①] 确切地说，这其实只是一个偶然的事件，这一批评最初其实也还只是限于所谓"玷于名教"方面，既不涉及于文体，也不是要作家们去写关乎社会民生的内容。但毕竟是发自于皇权的批评，这对那些反对唐末五代以来淫靡浮艳文风的作家来说，却无疑是一个天赐良机，使他们倍受鼓舞。他们于是想借机改变西昆体泛滥文坛的局面。但在现实中，这并不那么简单。此事发生十五年后的宋仁宗天圣三年，范仲淹给仁宗皇帝上了一篇《奏上时务书》，谈的第一个问题就是改变文风。范仲淹认为，文章关乎社会教化，文风问题不容小觑。文章的内容和文采是相辅相成的关系，不能割裂开来看待。前代文风未能自救，延及当代，依旧还在崇尚六朝那样的文风。他请皇帝下诏约束，"以救斯文之薄而厚其风化"。[②] 再往后的天圣七年和明道二年，朝廷又两度下诏申戒浮华。明道二年的诏书甚至直接涉及了改革科举考试的方式，以引导文风的走向："近岁进士所试诗赋，多浮华，而学古者或不得以自进，宜令有司兼以策论取之。"[③] 借助行政手段来纠正文风，这和隋文帝时对文风的改革颇有些相似。但借科考来引领文风，这确实不失为一项别出心裁而又有效的措施。这一阶段上层统治者对文风的批判和矫正，较之于真宗对西昆派作家的批评，又进了一步。

除上层的导向之外，文坛上对这种文风的批判也有极明确而具体的指向，这就是西昆体。宋代诗文革新的另一位先驱者石介有《怪说》三篇，其中篇是专门批评杨亿的。说他"穷妍极态，缀风月，弄花草，淫巧侈丽，浮华纂组，

---

① 石介：《祥符诏书记》，《徂徕集》卷 19，四库全书本。

② 范仲淹：《奏上时务书》，《范文正集》卷 7，四库全书本。

③ 徐乾学：《资治通鉴后编》卷 39，四库全书本。

刓锼圣人之经，破碎圣人之言，离析圣人之意，蠹伤圣人之道”。[①] 卷入这场批判的，在当时还很有一批作家。如穆修、尹洙、宋祁、苏舜钦。他们沿柳开、王禹偁重道致用、宗唐崇散、力黜浮华的道路而下，打着文学复古的旗帜，进行理论论述与创作实践。宋代新古文运动准备阶段的活跃局面终于来到了。

不过，这一阶段的作家们，虽然在反靡丽文风、倡导诗文复古的总体方向上是一致的，但在创作上却走了两条完全不同的路。一条是沿柳开的路子而下，文章务求艰涩，发展下去，变成了追求奇僻险怪的文风；一条是沿王禹偁的路子而下，崇尚平易自然，这在后来，成了以欧阳修为代表的新古文运动的正确的先导。

这中间对文坛影响最大的，还是崇尚艰涩的一派。沈括《梦溪笔谈》说穆修、张景曾一同去上早朝，在东华门外等天亮，他们在闲谈中讨论起文章写作来。正巧这时，见一匹奔跑的马踩死了一条狗，两人便各记其事，来比较怎样写才好。穆修说："马逸，有黄犬遇蹄而毙。"张景说："有犬死奔马之下。"[②] 两人的话其实都很笨拙苦涩，但因为当时正是文风发生变化的阶段，写惯了工整靡丽的骈体的人们，反而觉得这种散行句式令人耳目一新，结果他们这种艰涩的句子却被认为很工巧，而传为佳话。宋祁的文章很简古，这是他的长处；但好用很偏僻的字，又使这些文章很难读，甚至莫知其意。据说，他和欧阳修同修《唐书》，因为他好用古字僻字，欧阳修和他开了一个玩笑，写了八个大字在壁上："宵寐匪祯，札闼洪休。"宋祁见后，去问欧阳修，说："这不就是'夜梦不祥，书门大吉'的意思吗？你干吗要这样写？"欧阳修说："我和你写的《唐书·李靖传》中'震霆无暇掩聪'是一样的写法啊！"[③] 弄得宋祁很不好意思。后来苏轼曾很感慨地说起过宋代诗文革新走过的这段艰难的历程：

天下之事，难于改为。自昔五代之余，文教衰落，风俗靡靡，日以涂地。

---

① 石介：《怪说》卷上，《徂徕集》卷5，四库全书本。

② 沈括：《梦溪笔谈》卷14，四库全书本。

③ 祝穆：《古今事文类聚别集》卷5，四库全书本。

圣上慨然太息，思有以澄其源，疏其流，明诏天下，晓谕厥旨。于是招来雄俊魁伟、敦厚朴直之士，罢去浮巧轻媚、丛错采绣之文，将以追两汉之余，而渐复三代之故。士大夫不深明天子之心，用意过当。求深者或至于迂，务奇者怪僻而不可读。余风未殄，新弊复作。大者镂之金石，以传久远；小者转相摹写，号称古文。纷纷肆行，莫之或禁。[①]

这一漫长的蕴酿过程，既为宋代诗文的革新做了充分的准备，也为这一运动明确了斗争的方向，如何在防浮华靡丽、防怪癖艰涩、防道学气中发展诗文，便成了欧阳修以后的宋代作家们所要解决的问题，而他们也正是在这些探索中，使宋代诗文再次在风云际会之中，取得了极其辉煌的成就。

这一是如何对待骈体这一艺术形式问题。南北朝、隋及唐初也罢，唐末五代至宋初也罢，被后来的古文家们所激烈批评的绮丽淫靡的文风，都和骈体的艺术形式有关。但经过自隋至唐再至宋初这么长时期的争论，对这一文体形式的是非得失，人们的认识是越来越清楚、越来越客观了。形式精美、音韵和谐其实并没有什么不好。它的不足，主要在于内容的空洞、甚至淫靡，和过于追求辞藻的华美。此外，不是所有的文章体式都可以、或都必须用骈句来写。如果能恰当地将骈体运用来反映有价值的社会生活，而且不再一味单纯地追求辞藻的华美，在某些范围内，还是有它存在和使用的价值的。

欧阳修很准确地把握住了这一点。有人责怪他对西昆体批评得不很尖锐，甚至说这大概和他曾经任职于钱惟演的青油幕府有关，他多少还得给上司留一点面子。这些其实只是看到了一些表相。

欧阳修对骈体的态度，有一个演变的过程。他三十岁以前，为了顺利通过科举考试，曾着力于学习骈体文的写作。入仕之后，一直到老，也还写骈文。这其中一个重要原因，是他作为朝中大臣，表奏书启一类公文都用骈体，用今天的话来说，是工作需要，他自然也就不能不用。他对骈体的不满，主要还在于它的用典过于繁富，以致于影响到内容的表达和文字的流畅。但全

① 苏轼：《谢欧阳内翰书》，《东坡全集》卷 75，四库全书本。

盘否定骈体的地位与价值，欧阳修也是不赞同的。他认为骈文所写，“苟合于理”，则“未必为非”。[①] 对骈体的是非得失认识既然如此清楚，自然也就容易找到改革的方向。他先是大致上确定骈体的使用范围，将这个范围比较明确地局限在表、奏、书、启、状等公文内。这既是承袭了几百年来所累积的经验，也为骈文框定了一个生存空间。此外，他对骈体文的内容和形式作了成功的、带示范性的改造。这种改造首先是内容的“合于理”。这种“合”不是空谈儒家的大道理，而是切于事功，“但直言当今要务”。[②] 其次是语言。他一改骈文“多用古人语，及广引故事，以炫博学”[③] 的积习，上承唐代陆贽将骈体散文化的倾向，淡化骈体文的这些规则，不用浮靡轻艳的辞藻，也不完全严格地遵守平仄相协的规范，不拘泥于偶对的精工，甚至还出现了一些长对句。叙事抒情舒缓从容，行文明白晓畅，核心是追求内容的自由随意的表达。这对于此前骈体文那种叙事不畅的毛病，也是有力的纠正。

欧阳修深知科举考试的文章取向对文坛风气的影响。因为这事关士子们的功名前程，自然会使天下向风。在当时的文坛上，除以西昆体为代表的骈体文之外，他还要面对另一种文风，这就是在反绮靡妖艳的过程中，由柳开、石介的艰涩发展而来的“太学体”。这种“太学体”的险怪艰涩到什么程度呢？欧阳修去世后，他的儿子欧阳发曾整理过一份《先公事迹》，其中便说到当时的文章是“新奇相尚，文体大坏”。在这句话下面有这样一个注解，列举了两个例子，说：“僻涩如‘狼子豹孙，林林逐逐’之语；怪诞如‘周公伻图，禹操畚锸，傅说负版筑，来筑太平之基’说。”[④] 前一句意思还是清楚的，但用语生僻艰涩，一读便知。后一句，作者的意思，大概是说天下有才能的人，都来为天子共建盛世太平的伟业。却用了周公参照天上星座分布的格局制作图表来规划洛邑建设、大禹治水和傅说筑墙三个典故来形容。伻，是使用的意思。畚锸是指土箕和锹。版筑，筑墙用的夹板和捣土用的木棍。这要表达的，原本是一个很普通的意思，却极尽夸大之能事，也实在是怪诞得可以了。

---

① 欧阳修：《论尹师鲁墓志》,《文忠集》卷 73，四库全书本。
② 欧阳修：《进拟御试应天以实不以文赋并引状》,《文忠集》卷 74，四库全书本。
③ 陶宗仪：《说郛》卷 86 下。
④ 欧阳发：《先公事迹》,《文忠集·附录》卷 5，四库全书本。

欧阳修对这样的文章深恶痛绝，确实是不无道理的。

然而在反绮靡淫丽的文风中，这种文章却又替代浮艳的骈文，成为了科举考试中的新的风尚。早在仁宗景祐元年（1034），就有因写这种怪癖奇险的文章而及第的例子。北宋的宰相张方平在《贡院请诫励天下举人文章奏》中回顾说：“伏以礼部条例，定自先朝。考较升黜，悉有程序。自景祐元年，有以变体而擢高第者，后进传效，因是以习。尔来文格，日失其旧，各出新意，相胜为奇。至太学之建，直讲石介课诸生，试所业，因其所好尚，而遂成风。以怪诞诋讪为高，以流荡猥烦为赡。逾越规矩，或误后学。朝廷恶其然也，故下诏书丁宁诫励。而学者乐于放逸，罕能自还。今贡院考试诸进士，太学新体间复有之。”[①] 这无疑在科考取士中，继绮靡淫艳的骈体文之后，又给士子们提供了一种新的错误导向。结果是奇险怪癖的考卷可取高第，文风健康的文章反而得不到提倡。

欧阳修对这种现象非常痛恨。景祐二年（1035）他特地给当时在太学讲学、一力倡导好怪求异的石介写了好几封信，反复劝石介不要以怪诞误导学生。然而，无论是文坛还是科场，“太学体”依然按历史的惯性在发展。本书的传主曾巩，就因为不擅长写文词绮丽的骈文和怪癖奇险的“太学体”，而喜好与时尚不同的古文，参与科试便名落孙山。在曾巩落第南归时，欧阳修作《送曾巩秀才序》，抱怨说：“呜呼！有司所操果良法耶？何其久而不思革也？”[②] 这些大概都使欧阳修意识到，要统一人们的认识，恐怕还得从根子上对这种文风进行否定。科举以华丽的骈文来取士，可使天下向风；改以奇险怪癖的“太学体”来取士，也可使天下向风。那么，如果改用“平淡造理”的古文来作为取士标准，是不是同样可使天下向风呢？欧阳修也许正是从自己的经历和当时科举的弊端中悟出了这个道理，他决心借助科举考试来影响整个社会文风的走向。

有意思的是，就在他提出这一主张的第二年，他奉命知贡举。他终于等来了这样一个机会。据《宋史·欧阳修传》说，在这次主持科举考试中，凡

---

① 张方平：《贡院请诫励天下举人文章奏》，《乐全集》卷 20，四库全书本。
② 欧阳修：《送曾巩秀才序》，《文忠集》卷 42，四库全书本。

属险怪艰涩的文章，他一概都黜落。这对那些崇尚雕琢险怪的士子来说，无疑是晴天霹雳似的打击。据说，他们在街道上等欧阳修外出时，聚集于他的马头，吵闹喧哗，闹到在街上巡逻的士兵也制止不了。但大趋向已定，他们的吵闹也终究无济于事，科场之上这种奇险怪诞的文风还真的被扭转过来了。欧阳修黜落了这些崇尚奇险怪癖文风的考生，却选拔了苏轼、苏辙、曾巩等一大批文从字顺的青年才俊，又因二苏而得苏洵，因曾巩的引荐而得王安石，为古文运动的蓬勃兴起聚集了大批人才。

我们所以讲述这样一些故事，自然不在于它们怎样富有传奇色彩，而在于这样一种行政手段，在宋代前期对纠正文风所起的作用。自隋代李谔《上隋高祖革文华书》以来，历代借助行政手段来推进文风革新的事不止一次，但成功的极少。欧阳修嘉祐二年知贡举，则是最成功、也是最漂亮的一次。太学体也罢，西昆体也罢，其实都不是健康正确的文风。在前面我们说过他对以西昆体为代表的雕琢靡艳文风的矫正，至此又有了对健康文风的确立，无疑从另一个方面为古文运动高潮的到来准备了条件。这种文风以内容丰富切于世用、语言平易浅近自然流畅为主要特征，平易也便成了宋文的本色。后来清代学者刘熙载在他的《艺概·文概》中说："大致唐文峭，宋文平。唐以前如高山深谷，唐以后如平川旷野。"[①] 也正因为如此，它的意义，就远超出了矫正"西昆体"和"太学体"弊端这一层面，而成了中国古代散文发展史上一次里程碑性的飞跃与进步。

① 刘熙载：《艺概》，上海古籍出版社 1978 年版。

第二章

所慕少壮成功名

——家道坎壈的求仕时期

第一节 “东鲁春风‘吾与点’”

——曾氏家族的儒学风范

曾氏的远祖是上古时期夏禹的后代。夏禹的五世孙少康封其子曲烈于鄫（今山东省峄县境内），按当时的爵位等级来衡量，在所谓的“公、侯、伯、子、男”序列中，鄫是属于“子”一级的。就现存的史料看，鄫国自夏至商的历史演变情况，已无法考实了。大约在周简王时期（公元前585—前572年），鄫国与邻国莒国联姻，娶了莒国国君的第二个女儿为夫人。莒国国君共生有三女。其长女嫁给了鲁国国君鲁成公，生了个儿子，后来继位为鲁襄公。次女嫁给了鄫子，生了一子巫，后被立为鄫国的太子。但这位夫人很早就去世了。其后，鄫子续弦，又娶了莒君的第三个女儿为妻。在过去的典籍中，史家为便于区分，称前一位夫人为“先夫人”，称后者为“后夫人”。这位后夫人只生了一个女孩，而性格又特别悍妒。她对太子巫十分忌恨和排斥。太子巫在鄫国待不下去，逃到鲁国，去投靠了表兄鲁襄公。后夫人的女儿后来返嫁回了莒国，并且生下了一个男孩。不久，鄫子去世，后夫人在莒国的支持下，霸占了鄫国的权力，使太子巫无法回国继位。而当时的鲁国势力弱小，鲁襄公没有足以与莒国相抗衡的力量，以武力来护送太子巫回国夺取政权。在鲁襄公的支持下，太子巫向当时作为诸侯盟主的晋悼公提起诉讼，要求后夫人返还鄫国的权力。然而这次调解不但没有成功，反而加速了莒国灭亡鄫国的进程。在调解失败的第二年，莒国竟然立后夫人的外甥为鄫国的国君，这实际上就是把鄫国给吞并掉了。鄫国亡国，太子巫只能作为流亡贵族，留在了鲁国。而且因为没有了封邑，也只好将“鄫”字去“邑”（“阝”）为氏，这便是后世曾氏的来源。

曾巫在鲁国一直活到他去世，留下了一个儿子曾夭。曾夭生子曾阜，为鲁国贵族叔孙氏的家臣。到这时，原本身为贵族的鄫氏，在春秋那个社会激烈动荡的时代中，可说是彻底地沦落了。但这时却意外地出现了一个转机。这个转机虽然没有使曾氏家族重新恢复往日的贵族地位，却使它的后人，在中国思想史上，留下了浓墨重彩的一笔。

曾阜在叔孙氏家为家臣的时候，正是孔子在鲁国讲学，大力传播和弘扬他的思想和学说的时期，鲁国成为了儒家学说的发祥地。在孔子的门弟子与传人中，出现了两位极负盛名的人物，一位便是曾阜的儿子曾点，另一位则是曾点的儿子曾参。

曾点又名曾皙，是孔子最为著名的大弟子之一。《论语》的《先进篇》中，有一则脍炙人口的故事“子路、曾皙、冉有、公西华侍坐”，其中便记载了他和孔子之间的对话。一次，孔子和他的四大弟子闲坐聊天，孔子叫他们说说自己的志向。性情急躁而且比较狂傲自信的子路“率尔而对”，抢先发言，声称自己有能力将困于战争和饥荒的大国，治理成既作战勇敢而又知礼义的邦国。接着，冉有和公西华也表示了自己的态度，但都比子路谨慎、谦虚而且委婉。独有曾皙一直漫不经心地在旁边弹琴，不说话。在孔子的催促下，他才铿的一声停下鼓琴，说自己“异乎三子者之撰”。孔子进而鼓励说：“何伤乎？亦各言其志也。”于是引出来曾皙一段流传千古的对答：“莫（暮）春者，春服既成，冠者五、六人，童子六、七人，浴乎沂，风乎舞雩，咏而归。”用今天的话来说，就是暮春三月，春天的单袷已经穿得住了，我和五六位成年人，带着六七个孩童，到沂水边去洗洗澡，再到舞雩台上去吹吹那和煦的春风，然后唱着歌回家去。这番话所勾勒的，正是孔子所期望的太平盛世的和乐气象，是儒家所希望建立的理想社会的蓝图。这既符合儒家学说以仁义治国理政的理念，也很合符孔子在周游列国、廷说诸侯而又四处碰壁之后产生的隐居心态，再加上曾皙话中所体现的雍容气度和潇洒的情怀，使孔子很是兴奋，几乎是脱口而出地赞叹说："吾与点也！"[①]后代学者也曾将这个典故，和《庄子·秋水》中庄子和惠子一段关于人是否能知鱼之乐的对话联系在一起，结撰了一副名联："东鲁春风'吾与点'，南华秋水'我知鱼'。"

曾参也是孔门中的著名人物。他和其父曾点同时师事孔子。他的修齐治平的政治观，内省慎独的修养观，以孝为本的孝道观，深刻影响了中国思想道德几千年，至今仍有非常积极的社会意义。他还参与了《论语》的整理工作，著撰了《大学》《孝经》和《曾子》。这些成就，使他在儒学发展史上占有重要的地位，成为配享孔庙的四大弟子之一。《论语》的首篇《述而》中，便赫然载录着他的名言："吾日三省吾身：为人谋而不忠乎？与朋友交而不信乎？传不习乎？"[②]这段话，几千年来，几乎成了所有士人修心养性的座右铭。

曾氏家族的南迁，据说始于西汉末年。这可见于王安石为曾致尧所作的墓志铭，和欧阳修的《与曾巩论氏族书》。王安石曾应曾巩的请托，为其祖父曾致尧作墓志铭，在铭文中，根据曾巩的转述，记录了这一迁徙时间。文中说："公讳致尧，字正臣。其先封鄫，鄫亡，去邑为氏。王莽乱，都乡侯据弃侯之豫章家之。盖豫章之南昌。后分为南丰，故今为南丰人。"[③]其实这一说法未必确切，因为这只是曾氏族中口耳相传的记闻。最早提出怀疑的，是欧阳修。在请王安石作曾致尧墓志铭的同时，曾巩也曾致书当时被贬官在滁州的欧阳修，请他为祖父作神道碑铭，在信中也转述了家族中的这些传闻。可惜这封信没有保留下来，我们无法明确地了解他说的这一迁徙的详细情况。但从欧阳修的复信中，还是大致可以推断，其内容应该是与王安石所记无多大差异。欧阳修对曾氏家族中这些传闻是很怀疑的，所以在所作《曾致尧神

---

① 《论语注疏》卷11，四库全书本。

② 《论语注疏》卷1，四库全书本。

③ 王安石：《户部郎中赠谏议大夫曾公墓志铭》，《临川文集》卷92，四库全书本。

道碑铭》中，他很谨慎地回避了这个问题。同时，又另外写了一封《与曾巩论氏族书》，从四个方面提出了质疑，这当然是一种很审慎的态度。欧阳修说：

近世士大夫于氏族尤不明。其迁徙世次多失其序，至于始封得姓，亦或不真。如足下所示，云曾元之曾孙乐，为汉都乡侯。至四世孙据，遭王莽乱，始去都乡而家豫章。考于《史记》皆不合。盖曾元去汉近二百年，自元至乐，似非曾孙，然亦当在汉初。则据遭莽世，失侯而徙，盖又二百年，疑亦非四世。以《诸侯年表》推之，虽大功德之侯，亦未有终前汉而国不绝者，亦无自高祖之世至平帝时侯才四传者。宣帝时，分宗室赵顷王之子景，封为都乡侯，则据之去国，亦不在莽世，而都乡已先别封宗室矣。又乐、据，姓名皆不见于《年表》，盖世次久远而难详如此。若曾氏出于鄫者，盖其支庶自别有为曾氏者尔，非鄫子之后皆姓曾也。①

欧阳修在这里提出了四个问题：第一，自曾元在世，到汉初将近二百年，曾元和曾乐之间，似乎不应该是曾祖孙关系。第二，自曾乐至曾据因王莽之乱而失去侯爵，迁往豫章，也相距二百余年，横跨了整整一个西汉王朝，这中间曾氏家族的传继也决不可能只有四代。第三，按《史记》的诸侯年表推算，自汉高祖刘邦至汉平帝刘衎也不可能爵位只传袭四代，而且整个西汉王朝没有哪个诸侯国是自汉开国至其覆亡而国不灭者。第四，汉宣帝时，便曾分封汉宗室赵顷王之子刘景为都乡侯。这就说明在王莽乱政之前，都乡便已别封宗室了。所以，曾据的失侯也就不可能是在王莽之后。欧阳修虽然提出了这些质疑，但因为中国古代家族的传承与迁徙情况，年代久远，很难梳理清楚；加上他当时正被贬官在滁州，地处偏僻，资料奇缺，要想作出真实详细的考辨，比较困难。因此，他在信中还特地就此作了说明。

欧阳修这些话是非常客观而实在的。所以曾巩接到神道碑铭和这封信后，在回复欧阳修的信中，也只是表示感谢，并就墓志铭的写作发了一通议论，

① 欧阳修：《与曾巩论氏族书》，《元忠集》卷 47，四库全书本。

借以表达自己的文学主张，而没有就自己家族的历史变迁作任何解释。遍查曾氏家族其他人的文集，也没有发现这方面的材料。显然，他们是将这一悬案置而不论了。不过，流传下来的几部曾氏族谱，还都沿用了原来的说法。20 世纪 90 年代，在江西德安新发现了一部《曾氏族谱》，其中称曾据的爵号为“关内侯”，可惜也没有具体的说明。但从这些族谱中，我们还是可以了解到曾氏南迁豫章之后的一些繁衍与进一步的迁徙情况。大致上说，是先后分为三支。其中一支迁往了湖南，清代的曾国藩便是这一支的后裔。另一支迁往了庐陵（今江西吉安），至今，在吉安地区，曾氏依旧是大姓之一。留在豫章的一支，随时间的推移，也以豫章为中心散处其四周，如北面的德安和东南方向的建昌（今江西南城）等地。曾巩家族则属于建昌一支。

曾氏占籍南丰在唐僖宗乾符年间（874—879），曾氏第三十七世祖曾洪立仕唐为南丰令。这正是李唐王朝风雨飘摇、迅速走向彻底崩溃的时期。藩镇连兵，军阀割据，且愈演愈烈，中央政权已全然无力控制局面，而农民起义则此起彼伏、烽火连天，规模越来越大。社会的种种乱象，已充分地预示着王朝崩溃即将到来。僖宗即位的乾符元年（874）爆发的王仙芝、黄巢起义，直接为李唐王朝敲响了丧钟。黄巢起义得到了全国的响应，南城、南丰一带也爆发了起义，但不久便遭到了地方豪绅的镇压。乡绅危全讽招募乡勇进行征讨，将起义平息了下去。这次镇压得到了曾洪立的响应与支持，曾洪立也被委以重任，负责统帅地方部队。危全讽又进而控制了抚州，曾洪立劝他上表朝廷，表示听命于天子。危全讽採纳了他的建议。这时黄巢攻破了大唐首都长安，僖宗已仓惶地逃往了西蜀，唐昭宗李晔即位。于是由昭宗下诏，任命危全讽为抚州刺史，同时授与曾洪立为检校司空、金紫光禄大夫，典抚州南门兵马，地方上的人们称之为“南门司空”。曾洪立又上书朝廷，提出收复为藩镇盘据的淮南和荆湖等地的建议，派人从小路送往长安。但这种设想多少有些迂腐而不切合实际，因为即将倾覆的李唐王朝已经是无力去采纳和实施了，曾洪立不久也就辞官归里，回到南丰，而且很快就去世了。

曾洪立生有三子，长子延福和次子延构析居之后，分别迁往了邻县南城和崇仁。第三子名延铎，仍留在了南丰。据《曾氏宗谱》记载，曾延铎曾仕唐为检校右散骑常侍，推算起来，这大概应是曾洪立为“南门司空”时期，甚至有可能是和危全讽、曾洪立同时被授与的官职。自昭宗即位至唐灭亡，只有十八年时间，曾延铎的官职大概也就在王朝灭亡的变乱中自动丢失了。延铎生了五个儿子，第四子仁旺曾官至尚书水部员外郎，这已经是赵宋王朝统一中国之后了。曾仁旺生有四子：曾致尧、曾士尧、曾宗尧、曾戴尧。曾致尧，字正臣，宋太宗太平兴国八年进士，累官至户部郎中，卒于官，享年六十六岁。曾致尧生有七子，第五子曾易占，便是曾巩的父亲。到曾巩一辈为止，曾氏占籍南丰已经是第六代了。

曾氏家族在长期的繁衍中虽显晦不定，其间甚至还如曾洪立那样，一度投身于行伍兵戎，但就其总体的发展脉络看，它还是个书宦之家，而且一直沿袭和传承着家族的儒学风范。这终于使这个家族的人才，在北宋和南宋两代成近乎井喷式的状态。这又和他们具体的生存环境有关。

南丰曾氏家族家道的复兴，是从北宋初年开始的。在唐亡之后接踵而来的五代十国期间，江西归南唐管辖。尽管当时军阀割据，但江南地区相对来说，还是比较安定、富庶和繁华的。南唐后主李煜在他的一首词作《破阵子》中，便追忆过当时的状况说：“四十年来家国，三千里地山河。凤阙龙楼连霄汉，玉树琼枝作烟萝，几曾识干戈？”[①] 而隶属南唐的江西，以其三面环山，又北临长江天险，独特的地理形势，造就了一种特有的安全感。而以鄱阳湖为汇总处的三大水系，又形成了广阔富饶的沿河平原。这种环境，为源源不断南下的中原农耕文化，提供了一块相当宜人的沉积与繁衍的沃土。在中原大乱，国无宁日的时期，早已定居于此和后来因战乱陆续南迁而来的士大夫家族，便在这一方天地之中，繁衍后代，教育子孙，传播着先进的中原文化，为他们家族后来的崛起，垫定了深厚而坚实的基础。曾巩家族生活的南城和南丰，较赣北又更为偏远。这一地区，东倚武夷山脉，地处赣东平原，环境又较他处为优。曾巩的弟弟曾肇为南丰的军山庙写过一篇碑文，在文中描述说：“盖南丰、南城，旧皆临川属邑。南唐始分二县置建武军，今号建昌，国初改也。

① 李煜：《破阵子·四十年来家国》，《全唐诗》卷 889，四库全书本。

军在大江极南，而南丰又其穷处。地迫两粤，然其风气和平，无瘴氛毒疠之虞，水土衍沃，飞蝗不至，故岁常顺成，而凶饥之灾少。民寡求而易足，故椎埋鼓铸盗敓之奸，视诸其邻，有弗为也。自唐末丧乱，中原五易姓，而此邦恬然，兵火莫及。逮本朝受命，休养生息百四十年，户口蕃庶，室家丰乐。”[①]这话并无夸饰，他们的祖父曾致尧在宋初就曾写过一篇《云庄记》，其中便很生动地描述了南丰、南城当时的情况。云庄是曾氏在南城的旧业，在麻姑山之南、盱江之北。曾致尧在外为官之时，曾多次敦示兄弟及儿侄辈要勤奋耕读，这种风气也为乡里所师仿。其弟曾士尧曾对他说:“兄往年漕运吴越时，数示家法，俾诸儿侄带经而耕。因授垦田种树之法，儿侄辈不获师焉，而乡里师之。盱江南北，地方千里，田如绮绣，树如烟云。原隰高下，稍涉腴美，鲜有旷土。皆兄教人谋生之术也。”在曾士尧的倡议下，曾致尧于景德元年（1004）春天，邀集几位朋友，并带领他的三位弟弟和三个儿子，从南丰出发，用了二十二天时间，一路游览至云庄。“厨人驱羊，仆夫载酒。花坡柳村，时复驻马。长郊远野，亦或命酌。境土田亩，人家园林，罔不周览焉。夫前引宾客，后拥儿侄，中载酒肴，而吾与群弟，缓辔从容其间，亦太平时幸事耳。”[②]民丰物阜，社会安乐，这对因战乱南迁而来的士大夫家族来说，无疑是一个极为有利、得天独厚的生存环境。而这种家族对教育的重要性，原本就有着非常清醒的认识，而且又能给本家族的子女提供较一般平民家庭更为有利的培养条件。所以，当他们在这样的环境中安定下来之后，对子弟的教育，便很快会成为其家族发展和繁荣中最被关注的问题之一。经过几代的潜心培养和学业积累，一旦战乱结束，天下复归一统，经济和教育的发展逐渐走上正轨，这些家族中的子弟，无疑会在当时的政坛和文坛首先崭露头角。而赵宋王朝“半部《论语》治天下”的治国理念，恰恰又为他们在政治和文化舞台上大展弘图，提供了极为有利的条件。

曾氏家族从唐末之后，就在这一方远离战乱而又物产富足的天地里，一代一代地繁衍，并日渐在政界和文坛发挥出越来越大的影响。从曾致尧于太

① 曾肇 :《南丰军山庙碑》,《曲阜集》卷 3，四库全书本。
② 曾致尧 :《云庄记》，乾隆《江西通志》卷 123。

平兴国八年（983）举进士及第算起，七十七年间，曾氏家族及进士第者便有十七人，解试十人，以神童召试舍人院一人。其中曾致尧兄弟一辈便七人及第。他的七个儿子，即曾巩父亲曾易占那一辈中便有六人及第，而且大多数都被朝廷授以官职，为宦于四方。到曾巩这一代，可说是进入了它的全盛时期。仁宗嘉祐二年（1057），曾巩偕其弟辈及妹夫一门六人同时进士及第。曾巩官至中书舍人，在文学上为“唐宋八大家”之一。其弟曾宰，曾任潭州湘潭县主簿，不幸早逝。弟曾布，与曾巩同登嘉祐二年进士，是王安石变法的重要人物，神宗元丰初累官至户部尚书，哲宗朝擢同知枢密院事，徽宗朝拜尚书右仆射。弟曾肇，治平四年进士，累迁国史编修官，元祐初擢起居舍人，后迁翰林学士。从弟曾阜，也是嘉祐二年进士，神宗元丰六年（1083）以著作佐郎为太子中允，后在州郡连任知州及通判等职。从兄弟曾庠，嘉祐四年进士，以秘书省著作佐郎致仕。即便是今天，我们来翻阅《建昌府志》《南丰县志》中的“选举”“仕宦”“艺文”诸志，都不由得会为曾氏家族在整个宋代那种英才辈出、枝繁叶茂的气势所震骇。

曾氏家族同时又是个儒学根底深厚的文学世家。在这个家族中，一直有一种热衷著述的风气。其南丰的一、二、三世祖，都醉心于此。曾致尧的著作，据曾巩统计，“号《仙凫羽翼》者三十卷，《西陲要纪》者十卷，《清边前要》五十卷，《广中台志》八十卷，《为臣要纪》三卷，《四声韵》五卷，总一百七十八卷，皆刊行于世”。[①] 曾巩又辑录刊印了他未曾编辑的文章，共为十卷。曾巩的伯父曾易简，编有《唐臣事迹》《两汉谏议》共数十卷。叔父曾易持，也曾任秘书省著作佐郎，长于著述。曾巩的父亲曾易占，著有《时议》十卷。综观曾氏家族的著作，从内容上看，大致可分为两大类：一是关于政治军事谋略方面的著作，一是关于作为朝臣应有的品德和担当的著作。他们不是空谈儒学理论，而是将其深入地渗透到具体的政治实践中，用于事功，用于治国理政。曾巩在评价曾致尧的著作时，便特别突出地论及于此。他说：“方五代之际，儒学既摈焉。后生小子治术业于闾巷，文多浅近。是时公虽少，

① 曾巩：《先大夫集后序》，《元丰类稿》卷12，四库全书本。

所学已皆知治乱得失兴坏之理。其为文，闳深隽美而长于讽谕，今类次乐府已下是也。宋既平天下，公始出仕。当此之时，太祖、太宗已纲纪大法矣。公于是勇言当世之得失，其在朝廷，疾当事者不忠，故凡言天下之要，必本天子忧怜百姓劳心万事之意，而推大臣从官执事之人观望怀奸，不称天子属任之心，故治久未洽。”① 换一句话说，就是其所论述的“治乱得失兴坏之理”，所依据的正是儒家学说的精髓。这样一种家学渊源和著述风气，对曾巩后来的思想品格、处世态度乃至文章风格的形成，发生了极其深刻的影响。他所以决心要“况排千年非，独抱六经意”，② 立志要“明圣人之心于百世之上，明圣人之心于百世之下”，③ 和他的家族历史与家学渊源有很大的关系。

第二节　“龙潭瀑布入胸臆”

——初次求仕与三年疾患

曾巩的父亲曾易占字不疑，是曾致尧的第五子。年轻时以祖上功德荫补太庙斋郎，授抚州宜黄县尉，是个品级极低的官职。到曾巩出生时，调任抚州临川县尉。这以后才进士及第，改镇江节度推官、武胜军节度掌书记、蔡州军事判官，都没有去赴任。再后来举监真州装卸仓，迁太子中允、太常丞，以博士知泰州如皋县，又移知信州玉山县。此外，王安石《太常博士曾公墓志铭》中有一段话，说他还曾经在越州（今浙江绍兴市）任职过，至于具体时间则没有记载。后来杨绘弹劾宰相曾公亮举荐曾巩任史官是为了报私恩时，也说及曾易占曾在越州为官，看来除现存材料所说的他的仕宦经历外，他还有一段在越州任职经历，只是未见详细的记载而已。

曾易占先娶周氏，生子曾晔。周氏去世后，续娶吴氏，生子曾巩、曾牟、曾宰和一个女儿。吴氏是南丰邻县金溪人。其家族在抚州建昌地区是为望族。王安石的母亲也出自这一家族。吴氏后来也去世了，这时曾巩兄弟都还年幼，

① 曾巩：《先大夫集后序》，《元丰类稿》卷 12，四库全书本。
② 曾巩：《写怀》之二，《元丰类稿》卷 1，四库全书本。
③ 曾巩：《上欧阳学士第一书》，《元丰类稿》卷 15，四库全书本。

曾易占又续娶了朱氏夫人。朱氏后来年寿极高，共生了曾布、曾肇和八个女儿。曾晔、曾巩兄妹也是朱氏夫人一手抚育长大的，所以，曾巩终生都对这位继母怀着很深的感情。后来他转徙六州时，一再上书朝廷，希望能就近求请一处州郡，以便奉养母亲。

曾巩八岁之前，除随父母在临川待过一段时间之外，绝大部分时光都是在南丰度过的。南丰又名琴城，地处武夷山下，盱江绕城而过，勾勒出一张十分形象的古琴的形态，然后蜿蜒地穿过两百余里的丘陵地带，向北至南昌滕王阁附近和赣江汇合，再流入鄱阳湖。南丰的西南面，是巍峨峻拔、气势雄伟的军峰。特殊的地理形势，凝聚着山水的灵气，一千多年来，在这片土地上，涌现了许许多多极其优秀的人物。

幼年的曾巩就生活在这样一个环境里。秀美的风光让他的孩提时代充满了天真与欢乐，山水的灵气陶冶了他敏锐的艺术感悟能力，家庭的教养和深厚的家学渊源则使他从小就满怀奋发有为的慷慨意气。他生而聪颖，五岁即入学，和其兄长曾晔一道诵读经籍。曾肇在《子固先生行状》中说："公生而警敏，不类童子。读书数百千言，一览辄诵。年十有二，试六论，援笔而成，辞甚伟也。未冠，名闻四方。"[①] 孩童先天性的特点，使他和别的孩子别无两样，在读书的同时，他也贪玩，也充满欢乐和幻想。曾巩后来在《学舍记》中追忆这段生活时，便毫不掩饰地说过："予幼则从先生受书，然是时，方乐与家人童子嬉戏上下，未知好也。"[②] 盱江对岸有座山叫南山，半山腰的岩壁上有个天然石窟，深约一丈，高八尺而宽丈余，石窟左边的岩壁上有一泓清泉，从石隙中潺潺流出，在壁下形成一个天然的小池，全石以为底，水尤清冽。此处远离市肆，幽清秀丽。登高而望，既可远眺军峰，又可近俯盱江。曾氏兄弟大概是在游玩的过程中发现了这一去处，便经常来此处诵读书籍，或学王羲之的临池作书，苦练书法，至晚方归。南山山顶有一巨石，天然地分成三块，形似三榻，兄弟们有时也在石上读书观景，或坐或卧，既勤奋刻苦，又怡然自乐。后人为纪念他们，在石窟前筑了"读书岩亭"和"曾

① 曾肇：《子固先生行状》，《曲阜集》卷 3，四库全书本。
② 曾巩：《学舍记》，《元丰类稿》卷 17，四库全书本。

文定祠堂”。他们学书洗笔的水池，也被命名为“曾公墨池”。

宋仁宗天圣十年（1032），曾易占升任泰州如皋（今江苏如皋县）知县，这时曾巩已经十四岁。曾易占为了让他兄弟俩增长见识、开阔眼界，将他们带到了自己的任所。也就是从这时起，曾巩首次跨出江西东部那块虽然十分秀美，但毕竟还是相对狭小封闭的地区，接触到了一个更为广阔的世界。在如皋，曾巩兄弟俩寄居和攻读于当地一座寺庙中。他除了学习古文写作之外，还开始潜心地阅读《春秋》和《史记》等经典著作，既扩展自己的知识面，也初步地了解和思索历史兴废的经验与教训。以他这个年龄和阅历而言，这时的理解无疑还会是比较粗浅的，但从另一个角度看，却标示着他的学业从此跨出了童蒙教育阶段，而上升到了一个新的、更高的层次。

曾易占在如皋任职两年，于仁宗景祐元年（1034）调任信州玉山知县。玉山在江西东北部，与浙江相邻，去南丰也不太远。曾巩随父亲回到了南方，但没有留在父亲的任所，而是回了南丰。很有可能就在这个时期，他去了南城拜访李觏。李觏字泰伯，南城人，生于宋真宗大中祥符二年（1009），比曾巩年长十岁，北宋非常著名的思想家，在北宋前、中期的思想界，是位相当活跃的人物，当时正主讲于南城盱江书院。他的许多哲学思想，对曾巩和王安石后来的政治主张的形成，都产生了深刻的影响。曾巩和李觏接触的时间虽然不太长，但却是为他政治思想垫定坚实基础的一个很关键的阶段。正是这种思想基础，决定了他和王安石相同而又不同的变法革新主张，也影响了他后半生的人生道路。

这一时期也是曾巩文学创作特别活跃的一个阶段。他后来在《学舍记》中回忆这一段读书生活说：“十六七时，窥六经之言与古今文章有过人者，知好之，则于是锐意欲与之并。”[①] 其读书之多，研磨之细，可想而知。喜爱之余，进而引以为典范与楷模，心追手摹，肆力于写作，极力使自己的文章也体现出古人文章的那种气象与笔力。另一方面，受李觏思想的直接影响，他这些文章的内容，又几乎都集中在阐释自己的政治主张和为朝廷提供治国

① 曾巩：《学舍记》，《元丰类稿》卷 17，四库全书本。

策略方面。而在体例上，则大多模仿秦汉子书的格式，以“论”“说”“辨”“议”为主，数篇为一组，如《国体辨》《邪正辨》《号令辨》《时俗辨》，如《说学》《说官》《说宫》《说内治》《说夷》《说遇》等，有的还分上、下篇。具体到每一篇，又多以辩论式的对话来结构全篇。语言斩截刚劲，气势奔放。这种特点，似乎还保留了比较长的一段时间。这些文章，和他的为人一样。后来欧阳修便曾说到过他初见曾巩，并读到曾巩早期文章时的强烈感受：“我始见曾子，文章初亦然。昆仑倾黄河，渺漫盈百川”。[①] 这种文风自然有它的弱点，这也是后来欧阳修要极力纠正他的地方。但这些文章也向世人传达出来两个非常重要的信息。第一，是这种刚健而又切合实用的文章，和当时盛行的西昆体的文风是不一样的，而这正和欧阳修等一批诗文革新的倡导者所追求的文风，表示出了相同的取向。他在科举考试中一度被黜落，后来被欧阳修所器重与拔举而跨入仕途，乃至成为古文名家等等，都和此有着极其密切的关系。第二，是这些文章表现出来的他的勃勃雄心和远大的抱负，说明随着年龄的增长和学养的丰富，他的性格气质和政治理想，都在朝着积极用世的方向发展。这使他刚跨入青年时代，便显示出意气风发、锐意进取的倾向，历史兴废的经验与教训，国家社稷的兴衰与存亡，是他这一阶段思考得最多的问题。

这种精神与意气，也时时借助于诗歌表现出来。《元丰类稿》开篇的第一首诗《冬望》，就酣畅淋漓地抒发了他这种建功立业的雄心，直使人觉得，有一股挥斥方遒的慷慨意气，涌动于字里行间。诗中说，他站在盱江边上，遥望南城近郊那秀出东南、名闻遐迩的麻姑仙山，从那挺拔巍峨的气势中，感受到一种豪迈雄壮的力量。联想到自己，“我生智出豪俊下，远迹久此安蒿莱。譬如骅骝踏天路，六辔岂议收驽骀？”“南窗圣贤有遗文，满简字字倾琪瑰。旁搜远探得户牖，入见奥作何雄魁！日令我意失枯槁，水之灌养源源来。千年大说没荒冗，义路寸土谁能培？嗟予计真不自料，欲挽白日之西颓”，“龙潭瀑布入胸臆，叹息但谢宗与雷”。[②] 他自谦地将自己比作劣马，说自己智落豪俊之后，不似他们那样具有骅骝般的才华与风采，但决心苦读圣贤之

① 欧阳修：《送吴生南归》，《文忠集》卷7，四库全书本。
② 曾巩：《冬望》，《元丰类稿》卷1，四库全书本。

书于南窗之下，以求登堂入室，探户入奥，去学习治国理政的道理和经验。他也感受到了整个社会江河日下、百感苍茫的时代气氛，但不愿和南北朝时的宗炳与雷次宗那样，去做那种无关国事、洁己鸣高的人。“嗟予计真不自料，欲挽白日之西颓”。这是何等的雄心与抱负！年轻气盛的曾巩，何尝真的甘心安处于“蒿莱”之中，而不企望和骅骝一般去一踏“天路”？他自童年时代所接受的教育，和青年时期所确立的政治理想，早已变成了入于胸次的“龙潭瀑布”，在鼓荡，在咆哮，在激励着他去投身社会、直面人生，以建立彪炳青史的赫赫功业。

但是，理想归理想，真正要实现，却是很艰难的。曾巩的求仕道路走得并不顺利。这一是他的文章好尚和宋初的科举取向很不合拍，二是他的家庭遭遇了许多不幸。顾栋高《王荆公年谱》、王焕镳《曾南丰先生年谱》都说宋仁宗景祐三年（1036）曾巩十八岁时，曾赴京参加科试，且不第而归。我在 20 世纪 90 年代出版的两本曾巩的研究专著中，也沿用了这一说法。其实是不妥当的。后来李震先生在其所著《曾巩年谱》中，首次披露了新发现的一篇曾巩的佚文《游信州玉山小岩记》，进而对这个说法提出了质疑。李先生的意见是正确的。因为文中明确地说他和兄弟及朋友去游历的时间，是“景祐三年仲夏五月”。这就说明曾巩这时在玉山，按当时科考的时间和往返于路上所需时日来看，曾巩确实是没有去参加景祐三年的科试的。这次没参加科试，是什么原因？他于五月间去了玉山，又是为什么事情？都史无载记。但这期间发生的一件事，对曾氏家族来说，打击却是非常之大的，这就是曾易占在玉山任上因拒绝其上司的索贿而被罢官。王安石后来在《太常博士曾公墓志铭》中记载了这件事的经过：“知信州钱仙芝者，有所丐于玉山，公不与，即诬公。吏治之，得所以诬公者。仙芝则请出御史。当是时，仙芝盖有所挟，故虽坐诬公抵罪，而公亦卒失博士归，不仕者十二年。”[①]

曾易占是个很廉洁的官吏，虽然出仕多年，但所任都是俸禄极低的小官，“仕不遂而归，无田以食，无屋以居”。家庭经济的窘困，使曾巩兄弟很快就

① 王安石：《太常博士曾公墓志铭》，《临川文集》卷 93，四库全书本。

坠入为经营口食而辛苦奔忙的困境中。“皇皇四方，营飦粥之养”。[1] 他们去了哪些地方呢？曾巩自己回忆说：“是时家事亦滋出，自斯以来，西北则行陈、蔡、谯、苦、睢、汴、淮、泗，出于京师；东方则绝江舟漕河之渠，踰五湖，并封禺会稽之山，出于东海上；南方则载大江、临夏口而望洞庭，转彭蠡、上庾岭，繇真阳之泷，至南海上。此予之所涉世而奔走也。蛟鱼汹涌湍石之川，巅崖莽林驱虺之聚，与夫雨旸寒燠、风波雾毒不测之危。此予之所单游远寓而冒犯以勤也。衣食药物、庐舍器用、箕筥碎细之间，此予之所经营以养也。”[2] 对这段话，有几点是要说明的。一是这些经历和一般士子的访学或游历不同，他是为一家的生计而奔忙；其次是关于这些经历的具体情况，在《元丰类稿》的诗文中，除去浙江求见章岷有所记叙外，其余都已无法弄清楚了；第三，是他说的其间还去过京师，这是指其后的庆历元年首次赴京应试呢，还是在景祐三年之后、庆历元年之前他还去过一次呢？无论是他自己的诗文，还是其他人的文章或相关史料，都没有明确的记载。不过我以为指庆历元年首次赴京应试的可能性更大一些。

曾巩去浙江见章岷，大概是在其父被罢官的第二年。为减轻家里的负担，曾易占命他带领弟弟曾宰去拜见老朋友章岷，谋求一份差事。章岷，字伯益，浦城人，天圣进士，当时正出任两浙转运使。是一位颇讲朋友义气的人物。曾巩临行时写了一首诗，抒发自己的苦闷心情：“浩观万物变，飒尔生凉飙。遂恐时节晚，芳兰从此雕。功名竟安在？富贵空寥寥。鸿鹄举千里，鸾凤翔九霄。胡为蓬蒿下，日夜悲鷦鷯？”[3] 生计无着落，功名更渺茫，大好的年华就像这日渐凋零的幽兰一样，在坎坷蹭蹬中无可奈何地逝去，他心中不由得涌起一股莫可名状的惆怅感，但他又不甘就此沉沦，依旧向往着展翅青霄，去搏击云天。

章岷热情地接待了他们，当即给曾宰安排了一个职务，还送给了曾巩一方很贵重的砚台。曾巩很感动，但内心也多少有一种大材小用的苦涩感。他

---

① 曾肇：《子固先生行状》，《曲阜集》卷 3，四库全书本。
② 曾巩：《学舍记》，《元丰类稿》卷 17，四库全书本。
③ 曾巩：《将之江浙延祖子山师柔会别饮散独宿孤亭遂书怀别》，《元丰类稿》卷 2，四库全书本。

写了一篇《谢章学士书》，委婉地表示自己的曲衷，希望章岷能把他们当作大有益于国家的人才来看待和荐举。信中称赞章岷是位乐于奖掖后进、为国择才的长者，“广听博观，不遗污贱厄辱之士”；“兼收并采，不遗偏材一曲之人”。说自己“安敢望此”？[①] 但这其实是一种委婉的说法，实质上还是说自己正是这种被朝廷所遗弃了的人才，期望得到章岷的奖拔。或许是曾巩的期望值过高，或许是章岷并不具备这种能力，这件事最后还是没有什么结果。

曾巩回到了南丰，继续为经营一家数十口的生活而奔忙。这种役役口腹的生活延续了将近五年，仁宗庆历元年（1041），曾巩怀着他的勃勃雄心和满腹经纶，和其兄曾晔一道，第一次赴京参加科举考试。他带去了自己写的十余万字的文章，先游于太学，又投书拜见江西乡贤欧阳修。欧阳修，字永叔，江西庐陵（今吉安市永丰县）人，当时正在朝中任集贤校理之职，是正在酝酿的庆历革新的重要人物。曾巩这种求见，确实有奔走于公卿之门以求援引的意图在内，这在当时是一种比较普遍的社会风气。但他和那些枵腹之徒的钻营苟且不同，正如他在称赞一位叫孙之翰的朋友时所说的，“合持诗书白虎论，更护日月金华居”，他是真正地为着“万世根深固社稷”[②] 的目的而来的，所以在阐述自己的志向时，全篇都围绕着崇儒复古、尊孔读经，以期有利于国家社稷而展开，信中满纸都洋溢着积极进取的政治热情。表示要“明圣人之心于百世之上，明圣人之心于百世之下”，要做一个“奇伟闳通之士”，和欧阳修一道，“趋理不避荣辱利害，以共争先王之教于衰灭之中”。[③] 这种意愿与见识，在唐末五代天下纷乱之后、濂洛诸儒未出之先这样一个特定的历史阶段，正迎合了赵宋王朝“半部《论语》治天下”的治国方略，迎合了由此而引发的宋初尤为盛行的重振儒学、尊孔读经的社会思潮，也合乎欧阳修这样一批正在崛起的新一代政治家、文学家的认识和主张。

欧阳修读了他的文章，并且接见了他，既为他文章中不可掩抑的灼人的光焰所惊骇，也为他的才华与气质所感染，“吾奇曾生者，始得之太学。初

---

① 曾巩 :《谢章学士书》,《元丰类稿》卷 16，四库全书本。
② 曾巩 :《寄孙之翰》,《元丰类稿》卷 1，四库全书本。
③ 曾巩 :《上欧阳学士第一书》,《元丰类稿》卷 15，四库全书本。

谓独轩然，百鸟而一鹗”。[①] 不但非常高兴地接纳了他为门生，而且引以为志同道合的朋友和同志，常对人说：“过吾门者百千人，独于得生为喜。”[②] 并决心用增强其底蕴、摧抑其盛气的方法，对他进行疏导，来纠正其文章的不足。但曾巩和曾晔此次应试却很不顺利，在科试中落榜了。当时文坛崇尚的依旧是形式华美、内容空洞的西昆体，考试专以诗赋取士，而曾巩兄弟所擅长的却是真实朴素、切中时弊的古文，落榜也就在情理之中了。对此，欧阳修既感愤怒与不平，又对自己虽发现了于国有用的人才却无力援引而觉得无奈。在《送杨辟秀才》一诗中，对曾、杨的落第，他沉痛地写道：“有司选群材，绳墨困量度。胡为谨毫分，而使遗磊落？至宝异常珍，夜光惊把握。骇者弃诸涂，窃拾充吾橐。其于获二生，厥价玉一毂。嗟吾虽得之，气力独何弱！”[③] 曾巩南归时，他又写了一篇《送曾巩秀才序》送别，在序文中严厉批评当时的科举制度贻误人才，而且仰天长叹：“有司所操，果良法耶？何其久而不思革也？”他十分赞赏曾巩在落第后，“不非同进，不罪有司，告予以归，思广其学而坚其守”[④] 的态度与胸襟，庆贺自己得到了这样一位好门生。

曾巩这次赴试还有一个意外的收获，这便是结识了也去京师应试的王安石。王安石字介甫，当时是从其父亲的任所去参加科试的。抚州和南丰两位风华正茂的才子相遇了，从此结下了他们相亲相爱却又颇多磨难的情谊。王安石比曾巩幸运，在这次应试中及第，不久便签书淮南判官。这件事，后来被王安石的政敌所歪曲，说王安石是靠曾巩的引荐，结识了欧阳修。欧阳修“为之延誉”，得以“擢进士上第”[⑤]，而得志之后，便和曾巩翻了脸。其实，曾巩向欧阳修举荐王安石，是在他回到南丰之后。至于欧阳修和王安石的初次见面，则应是十五年后的至和二年（1055）王安石辞免集贤校理的征召时。《宋史》所依据的是《三朝名臣言行录》的记载，而这又出自记载司马光言谈的一部笔记《温公琐语》。这些言谈是否真出自司马光之口，自然是值得存疑的，

① 欧阳修：《送杨辟秀才》，《文忠集》卷 2，四库全书本。
② 曾巩：《上欧阳学士第二书》，《文忠集》卷 15，四库全书本。
③ 欧阳修：《送杨辟秀才》，《文忠集》卷 2，四库全书本。
④ 欧阳修：《送曾巩秀才序》，《文忠集》卷 42，四库全书本。
⑤ 托克托等：《宋史·王安石传》，《宋史》卷 327，四库全书本。

其中对王安石的诬蔑和诋毁，其恶毒程度，和邵伯温的《闻见录》及邵博的《闻见后录》是不相上下的。

曾巩兄弟落第后就南归了。南丰本地一些无知无行者则幸灾乐祸，编了一首打油诗来挖苦与嘲笑，说是“三年一度举场开，落杀曾家两秀才。有似檐间双燕子，一双飞去一双来。”①对这些飞短流长，他在回南丰的路上大概就有所耳闻了。对此他很坦然，他写了《之南丰道上寄介甫》一诗，诗中说：“吾心本皎皎，彼诟徒嚬嚬。”②王安石也作了《答曾子固南丰道中所记》安慰和勉励他。

曾巩磊落归磊落，但科场的失利，还是给他带来了强烈的失落感。南归之后他写的一些诗中，这种仕进无门的痛苦心情不时地有所流露：“鸣鸠已安巢，飞鹊尚求树。物情限与夺，兹理奚以据？”③又如：“酒酣始闻壮士叹，丈夫试用何时遭？”④“江湖苦遭俗眼慢，禁籞尚觉凡木多。谁能出口献天子？一致大树凌沧波。”⑤但他不想靠投机取巧去求取功名：“自期动即重丘山，所去何啻轻糠秕？取合悠悠富贵儿，岂知豪杰心之耻。”⑥他不忘在告别欧阳修时所表示的决心，“广其学而坚其守”，倾心于到圣贤之学中去寻求自我的提升，以增强自身节操的修养和学识的积累。他用一种貌似迂阔的态度，来表示自己的耿介品格和孤傲气骨。

这时，曾巩的祖母已九十高龄。因为几个女儿都嫁于抚州的临川（今江西抚州市），他祖母特别喜欢居处临川。为了侍奉祖母，回南丰后不久，曾巩携几个弟弟也迁居临川。但按当时的规定，凡入学不满三百天者，便不能获得当地举荐参加科试的资格。他四处告求，终于得到批准，曾氏兄弟便得以入学临川，一直待到庆历六年（1046）。他们居住的地方，后人称之为曾家园。

庆历三年，王安石回临川省觐祖母，两人再次相聚，都十分高兴。他们

① 王明清：《挥麈录·后录》卷6，四库全书本。
② 曾巩：《之南丰道上寄介甫》，《元丰类稿》卷2，四库全书本。
③ 曾巩：《南轩》，《元丰类稿》卷1，四库全书本。
④ 曾巩：《一鹗》，《元丰类稿》卷1，四库全书本。
⑤ 曾巩：《橙子》，《元丰类稿》卷1，四库全书本。
⑥ 曾巩：《豪杰》，《元丰类稿》卷1，四库全书本。

在一起相处了三个来月，王安石趁此机会委婉地批评了他处世和学业上的一些毛病，其中便包括了在京师应试时，没有和哥哥曾晔住在一起，以致为人所诟病一事。曾巩非常虚心地接受了，并且从内心感谢王安石的直言相劝。对曾巩的艰难处境和所受到的社会上的种种讥诮，王安石也一一排解，并且给了他很多的鼓励。秋天，王安石返回淮南，曾巩一直送至洪都（今江西南昌市），才依依不舍地分手。

和王安石短暂的相聚，使曾巩几乎忘记了因科场失利带来的苦痛。但当他一回到临川，很快又深深地感受到了世俗的冷眼和生活的窘迫。长期的困顿与辛劳，以及由此而导致的压抑心境，使他的身体变得十分羸弱。他终于抗不住病痛的侵害，于庆历四年（1044）夏天染上了肺病，这在当时几乎是不治之症。而这时社会上一些人对他的恶意谤伤也有增无减。这些谣言传至王安石的哥哥耳中。他哥哥其实对曾巩并不了解，又将这些不实的传闻告诉了一个叫段逢的人。段逢便写了一封信给王安石，诬言曾巩“居家亲友惴畏”，谩骂他“行无纤完”，指摘王安石和曾巩是“朋党”。王安石非常气愤，当即写了《答段逢书》给予了严厉的批驳，并告诫段逢“毋轻议巩”。[①] 又写了一首诗《赠曾子固》再次安慰曾巩，诗说：“曾子文章众无有，水之江汉星之斗。挟才乘气不媚柔，群儿谤伤均一口。吾语群儿勿谤伤，岂有曾子终皇皇？借令不幸贱且死，后日犹为班与扬。”[②] 这期间和王安石一样理解他、帮助他、安慰他的，还有一批正直的官吏，如裴煜、李材叔、蔡元振、丁琰、赵宏等，在饱受世俗冷眼和谤伤的时候，这种友谊自然比什么都珍贵。

这期间，曾巩曾一度想应王安石之邀，去淮南相会。但终因身体不佳及家事的羁绊而未能成行。他在《上欧阳舍人书》和《喜似赠黄生》两篇文章中，都说及于此。他甚至连庆历四年的科试都没能去参加。这在科举求仕的道路上无疑又是一次沉重的挫折。

正当曾巩困于乡邑，为贫苦和病痛所折磨时，北宋的政局也在蕴酿着重大变化。早在仁宗明道元年（1032），范仲淹、余靖等一批青年政治家，就

① 王安石：《答段逢书》，《临川文集》卷 75，四库全书本。
② 王安石：《赠曾子固》，《临川文集》卷 13，四库全书本。

不满于国家的现状，提出并推行过一些改革的政策，但很快就招致了一班守旧派老臣的反对，范仲淹被贬知饶州（今江西波阳县），同时被贬的还有余靖、尹洙和欧阳修。后来他们虽然陆陆续续被调回了朝廷，但朝政还是把持在一批守旧的老臣手中。到曾巩首次应试的庆历元年前后，西北的西夏和北方的契丹都对宋朝发动了多次较大规模的战争。这些边境纠纷，不但耗费了国家大量的钱财，其后签订的和约所规定的宋朝向他们进贡的贡品，更是使宋朝不堪重负，国家的经济窘困到了极点。严峻的内外形势，迫使宋朝的统治者终于下定决心，采用范仲淹他们的建议，发起了著名的庆历革新运动。

这一政治风暴大大地激发了曾巩的政治热情，他以一介布衣的身份卷入了新政的讨论中，不但在《兵间》《嗟叹》《胡使》《边将》等诗中激烈地批评朝廷的边防政策，还写了《上田正言书》《上范资政书》《上蔡学士书》和《上欧阳舍人书》等文章，明确地阐述自己的见解和主张，为这一政治改革运动奔走呼号、推波助澜。在给欧阳修的信中，他直截了当地指出："当世之急有三：一曰急听贤之为事，二曰急裕民之为事，三曰急力行之为事。"除此之外，"又有号令之不一，任责之不明，当亦速变者也"。他于是一再向欧阳修和蔡襄等新政人物荐举王安石，说："如此人，古今不常有。如今时所急，虽无常人千万不害也。顾如安石，不可失也。先生傥能焉进之于朝廷，其有补于天下。"[①]

曾巩这样高昂的政治热情无疑是可嘉的，但也多少有些过于天真甚至幼稚。他没有进入过政坛，还不懂得政界风波的险恶和政治革新的艰难。事实上，新政一开始施行，朝野上下，便谤议纷然。不到一年，保守派便用一种卑劣得令人发指的手段，对革新派进行打击，将他们诬为"朋党"，使这次政治改革最后以一大批开明政治家如杜衍、富弼、韩琦、蔡襄、欧阳修等的被贬谪而告失败。欧阳修被贬往了滁州（今安徽滁州市）。曾巩得知这一政治大清洗的消息后，非常愤怒，也看出了宋仁宗在政治革新中的游移态度，他写了《上欧蔡书》《忆昨诗》《杂说》等，痛斥奸险小人的卑劣行径，希望能"启告觉悟天下之可告者"，也希望能"发于天子视听，有所开益"。他在信中抨

① 曾巩：《上欧阳舍人书》，《元丰类稿》卷 15，四库全书本。

击说 :“二公相次出，两府亦更改。而怨忌毁骂谗构之患，一日俱发，翕翕万状。至于乘女子之隙，造非常之谤，而欲加之天下之大贤，不顾四方人议论，不畏天地鬼神之临己，公然欺诬，骇天下之耳目。”[①] 这些话措辞都非常激烈，至于所谓还要“发于天子视听”云云，则更是说得相当大胆的。貌似迂阔的曾巩，胸中其实是郁结着许多不平之气的。

庆历四年的冬天，曾巩祖母卒于临川，享年九十二岁。他“哀摧之余，仅存微息”[②]，原本已十分羸弱的身体，挡不住这巨大创痛的刺激，他的肺病开始恶化了。第二年秋天，他和家人一道护送祖母及一直未曾下葬的生母吴氏的灵柩，回南丰安葬。王安石寄来了应曾巩之请为其祖母、母亲写的墓志铭，并再次邀请他去淮南相聚。这时他的病情虽已加重，但他似乎还没有意识到危险的临近，归葬祖母和生母后，回到临川，开始做着赴淮南的准备。然而到年边，他病势已相当沉重，几至于卧床不起。一直到庆历六年夏初，才略见减轻。他也因此又错过了庆历六年的科考。欧阳修寄了信来进行宽慰。身体好些的时候，他甚至还和朋友们去了南城等地游玩。但到秋末冬初，肺病再次复发，甚至有生命之虞了 :“是时肺气壮更恶，日以沉冥忧不疗”。万幸的是，在最关键的时刻，他得到一位来自福建的刘姓医生的治疗，终于转危为安，旬月而愈。虽然“放心已保性命在”，但却已是“握手犹惊骨骸峭”了。命是保住了，身体恢复得却很缓慢，而家庭的贫困却依然困扰着他，“今年霜霰虽未重，室冷尚无薪可燎。一亩酸寒岂易言，局促不殊鱼在罩”。[③]

“十年万事常坎壈，奔走未足供藜羹”。一个世代书宦之家，沦落到如此地步，千古之下，都令人唏嘘不已。但即便困苦如此，他也依旧没有放弃努力。他理想的火焰一直在寂寞中熊熊燃烧 :“我身今虽落众后，我志素欲希轲卿。”“非同世俗顾颜色，所慕少壮成功名。但令命在尚可勉，屑细讵足伤吾平！”[④] 这时的曾巩，已经在艰苦的磨难中日渐变得成熟了。

---

① 曾巩 :《上欧蔡书》，清顾崧龄刻本《元丰类稿 · 集外文》。
② 曾巩 :《上欧阳龙图》，金临汾刻本《南丰曾子固先生集》卷 15。
③ 曾巩 :《代书寄赵宏》，《元丰类稿》卷 3，四库全书本。
④ 曾巩 :《初夏有感》，《元丰类稿》卷 2，四库全书本。

第三节　“青秧绿水自催耕”

——躬耕陇亩与苦读南轩

庆历七年（1047）夏秋之间，曾易占突然接到朝廷重新起用的旨意，应召进京。败落的家庭燃起了复兴的希望，决定由曾巩侍奉父亲北上。一路上，曾巩的心情是特别愉快的。他写了好几首诗给王安石，告知自己的行程和心情，抒发自己对朋友的思念。从落第以来，整整七年，他困于乡邑，贫病交加。现在病体大致康复，父亲又将复官，穷困潦倒的家庭总算可以免于落叶添薪之苦了。舟行无事，他除了观览沿途山水之外，就是读书。他仍旧不忘自己的政治理想，依然以相当高昂的热情去关注国计民生和历史的兴废。他阅读的书籍中，有一部就是宋初史学家薛居正著的《五代史》。他从中感受到了深刻的历史教训，并写了一首诗《读五代史》。这首诗表现的是他对历史教训的总结，也是他的政治观点。他认为，唐朝的衰败征兆，其实在开元年间就已经出现了，但由于本固根深，不易动摇，所以虽然有天宝之乱和此后的藩镇连兵，也还是经历了十四代帝王才亡国，而不似五代十国那样迭相替代。从对比中，他不由得感叹说:“由来根本强，暴戾岂易攻？”相反，“兴无累世德,灭若烛向风”也就势所必然了。[①] 曾巩这个认识很得欧阳修的赏识。后来，欧阳修撰《新五代史》就借鉴了曾巩的观点，至和二年（1055），欧阳修在给徐无党的一封信中便说及于此：“《五代史》，昨见曾子固之议，今却从头改换，未有了期。”[②]

经过一个多月的奔波，八月初，他们到达了江宁（今江苏南京市）。曾易占要在此处拜会一些朋友，曾巩便利用这个时间自宣化渡江来到滁州拜见欧阳修。欧阳修带他游览了滁州各处胜景，师生唱和，曾巩写下了《奉和滁州九咏》等诗篇。滁州除醉翁亭之外，欧阳修还筑有丰乐和醒心两座凉亭。欧阳修自己已为醉翁、丰乐二亭作记，而将《醒心亭记》托付给了曾巩。曾巩在记中将欧阳修的两篇亭记和自己这篇联系在一起，辟出一半以上的篇幅，

---

① 曾巩：《读五代史》,《元丰类稿》卷 3，四库全书本。

② 欧阳修：《与渑池徐宰书》,《文忠集》卷 150，四库全书本。

围绕着欧公的“醉”“醒”“乐”展开议论，说明欧公的“醉”只是表象，“醒”才是实质，“乐”则是体现。欧公所期望的，是君王无忧、人民丰乐、四海晏然的太平盛世，显示的是以天下为己任的贤人达士的广阔襟怀。他观赏了琅琊泉石刻，联想到欧公就像这精美的石刻一样被弃置山野，他十分不满，愤然高呼："先生抱材置荒郡，有若此字存岩扃。当还先生坐廊庙，悉引万事归绳衡。"①

曾巩在滁州盘桓了二十余日。欧阳修除了带他游玩之外，还和他详细地说起过对王安石及曾巩的另外两位朋友王回、王向的看法，建议王安石“少开廓其文，勿用造语及模拟前人”。告诫王安石等晚辈“孟、韩文虽高，不必似之也，取其自然耳”。②并且很希望见一见王安石。曾巩离开滁州返回江宁后，写了一封信给王安石，告知了在滁州的情况，转达了欧公对其文章的评价和建议，以及想和他见面的意愿。信寄出之后，他奉父继续北上，但行至南京（今河南商丘市）时，曾易占突然染上重病，不治而亡。曾巩以久病初愈后羸弱之躯，而当此大难，真是有如晴天霹雳。幸好得到当时正退休后闲处南京的杜衍的帮助，才得以护送父亲的灵柩返回江南，至年关才回到南丰。这件事对曾巩和他整个家庭打击实在是太大了。使他们从刚刚看得见的一点点希望中，一下子跌到了近乎无底的深渊里，以致四年之后，他回忆起这段经历都还觉得惊魂未定。他在《读书》一诗中写道："最自忆往岁，病躯久羸尪。呻吟千里外，苍皇值亲丧。母弟各在远，计归恐惊惶。凶祸甘独任，危形载归艎。崎岖护旅榇，缅邈投故乡。至今惊未定，生还乃非常。"③后来，反王安石变法的人，竟造谣说，曾易占在玉山获罪后，被编管英州而死，曾巩竟不奔丧，为乡人所诟病，王安石反而为之开脱。此事见于《温公日录》的记载。这究竟是司马光传闻之误，还是后人窜录于《温公日录》的，无法考究，但这明显地是超出政见分歧，而成为恶意的中伤了。

经历了这场飞来横祸，曾巩的家道是更加衰败了。他不得不竭尽全力为

---

① 曾巩：《奉和滁州九咏九首·琅琊泉石篆》，《元丰类稿》卷2，四库全书本。
② 曾巩：《与王介甫第一书》引，《元丰类稿》卷16，四库全书本。
③ 曾巩：《读书》，《元丰类稿》卷4，四库全书本。

一家老小的生计而奔忙:“荏苒岁云几,家事已独当。经营众口食,四方走遑遑。一身如飞云,遇风任飘扬。”[①] 这期间他得到知府刘沆的帮助。刘沆原是曾易占的朋友,得知曾家的窘困之后,不但接济财物,还在南丰城东、盱江的对岸,划拨给了他家一点田地。田地旁边有一座亭子,是一位被称为李节推的隐士建造的。曾氏兄弟耕作之余,常在亭中休息。曾巩写了一首题为《李节推亭子》的诗,诗中说:“我亦有甾田,相望在阡陌。安得巾柴车,过从伫三益。”[②] “甾田”即初耕的田地。“三益”也称“三友”,典出《论语·季氏》:“益者三友,损者三友。友直、友谅、友多闻。友便辟、友善柔、友便佞,损矣。”[③] 这是孔子提出的择友之道,曾巩引以为自律与交游的准则。曾氏兄弟大概是初次尝试这种躬耕陇亩的生活,内心充满了新鲜感和愉悦感,加上大难已经过去,生活相对安定了下来,曾巩的内心也平和了许多。这时,王安石派人来请曾巩为其父王益作墓志铭,得知曾巩一些状况,非常欣慰,并将这一消息告诉了好友孙侔,说“子固亦近得书,甚安乐”。[④] 他们都为曾巩开始摆脱生活的窘困和压抑的心境而高兴。

辛勤的耕作,终于使困顿的家庭开始有了温饱的生活,而且还稍稍有了一点积蓄。他们于是又新置了一点田产在城郊十余里的南源,还在旁边盖了一幢茅舍,供耕作时休息和居住。第一个秋天田里的水稻就喜获丰收,曾巩和兄弟们不由得欢欣雀跃:“买田南山下,禾黍忽已秋。糟床待此注,岂止衣食谋?”“况已除险秽,新堂置岩幽。”“心与珍境接,佳兴固已遒。而况馈朝夕,甘美日可搜。黄鸡肥落俎,清酤湛盈瓯,时鲜脍冰鲫,余滋拆丹榴。”田地丰收,家有余羡,多余的粮食可以酿酒,饲养的鸡鸭足可自奉,还有果品和其他时鲜。自家庭败落以来,他们何曾有过如此富足的生活!“因观稼穑劳,始觉奉养优。此乐讵非幸,人生复何求?”[⑤] 古往今来,高歌躬耕陇亩、隐居避世的文人数不胜数,但真正和曾巩兄弟这样,完全是为生计所迫,而亲自躬耕于大山长

---

① 曾巩:《读书》,《元丰类稿》卷4,四库全书本。
② 曾巩:《李推节亭子》,《元丰类稿》卷4,四库全书本。
③ 《论语·季氏》,《论语注疏》卷16,四库全书本。
④ 王安石:《与孙侔书》,《临川文集》卷77,四库全书本。
⑤ 曾巩:《舍弟南源刈稻》,《元丰类稿》卷2,四库全书本。

谷之中，以求箪瓢之食者，其实并不多见。或许正是经历了如此的困苦和磨难，曾氏兄弟才更加勤奋刻苦，而且后来都成了政界和文坛声名显赫的人物。

皇祐元年（1049），赣东大旱，百物无收。朝廷不但没有开仓放赈，为了填补因输送西夏和契丹的“岁贡”，以及国内无度挥霍所造成的亏空，依旧责令各地征收如故。曾巩亲眼目睹了衙门差役追收租赋的暴行，十分同情百姓的疾苦，写了《追租》一诗进行抨击。自身家庭所经历的窘困处境和亲自躬耕陇亩的辛劳，对民生疾苦的深切了解和体验，和欧阳修、蔡襄、范仲淹、杜衍等革新派人物的交往，以及他所亲眼目睹的庆历革新的失败，使曾巩更坚定了政治改革势在必行的观念。他在耕读之余，写了数十篇文章，阐述自己的政治主张。尤其是《本朝政要策》五十首，简直就是一份完整的施政纲领。这可被视作他政治思想全面成熟且相对定型的表现。作为一个在科举求仕之路上原本就走得很不顺利，又为家庭生计所苦苦拖累的文人士子，曾巩并没有沉沦，那早已入于胸臆的“龙潭瀑布”，还一直在鼓荡、在咆哮，他理想的火焰，还一直在寂寞困苦中熊熊地燃烧着。

这一时期，曾巩的文章水平也在大幅度的提高。他早期的文风比较接近于王安石的斩截刚劲，而又有一种如欧阳修所说的“昆仑倾黄河，浩漫盈百川”的气势。他自觉地接受了欧阳修的指点，转而从加深儒学根底入手，也稍“开廓其文”，终于“渐敛收横澜”而“东溟知所归”了。[①] 他后期的文章，以纡徐典雅、古奥精密为主要特点，这种风格最初的端倪，就是在庆历八年（1048）所写的《墨池记》，和第二年即皇祐元年写的《宜黄县县学记》中出现的。

皇祐二年（1050），曾氏兄弟服丧期满，家中生计也有了着落，兄弟们的学业也有进步，生活相对安定，三十二岁的曾巩，终于有能力和比较好的心情来完成自己的婚事。这一年他娶了晁宗恪的女儿晁文柔为妻。这门亲事是何时定下来的，已无法考实。晁家是开封府祥符县人，也是个历代书宦之家。晁文柔的祖父晁遘，曾任尚书驾部员外郎，赠开府仪同三司、吏部尚书。父晁宗恪，曾担任通州、虔州、泉州知府。晁文柔来曾家时的年龄，在曾巩

① 欧阳修：《送吴生南归》，《文忠集》卷 7，四库全书本。

的文章中有两种说法。一是《亡妻宜兴县君文柔晁氏墓志铭》:“文柔姓晁氏，讳德仪，字文柔。年十有八嫁余。”“以嘉祐七年二月甲子卒于京师，年二十有六。”[①] 另一是《祭亡妻晁氏文》:“归我之昔,明年始笄。”[②] 对此,王焕镳《曾南丰先生年谱》做过考辨，认为应以祭文所述为准，即十四岁。这个看法是正确的。这可证之于曾巩为其岳父晁宗恪写的祭文和墓志铭。祭文说:“巩蚤以孤，蒙与托嘉好，自始迄今，逾二十载。”[③] 而墓志铭说晁宗恪“享年六十有三，熙宁二年某月某甲子卒于官”。[④] 以熙宁二年上推二十年，正是皇祐二年，这年曾巩服父丧结束，可以结婚了。再以晁文柔的卒年反推，则她嫁至曾家时，应当是十四岁，墓志铭所记有误。

曾巩很喜爱这新婚妻子，这时的曾家虽不再像以前那样家徒四壁、衣食无着，但也还只是小有改善。晁文柔非常贤惠，协助曾巩治理家务，很得曾家上下长幼的尊敬。按传统习惯，曾巩上面还有兄长曾晔，家事本应由曾晔来掌管。但曾晔夫妇理财治家的才能似乎不及曾巩。当家境还不足以支持曾氏兄弟同时去求取功名的情况下，曾巩夫妇毅然代兄嫂挑起了家庭的重担，支持曾晔继续攻读，求取功名。在短短几年内，又相继帮两个妹妹成了家，而且嫁的都是道德之士。曾巩共有十个妹妹,四个弟弟,除一个妹妹早夭之外，其余都得靠他抚养。曾巩一直担心会因家境的贫困而耽误她们的婚事。现在虽然没有一蹴而就地全嫁出去，但毕竟已成全了两个，这还是让他感到很欣慰。此后的几年，他一直耕读于南丰，晁文柔和弟辈们都成了他得力的助手。他在《田中作》一诗中写道 :“傍人应总笑为生，病体朝朝踏雨行。红饭白菹妻具饷，青秧绿水自催耕。止知索寞箪瓢计，岂论喧哗内素名？胜事山风吹木石，暂如韶夏管弦声。”[⑤] 这时的曾巩，有田可耕，有书可读，有妻室相助，有兄弟相帮，连年的辛劳与经营，温饱是有了，富裕则还远说不上，但对家道的复兴，曾巩还是充满了自信的。他开始尝试着恢复此前的各种人脉

① 曾巩 :《亡妻宜兴县君文柔晁氏墓志铭》,《元丰类稿》卷 46，四库全书本。
② 曾巩 :《祭亡妻晁氏文》,《元丰类稿》卷 38，四库全书本。
③ 曾巩 :《祭晁少卿文》,《元丰类稿》卷 38，四库全书本。
④ 曾巩 :《光禄少卿晁公墓志铭》,《元丰类稿》卷 46，四库全书本。
⑤ 曾巩 :《田中作》，金临汾刻本《南丰曾子固先生集》卷 3。

关系。这当然有为将来的求仕铺平道路的意图在内。而从另一个角度看，这也反映出他重新走向社会、去建功立业的意愿。南归之后，他除了和欧阳修、王安石还偶有书信往返外，和其他政界人物的联系基本上都中断了。这时的欧阳修早已离开了滁州，在辗转几处州郡之后，于皇祐四年回颍州居母丧去了。王安石这时刚升任舒州通判。他联系上了杜衍，杜衍也依旧在南京（今河南商丘市）养老。此外，便是加强了和一些地方官吏的交往。但很快他就意识到，这些努力都没能给他们带来多少通往仕途的希望。庆历革新时的一批锐意进取、改革朝政的政治家已所剩无几，欧、杜或外迁，或退休，没有援引的力量和地位。王安石又远在地方，且官阶不高，在朝中也没有强有力的靠山。至于那些地方官吏，虽然有可能为他们提供一些方便，但决不可能和欧、蔡、范、杜那样理解他、赏识他，并不遗余力地提携他、举荐他。留给他们的，只能是靠自己在学业上的雄厚实力，去打通仕途。他们终于静下心来，继续躬耕苦读，为将来的应试做充分的准备。多年的家道坎壈，他的学业受到相当大的影响，自觉“新知固云少，旧学亦已忘”。而身体经历了前几年的那场大病，也已大不如前，他甚至有了“近衰境”的预感。但另一方面，家境毕竟有了很大的改善：“渐有田数亩，春秋可耕桑。休问就医药，疾病可消禳。”他们的苦读甚至夜以继日，而且很有长进：“虚窗达深暝，明膏续飞光。搜穷力虽惫，磨砺志须偿。譬如勤种艺，无忧匮困仓。又如导涓涓，宁难致汤汤。昔废渐开辟，新输日收藏。经营但亹亹，积累自穰穰。既多又须择，储精弃其糠。一正以孔孟，其挥乃韩庄。”不只是恢复了已忘的“旧学”，而且不断有新的知识积累。这种收获还不是一点点，而是非常丰富。更重要的是，他们还学会了以孔、孟的学说为标准，对这些知识进行鉴别、取舍。这无疑是进入了最佳的读书状态，其学业的突飞猛进可想而知。

皇祐五年（1053），又一次科试来到了，大概是考虑到家庭的财力状况，这一次只有曾晔赴京应试。曾晔一举而中进士，但可惜廷试时却没能考好，在回乡途中又不幸染病，卒于旅次。曾晔的及第原本给曾家的复兴带来了新的希望，但这一突如其来的变故，却给他们又一次意外的打击，命运似乎总是无情地在暗中播弄，他们的磨难还没有走到尽头。

第二年改元为至和元年（1054），曾氏兄弟开始着手整理在南丰的旧居，将住宅旁边的空地开辟成菜园，盖了一间茅屋作为学舍。曾巩又将茅舍中傍南的一个小房间命名为南轩，并作了两篇文章《学舍记》和《南轩记》，详细记述了他们兄弟在学舍中读书的情况，以及所涉猎的书籍，但核心还是“广其学而坚其守”。这一段耕读生活，既是曾氏兄弟科举求仕的最后冲刺，同时，对曾巩的一生和文学道路，也发生了极其深远的影响。一千年来，曾巩在世人眼中，比同时期的几位古文大家都更醇于儒，他的文学思想、文章风格，他的政治主张和对王安石变法的态度，都深深地打上了儒家学说的烙印。所有这些，和他苦读南轩这段经历，恐怕都有密切的关系。广博的知识积累，为他后来在文学上的成功，奠定了极其丰厚的基础。这一阶段也是他文学创作的第一个高峰期。如果说，他文章风格的最后定型是在数年后的校书史馆时期，那么，完成这最后的转化，则大致是在苦读南轩阶段。

这一年，欧阳修服母丧结束，也被召回朝任职，为翰林学士判三班院兼史馆修撰。朝廷也征召王安石入京为集贤校理。王安石连上了两篇《辞集贤校理状》，予以推辞，并且写了《上欧阳永叔书》，说明家中有婚嫁丧葬诸事，不宜入就馆职。欧阳修和王安石第一次见面很可能就在这个时候。欧阳修十分欣赏王安石，觉得他和曾巩推荐时说的完全一样。王安石辞赴馆职一事，当时也有人诬诋他是以辞免进行讵诈。曾巩的一位朋友袁陟，便和当年段逢写信给王安石诬诋曾巩一样，也写了一封信给曾巩，批评王安石，说他矫情。曾巩远在南丰，并不知道王安石坚辞馆职的具体原因，但出于朋友的情谊，他根本不相信这些恶意的毁谤。也和当年王安石写《答段逢书》为他辨诬一样，写了一封《答袁陟书》进行批驳。这期间，他妹夫王无咎从南城来探亲，临别时，他写了《送王补之归南城》一诗相赠，诗中说：“但喜丹心在，休惊白发催。穷通莫须问，功业有时来。”①这自然是一种互相宽解，但这背后，也似乎隐含了一种预感，他命运的转折很快就要到来了。其实他没有意识到，甚至天下士子也没有意识到，欧阳修的回朝任职，将要给宋王朝的科举考试带来一个翻天覆地的变化，也将给曾巩的命运带来转折性的变化。

---

① 曾巩：《送王补之归南城》，金临汾刻本《南丰曾子固先生集》卷3。

第三章

皎皎丹心欲语谁

——坎坷蹭蹬的仕宦生涯

第一节 “念随薄禄困垂首”

——初入仕途与校书史馆

至和元年以后，曾巩的家境和心境都有明显好转。虽然还要奉养嫂嫂和抚育哥哥留下的二男二女，但整个家庭还不觉得有太大的负担。他让哥哥的两个儿子相继入学，还相继帮三个妹妹成了亲。料理家事之余，他依然带着弟弟们躬耕苦读，满怀信心地期待下一届科试的到来。

这个命运转折的机遇终于来到了。嘉祐二年（1057），欧阳修奉命知贡举，主持这次的科试。他对科举考试中的弊端和社会上所崇尚的不良文风，原本就深恶痛绝，一再批评朝廷和主管部门“久而不思革”[①]。这次亲自知贡举，他便以砥柱中流的精神，一革场屋之弊，凡属雕琢、险怪、奇涩、空洞的文章，一概黜落，而专录那些自然平易又切合世用的文章。这一改革，不但对整个宋代文风的走向起了决定性的作用，也为曾巩这类士子跨入仕途，扫清了障碍。曾巩和弟弟曾牟、曾布，从弟曾阜，以及妹夫王补之、王彦深六人同时

---

① 欧阳修 :《送曾巩秀才序》,《文忠集》卷 42，四库全书本。

及第。在科举求仕的道路上整整挣扎了十六年之后，终于如愿以偿，这时的曾巩已经三十九岁了。这次考试的试题是围绕《尚书》中关于刑与赏的一段话展开论述，在阅卷时，参与评定的梅尧臣读到一份试卷，十分赞赏，推荐给主考官欧阳修。欧阳修也很喜欢。梅尧臣建议评为第一，但欧阳修觉得很像曾巩文章的风格，为避同乡和师生之嫌，故意抑为第二。待到开卷，才知道是四川考生苏轼。这次同科及第的还有苏轼的弟弟苏辙。二苏的父亲苏洵当时也随儿子在京城求仕，欧阳修因此结识和选拔了一批非常优秀的人才，为他后来领导的宋代诗文革新运动积聚了中坚力量，也为赵宋王朝选拔了一大批极有才能的政治活动家。从那以后，江西的欧、曾、王和蜀中三苏共同蜚声于宋代文坛，将宋代诗文革新运动推向了高潮。

一门兄弟四人，外加妹夫二人，在科试中同榜及第，这在历代的科举考试中，都不多见，而对于南丰曾氏这样一个在贫困中挣扎了几十年的家族来说，则更是喜出望外的大事。曾巩兄弟通过科试，终于可以改变自己的人生道路和家族的命运，举家上下喜悦之情是可想而知的了。及第之后，曾巩去拜谢欧阳修。欧阳修也因这次科试为国家擢拔了这么多的栋梁之才而高兴，也为曾巩兄弟的及第而感到特别欣慰。曾巩来赴试时，正好王安石又再次被征召来京，并拟委任为群牧判官。但他不肯在京师任职，所以仍旧一力辞免，奉准出知常州。欧阳修设宴为曾巩和王安石饯行，并特地请梅尧臣来作陪，可见他对曾巩的喜爱和器重。

曾巩兄弟南归，路过南城，去拜访了李觏，然后回到南丰，安排好家事，于次年分别，各赴其任。曾巩出任太平州（今安徽当涂县附近）司法参军，曾牟选任衡州安仁县令，曾布任宣州司户参军，曾阜的初任在何处，史无载记，但其后曾任湖南转运使、登州知府等职。曾巩的及第，后来也被反熙宁变法者所谤伤，《三朝名臣言行录》转录了《温公日录》中的一段话，说曾巩及第，乡里以为去一大害，为作感皇恩道场云云。在熙宁变法及此后的党争中，保守派为了抹黑王安石，对王安石的交游，也处心积虑、挖空心事地进行诋毁。曾巩是被他们中伤得最严重的一个。

曾巩初入仕途，便立即感觉到了官场的险恶与黑暗。尽管他谨言慎行、恪尽职守,“论法重轻,能尽法意。由是明习律令,世以法家自名者有弗及”。[①]但内心却是时时担心被人诬陷，常有一种惴惴焉的危迫感。两年后，他在给好友王回的信中，便曾一吐心声，说及这段时间的艰难处境：“在官折节于奔走，悉力于米盐之末务，此固任小者之常，无不自安之意。顾初至时，遇在势者横逆，又议法数不合，常恐不免于构陷。方其险阻艰难之时，常欲求脱去，而卒无由。今于势者已更，幸自勉于悔咎。”[②]他所说的“在势者”是谁，已不可确考。有人推测是当时的太平州太守张伯玉。因为邵博《闻见后录》记载有曾巩和张伯玉一段故事，说是张伯玉知太平州时，欧阳修、王安石多次致信推荐曾巩，称赞曾巩的文才。张伯玉不予理睬，后来营建六经阁，突然叫曾巩作一篇《六经阁记》。曾巩改了六七稿，他都不满意，最后说:“吾自为之！”于是写了这么两句话:“六经阁者,诸子百家皆在焉。不书,尊经也。”曾巩“始大畏服，益自励于学矣”。[③]作为文坛老宿，有意敲打晚辈，使之砥砺文章，这自然是无可非议的。不过，从邵博的记载来看，张伯玉多少有些卑薄曾巩，而且还有想要让他出出丑的意味在内。他自己这个开头，其实只是刻意地模仿晋代王弼解释《易》经的写法。王弼在解释《易》经的“初九，潜龙勿用”时只说了四个字：“文言备矣”。认为《易》经对“天道”的阐发已经很完备，自己不敢随便解释，以表示对《易》经的突出和尊重。而六经阁中，除六经之外，其余诸子百家的著作也收集在里面，但只说六经，不说诸子百家，也是为了尊重、突出六经。张伯玉这样写，自然也无可厚非。至于曾巩写的是什么，因文章没有流传下来，我们不得而知。但文章立意可以多种，表现形式也可以多样，要下属猜谜一般去揣摸上司的意图，然后去写遵命文章，这无疑是很不讲道理的。《闻见后录》中关于欧、曾、王三人关系的评价,蕴含有比较浓厚的政治偏见,所以这类记载也便有很明显的倾向性。

面对上司的打压和刁难，曾巩的心情非常压抑。本世纪初，金程宇先生从新发现的《永乐大典》残卷中辑出曾巩十三篇佚文，其中有一篇《与密学

---

① 曾肇：《子固先生行状》,《曲阜集》卷 3，四库全书本。

② 曾巩：《与王深父书》,《元丰类稿》卷 16，四库全书本。

③ 邵博：《闻见后录》卷 15，四库全书本。

别纸启》，金先生以为是写给蔡襄的，时间应该是在太平州任上，文中也说到这种险恶的环境和无可奈何的心情："某白首微官，苟稀寸禄，候伺之屈，奔走之劳，是皆常分。顾唯凌暴窘辱之非意，风波险恶之难测，动须忧畏，曾不皇宁，则心形具困，无复平昔，慨然思归，日满山林，辄欲收身，尚复顾私为贫，未能决然引去。真小人之仕唯利禄者也，岂可谓知耻也哉。内惭私心，仰负教诲，故此乃及之。"①

曾巩自诉的这种压抑感和危迫感，在他这一阶段的诗作中也时有流露。在给王回写那封信前后，他还写了一首诗《东轩小饮呈座中》，诗中直言不讳地说："二年委质系官次，一日偷眼看青山。念随薄禄困垂首，似见故人羞满颜。""简书皇皇奔走地，管库碌碌尘埃间。功名难合若捕影，日月遽易如循环。不如饮酒不知厌，欲罢更起相牵攀。"② 在求仕时期，他怀着满腔意气，曾幼稚甚至还带几分狂热地想像，只要一踏入仕途，便可大展怀抱。但入仕之后的遭遇却告诉他，现实的政治舞台其实充满了怵目惊心的倾轧和构陷，"功名难合若捕影"，他甚至很失望，想调换一个地方又不可得，于是只好和二三好友一道，到酒酣耳热中去寻求片刻的忘却与解脱。

这期间还有两件事，是特别值得一提的。一是当时正好王安石由常州改任江东提点刑狱，太平州在其管辖之内。金程宇先生辑录的十三篇佚文中，有曾巩在太平州写给王安石的信《贺提刑状》和《太平州与提刑别纸启》。前者是对王安石改任江东提刑表示祝贺，也叙说自己得以为王安石的下属的欣喜之情；后者则是就一椿案件阐述自己的看法。第二件事是围绕着王安石的《明妃曲》引发的唱和与争论。王安石在《明妃曲》中说了自己对昭君和亲一事的看法："意态由来画不成，当时枉杀毛延寿。"并引发出感慨："君不见，咫尺长门闭阿娇，人生失意无南北。"③ 按理，王安石当时正处于政治上的上升阶段，尽管他一再辞免，但朝廷还是一直想重用他。在这种情势下，他何以会有这种感慨？确实令人费解。也许这只是文人的一种癖好，好怀古，

① 金程宇：《新发现〈永乐大典〉残卷中的曾巩佚文》，《学术月刊》2004 年第 9 期。
② 曾巩：《东轩小饮呈座中》，《元丰类稿》卷 4，四库全书本。
③ 王安石：《明妃曲》，《临川文集》卷 4，四库全书本。

好翻案，无关自身升沉，无关现实政治。但此诗一出，却引发了很大的反响。欧阳修、曾巩、刘敞、司马光都写有和诗。王安石这两首《明妃曲》因为诗中有“汉恩自浅胡自深”一句,后来一直被人斥之为“坏天下人心者”之言。[①]曾巩不完全赞同王安石的看法，他认为毛延寿在这事上还是有责任的：“延寿尔能私好恶,令人不自保妍媸。”但诗中流露的,主要还是人生失意的苦恼,和知遇难期的哀怨：“明妃未出汉宫时，秀色倾人人不知。何况一身辞汉地，驱令万里嫁胡儿？喧喧杂虏方满眼，皎皎丹心欲语谁？”他深感到一种是非难辨的无奈：“丹青有形尚如此，何况无形论是非！”不由得发出“度成新曲无人听,弹向东风空泪垂”的慨叹。但他还是要“坚其守”,他崇尚王昭君“自信无由污白玉，向人不肯用黄金”[②]的洁身自好精神，和傲然孤高的品格，不肯去阿附权势。当时，曾巩其实也就是发发牢骚而已，然而，“功名难合若捕影”，“何况无形论是非”！“度成新曲无人听”，“皎皎丹心欲语谁”？这些慨叹与叩问，无意中却成了谶言。他后半生的人生轨迹，基本上就是处于这样一种状态中。

可能是和这种心境有关，曾巩在这几年中诗文不是太多。太平州离李白逝世处当涂不远，他去祭扫了李白墓，并写了《谒李白墓》一诗，抒发对这位伟大诗人的崇敬。后来他校书史馆时，曾整理过《李白诗集》，并写了《李白诗集后序》，对李白作了相当高的评价。他早期的一些古风也很有李白歌行的风味，和他对李白的崇敬与仰慕，可能有很大的关系。

正当曾巩在太平州任上为他所说的柴米油盐一类的杂务而忙碌的时候，北宋政局已开始酝酿着一场较庆历革新更大、更猛烈的政治风暴。还在嘉祐三年（1058），王安石提点江东刑狱时，便向朝廷上呈了一篇可以被认为是后来熙宁变法总纲领的《上仁宗皇帝言事书》，公开打出了更大规模变法革新的旗帜。这使自庆历新政失败后一直暮气沉沉的政坛，掀起了轩然大波。第二年，又上《议茶法》，提出罢榷茶的主张。这实际上是他在具体政策改革上对朝廷上下的一次试探。嘉祐五年（1060）五月，宋仁宗终于决定起用

---

① 赵与旹：《宾退录》卷2引范冲实语，四库全书本。
② 曾巩：《明妃曲》，《元丰类稿》卷4，四库全书本。

王安石，推行变法。诏令王安石入京为三司度支判官。这是王安石被委以重任的开始。较庆历革新规模要大得多的一场政治风暴，有如长风巨浪，山雨欲来了。这场风暴最后横扫了整个北宋政坛，波及欧阳修、三苏和曾巩的许多朋友。曾巩的弟弟曾布，也一度被卷入斗争的核心旋涡之中。曾巩，以及他们自己，则因为这场风暴，与王安石之间出现了严重的分歧。他们的友谊也因此而出现了许多波折和磨难。

曾巩似乎注定是要被卷入这场风暴中去的。在仁宗决定起用王安石的前三个月，朝廷诏令三馆秘阁各置官员编校书籍，向全国征选一批有才能的官吏。十一月，欧阳修升任枢密副使。欧阳修一到任，便立即上书，保荐曾巩等入京担任编校。欧阳修在《举章望之曾巩王回等充馆职状》中说："太平州司法参军曾巩，自为进士，早有时名。其所为文章，流布远迩，志节高爽自守不回……此三人者，皆一时之秀，宜被朝廷乐育之仁，而或废处江湖，或沉沦州县，不获闻达，议者惜之。其章望之、曾巩、王回，臣今保举，堪充馆阁职任。欲望圣慈，特赐甄擢。如后不如举状，臣甘当同罪。"①

曾巩于是得以离开那令他十分厌烦的太平州，进京任职。

嘉祐六年（1061）春，曾巩交割完太平州任上的公事。先回南丰接取了家眷，便匆匆入京了。曾巩未及第时，已生了两个儿子。嘉祐四年，又生了一个女儿，小名庆老。这次举家北上，小家庭可以团聚，他显然是很高兴的。从此更是可以和欧阳修、王安石等时时相聚，切磋学问，革新政治，那在困苦与寂寞中燃烧了多年的理想的火焰，终于有希望变成燎原的现实，他自然是欢欣鼓舞的。这期间，王安石罢榷茶的主张遭到强烈的抵制，舆论汹汹，谤议纷然。王安石很气愤，也很担心。因为罢榷茶还只是一项小小的局部性的变革，所遇阻力便如此强大，更不要说推动整个施政方针的改变了。王安石将自己的担忧写信告诉了曾巩。而曾巩又为羁旅所累，无法立即和王安石会面，便在舟中写了封信，命人先行送达王安石。这便是最集中体现了曾巩变法主张的那篇《与王介甫第二书》。

① 欧阳修：《举章望之曾巩王回等充馆职状》，《文忠集》卷112。

王安石给曾巩的信没有保留下来。这封信曾巩是在何处收到的，也史无载记。但从曾巩复信中所说的“既离南康，相见尚远，故因书及此，足下以为如何”一段话来推测，曾巩应该是还没有出江西，南康（今江西星子县）是出入江西必经之地。曾巩这封回信所讨论的，其实是整个变法中两个根本性的问题：一是变法时机的选择，二是破除阻力的方法。曾巩主张变法之前要有充分的准备，绝不可操之过急，推行过猛，要从思想教化和人才准备两方面创造条件。他劝王安石在面对当前这种情况时，要审慎用人，要多方听取意见。不要听到反对的声音，就都一概排斥。他的这些思想，可以用信中的两句话来概括：一是“达人言而广视听”；二是“必先之以教化而待之以久，然后乃可以为治”。[①] 而所以要如此，一是在整个社会各阶层都充分理解变法革新的必要性的基础上，来推行变法，可以求得社会舆论和各派政治力量的广泛支持，可以最大限度地减少变法的阻力；二是要顾及吏员素质太差的现状。庆历革新失败之后，一班偏于保守的旧臣把持着朝政，朝中已没有多少锐意革新而又有远见的政治家了。要变法，新一辈政治家必然会成为中坚力量。而现实的情况是，当时的士人还不堪当此重任。匆匆忙忙地任用他们去变法，必然会造成祸害。

曾巩这些意见，确实把握住了整个变法准备中所面临的两个最关键的问题。他的这些担忧，后来也都为熙宁变法的实践所证实。他的不足，在于他所谓的“待之以久”，因为这对急于摆脱困境的宋王朝来说，是有些迂远而不切时用的。对于变法的主要执行者王安石来说，自然很难全部采纳。他和王安石的政治分歧，也便从这里开始了。

曾巩抵达京师时，朝中一系列重大的人事变动都表明，虽然面对巨大的阻力，但变法革新的准备工作还是在紧锣密鼓地进行。六月，以王安石知制诰；八月，又任命欧阳修为参知政事。王安石作了一篇《上时政书》，着重论述了变法革新的紧迫性、必要性和可行性。认为宋王朝实际上处于“官乱于上，民贫于下，风俗日以薄，才（财）力日以困”的危险境地，但如果“以古准今，

① 曾巩：《与王介甫第二书》，《元丰类稿》卷16，四库全书本。

则天下安危治乱，尚可以有为”，而“有为之时，莫急于今日。过今日则臣恐亦有无所及之悔矣”。[①] 显然，在时机的选择上，他是不赞成曾巩的意见的。

曾巩初到京师，他似乎没有直接介入和守旧派的争论。这很可能是出于三个方面的原因：一是他的品级不够，二是忙于熟悉馆阁工作，第三则是家庭生活出现了一连串的不幸。先是晁文柔到京师后不久即患重病，卧床不起。九月，随行来京的八妹德耀又病逝。八妹原已许配给殿中丞江都王几，完婚在即，却突然去世。王几愿续两家旧好，曾氏家族于是将九妹德操许配给王几。十一月，幼女庆老又夭折。更大的不幸接踵而至，嘉祐七年三月，晁文柔卒于京师。这对曾巩的打击，可谓是超过了以往的任何磨难。晁文柔和他厮守只有十年，而这正是他家道坎壈，过着“奔走未足供藜羹”的清苦生活的时期。晁文柔以一个官宦人家的子女，跟着坠入了曾家的困顿之中，索寞箪瓢，事长抚幼，全心全意协助丈夫料理家务，甚至亲自去给在田中劳作的曾巩兄弟送饭。而当曾巩方始发达时，她却猝然去世。他们夫妻间这十年中异乎常人的经历，以及在这些相濡以沫的生活磨难中凝聚而成的情感，在曾巩心中，也便沉积为难以忘却的悲戚与哀痛。他为晁文柔写的墓志铭和两篇祭文，真可谓是长歌当哭、哀啭久绝的了。

晁文柔的去世使曾巩失去了一位真正理解他、支持他的贤内助。他又一次坠入了人生的困境里。他穷居京师，除了忙于史馆中的事务外，还要亲自操持家务，照顾两个年幼的儿子。为生计所迫，他开始学着缝补浆洗，和操持厨间的米盐杂事。这期间写的《合酱作》一诗，很真实而生动地记述了当时的窘迫状况。诗中说：“孺人舍我亡，稚子未堪役。家居拙经营，生理见侵迫。海盐从私求，厨面自官得。拣豆连数晨，汲泉候将夕。调挠遵古书，煎熬需日力。庶以具藜羹，故将供脍食。岂有寄径忧？提瓶无所适。但惭著书非，覆瓿固其职。”[②] 家事的琐屑，生活的困扰，已经影响及于他的写作，写出来的文章连自己都不满意。他甚至很后悔来京师谋职，一度很想念自己的家乡。这期间一位姓瞿的同乡新授官职，将回乡探亲，来向他辞行。他写了一首赠

① 王安石：《上时政疏》，《临川文集》卷 39，四库全书本。
② 曾巩：《合酱作》，《元丰类稿》卷 4，四库全书本。

别诗《瞿秘校新授官还南丰》，诗中便流露出对故乡深切思念的情怀。

曾巩毕竟还是个忠厚的儒者，是一位忠于职守的官吏。所以尽管生活如此窘迫，他还是以极其严谨的态度，来对待自己的工作。他在史馆待了九年，经他亲手整理校定的古籍，有确切史料记载的，就有十二种。这种整理工作也是十分繁琐而艰苦的。他和史馆同僚广为访求，互相参校，正其缪误，补其阙漏，使之尽可能正确和完整。这一是辨其真伪。如《鲍溶诗集》。史馆藏本中有一部《鲍防诗集》，著名的官修书目《崇文总目》的记载也认定是鲍防的集子。曾巩发现这个集子其实是鲍溶的诗集。当时任知制诰的宋敏求也发现了这一讹误，告诉了曾巩。宋敏求还告诉他，鲍防有一首《杂感》特别有名，但这个集子中却不见收录。曾巩于是查找了很多材料，发现《文粹》和《唐诗类选》都认为这本《鲍防诗集》中所收录的是鲍溶的作品。他又仔细研读了《杂感》，证实宋敏求的推断是正确的。最后，他终于在欧阳修的家藏本中找到了一部《鲍溶诗集》，与史馆所藏《鲍防诗集》完全相同。他得出结论，史馆藏本是张冠李戴了。于是加以整理，纠正了史馆藏本及《崇文总目》的错误。二是收其散佚，补其阙漏。西汉刘向的《说苑》，编定时为二十卷，但到宋初，只剩五篇。曾巩多方搜集，终于在一些士大夫家收得十三卷。他将这十三卷和《崇文总目》所载记的五篇合编，共十八卷，并作了细致的校正，使这部已成残编的西汉典籍，大致恢复到它本来的面目，并得以流传下来。第三便是正其缪误。史馆藏书中有两部记载南北朝历史的史书《陈书》和《梁书》。《陈书》成书于唐贞观十年（636），是唐代史家姚思廉所撰，共三十六卷。《梁书》五十六卷，姚思廉的父亲姚察在隋朝时就撰有初稿，后来姚思廉用了七年时间补充修改而成。由于年代久远，传至宋初，无论是刻本还是抄本，较完整的本子都很罕见了，而且有相当多的脱误。曾巩担心史馆的藏本也不可靠，便上书朝廷，请求下诏各藏书之家，悉数上交。最后花了两年的时间，将这两部史书整理了出来。

校书史馆的九年，也是曾巩散文创作的又一个高峰期。他在写《墨池记》和《宜黄县县学记》时已露端倪的古文风格，到任职史馆阶段，变得完全成熟和定型了。他每整理完一书，都作一篇序。读书多，研讨细，这为他的文章增厚了学养、增强了底蕴；而大量的写作，也使他的写作技巧越来越娴熟。这一点使他在当时的文坛上享有了很高的声誉。他最后被人定论为“唐宋八大家”之一，这一阶段的创作成就是一个非常关键的因素。

这九年中的政局也一直在发生着重大的变化。历史在冥冥中似乎早就注定了王安石倡导的变法运动将会是一场难产，而且最终会以失败为结局。正当王安石在仁宗的支持下，紧锣密鼓地做着变法的准备工作时，仁宗自己却在嘉祐八年（1063）三月去世。八月，王安石母亲卒于京师。王安石扶灵回江宁，在那里服丧三年，变法的事也便停歇了下来。

仁宗去世后，第二年英宗即位，改元治平。这时，变法虽然暂停了，但反对变法的声音却更为强大。这从以下两件事中，便可透见到当时的状况。一是所谓苏洵作《辨奸论》一事。这篇文章是否真为苏洵所作，历来也有争议。但不管是谁写的，这期间社会上有这么一篇恶毒诋毁王安石的文章在广为传播，却是事实。其矛头所向是变法革新运动，也是毫无疑义的。另一件便是所谓天津桥上闻杜鹃一案。此事见于邵伯温《闻见录》的记载，说是邵雍一日和朋友路过洛阳城中的天津桥，忽闻杜鹃啼鸣，邵雍“惨然不乐”，说：“洛阳旧无杜鹃，今始至，有所主……不二年，上用南士为相，多引南人，专务变更，天下自此多事矣。”或问其故。邵雍说：“天下将治，地气自北而南；将乱，自南而北。今南方地气至矣。禽鸟，飞类，得气之先者也。”[①] 这些谤议，远在江宁的王安石大概也有耳闻。所以，治平二年（1065）他服丧期满，英宗一再催他回朝，他都托病辞免。

嘉祐八年，曾巩续娶了李氏为夫人。次年（即治平元年），又生了个女儿，取名为兴老。他将继母朱氏夫人接到京师，以便奉养。这时，弟弟曾牟已去世三年，留下的四个孩子，曾布带去了两个，另外两个稍大些的，也交曾巩带到了京师，以便入学。令他欣慰的是，他一手抚养长大的侄子（即兄长曾晔的长子）曾觉也已成才，于治平二年进士及第，选任吉州司法参军。他在京师的生活总算是稍稍安定了下来。但到治平三年，他的小女儿兴老又夭亡，

① 邵伯温：《闻见录》卷 19，四库全书本。

这又一次使他特别悲痛。

大概是家中变故迭起，加上忙于史馆的工作等原因，这些年间，曾巩和社会的交往似乎比较少。除馆阁同僚之外，尚有联系的，只有欧阳修、王安石和三苏。嘉祐八年，王安石护送母亲灵柩归葬江宁，托他作墓志铭，他很快就写好了。治平二年八月，王母逝世两周年祭，他又特地邮去了一封信表示悼念。十月，一位叫梅厚的秀才去江宁，他又托其带去了一封信。也许是遗失或在途中错过了，当曾巩接到王安石的来信时，才知道前两封信王安石都没有收到，便立即给王安石回了信，这便是《与王介甫第三书》。王安石在信中说了两件事，一是他自己小便便血。对此，曾巩非常担心，回信中一再询问近况，叮嘱他要“强食自爱”。二是寄来他起草的《王深父墓志铭》。王回是嘉祐八年七月底去世的。王回之死，曾巩和王安石都非常悲痛。王安石为王回作了墓志，特地寄来征求意见。曾巩读后，“反复不能去手”[①]，在复信中给这篇墓志很高的评价。

英宗即位之后，朝廷中爆发了一场非常激烈的权利斗争，史家称之为“濮议之争”。这一政治风波导源于一个很小的问题，即英宗该如何称呼他的生父。英宗赵曙是濮安懿王赵允让之子，因仁宗无后，才立他为皇子。英宗一即位，朝臣中的一些人如王珪、吕诲、彭思永和司马光等，便鼓噪着要举行崇奉濮王典礼，要英宗称其生父赵允让为“皇伯”。欧阳修、韩琦等老臣则力排众议，主张应维护英宗与生父间本来的人伦关系，称赵允让为“皇考”。于是，台辅鼎沸，“攻韩、欧者盈庭，其肆为丑诋者，吕诲也;而其主张彭思永奏稿，尤诬罔不堪忍”[②]。

这场争论，最后虽然以韩、欧的主张为定论，但其影响却远远超出了濮议的范围。治平四年，英宗去世，神宗即位，蒋之奇便重提二十三年前保守派诬陷欧阳修的谣言，以帷箔之私，弹劾欧阳修。而蒋之奇此言之所从来，又是得之于彭思永。如果我们再往后看，后来在王安石变法中反对最力的，恰恰就是吕诲、彭思永、范镇、范纯仁和司马光这批攻濮议最凶的人。神宗

① 曾巩:《与王介甫第三书》,《元丰类稿》卷 16，四库全书本。

② 蔡上翔:《王荆公年谱考略》卷 13，裴汝诚点校《王荆公年谱三种》，中华书局 1994 年第 1 版。

查清事情原委后，虽严厉地惩处了蒋、彭二人，并公榜朝堂，为欧阳修恢复名誉，但谣言既出，流布甚广，短时间是难以消除其所造成的恶劣影响的。欧阳修遭此奇耻大辱，也深感政治的险恶，已有急流勇退之意，在连上数次辞呈之后，于治平四年（1067）三月罢参知政事，除观文殿学士转刑部尚书，出知亳州（今安徽亳州市）。

曾巩没有公开卷入这场论争。这是因为他作为史馆中的一般官员，品级较低，还不具备参与讨论如此重大事情的资格。但他是支持韩、欧的。他参照古礼，引证经典，写了一篇《为人后议》，说明韩、欧是正确的。不过他当时没有把这篇文章公开出来。一直到欧阳修致仕，回颍州养老之后，他才寄给欧阳修。金程宇先生辑得的佚文中，有一篇《与欧阳少师别纸启》，文中对这事作了详尽的解释："某往岁曾蒙见问为人后之礼，是时议论方哗，而明公参与机政，某自顾非职，所以不敢与闻。然鄙陋之心，颇窥经传之意，是时曾作议一篇，然不敢置之左右。今明公谢事高退，于理无嫌，故敢缮写寄呈。愿且藏去，勿远广之。自顾鄙言，必不沉没，不为无所发明也。尘渎视听，皇恐皇恐。"[①] 欧阳修读后，非常高兴，给他回了信。信中说："辱示《为人后议》，笔力雄赡，固不待称赞。而引经据古，明白详尽，虽使聋盲者得之，可以释然矣。……方群口喧哗之际，虽有正论，人不暇听，非著之文章，以要于久远，谓难以口舌一日争也。斯文所期者远，而所补者大，固不当以示常人，皆如来谕也。某亦有一二论述，未能若斯文之曲尽，然亦非有识之士，未尝出也。"[②]

这期间还有一个变故，就是在欧阳修罢参知政事的前一年八月，苏洵卒于京师。曾巩写了《苏明允哀辞》表示悼念。苏洵去世，苏轼、苏辙扶灵回乡。王回、苏洵死了，欧阳修、苏氏兄弟走了，王安石又滞留江宁，曾巩在京师，几乎没有了相亲相知的朋友。他依旧在史馆兢兢业业地做着他的校勘工作。不过，他对政治变革的热情依然不减。在为自己整理的典籍作序时，他时不时地还会借题发挥，以古鉴今，阐述自己的主张。如在《礼阁新仪目录序》中，

---

① 金程宇：《新发现〈永乐大典〉残卷中的曾巩佚文》，《学术月刊》，2004 年第 9 期。

② 欧阳修：《答曾舍人》，《文忠集》卷 150，四库全书本。

便明确地表示，社会在变化，世俗也在变化，“则法制度数，其久而不能无弊者，势固然也”。所以，应“屡变其法以宜之，何必一一以追先王之迹哉”？而关键是“本末先后，能合乎先王之意”。[①] 这和王安石所主张的对先王之法应“法其意而不法其政”是完全一致的。但在此基础上，他又更强调在变法之前，要先之以教化，使人知善恶、知廉耻、知变革的必要性和重要性。这又使他在具体施实过程上，和王安石的意见相左。这就为他后来既不得意于变法派，又不得意于保守派，而处于一种非常尴尬的境地里埋下了祸根。

治平四年（1067）九月，在朝廷的一再催促下，王安石终于回到了京城。次年改元为熙宁元年。神宗是一位很想有所作为、同时又颇有魄力的君主。一登基，便锐意推行变法。面对神宗的心殷性急，王安石内心多少有些担忧。和曾巩一样，他其实也是不主张急功邀利的，但也不同意曾巩所说的要“待之以久”。针对神宗想在短期内便见成效的急迫心情，王安石在其初，便对神宗说过，皇上如果真的打算用他来推行变法，就最好不要太急躁，而应先听他讲学，以便对他的学术思想及其渊源有比较全面清楚的了解，然后再决定是否重用。在《拟上殿札子》中，他还建议把这种讲学活动的对象扩大一些，请左右大臣和天下有才能的人都参与进来，“使其论先王所以成天下之才者，其设施之方如何？今之所以异于先王而人才不足者，其咎安在？其欲变而通之，以合于先王之意而成天下之才，宜何施为而可？陛下因择其言之近于理者，使之相与上下、反复为论焉，因取其宜于时者施焉”。[②] 这里有三个意图：一是所谓坚上之心，使皇帝在他日反对的声浪高涨、舆论汹汹时，作为一国之君，能毫不动摇，任贤勿二。二是尽可能地统一宰辅以下各级官僚甚至社会贤达的思想认识，团结更多的人共同来进行改革，这也就可以将阻力减少到最低程度。三是通过讲评和总结历史经验教训入手，来选择变法的方略和理论的依据。应该说，王安石的考虑其实是很周密而且很有远见的。他毕竟入仕比曾巩早，有着很丰富的从政经验。尤其是第一点，显然是接受了历代政治改革以及此前的庆历革新失败的教训在内的。相比较而言，曾巩的论述

① 曾巩：《礼阁新仪目录序》，《元丰类稿》卷 11，四库全书本。
② 王安石：《拟上殿札子》，《临川文集》卷 41，四库全书本。

就反映出他在实际的政治经验方面的欠缺，他的见解显然要肤浅得多。

然而，问题来了，而且使曾巩和王安石的矛盾日渐表面化。事情的导火索，出现在一个小小的细节上：王安石他们给天子和群臣讲学是站着讲还是坐着讲？早在宋初，按惯例，为皇帝和太子讲授六经的老师在讲课时，都是坐着讲的。后来仁宗即位，因为年龄太小，坐讲听不清，讲官才改为站立并靠近讲解。到熙宁初，吕公著、王安石为翰林学士兼侍读，在倡导讲明旧学以求变法之道时，提出恢复坐讲的形式："以为六经言先王之道，讲者当赐坐，因请复行故事。"神宗发放到礼部去讨论。支持他们的有韩维、吴充、刁景纯、胡宇夫等，而龚鼎臣、刘攽、王汾等则坚决反对，"以为讲读官曰'侍'，盖侍天子非师道也。且讲读官一等侍读，仍班侍讲上。今侍讲坐而侍读立，不应为二。"[①] 吕、王的建议被否决了，但制订了一个折衷的方案，讲前和讲后都赐坐并赐茶，讲时则仍旧站着。

这原本只是一个关于君臣礼仪方面的讨论，丝毫不涉及于变法问题。但却很快被反变法一派引为恶毒攻击王安石的口实。熙宁二年（1069）六月，吕诲接连向神宗上了两份奏章《论王安石奸诈十事》，搜罗了最恶毒的词汇，破口大骂王安石"大奸似忠，大诈似信"，"外示朴野，中藏巧诈。骄蹇慢上，阴贼害物"，"固无远略，惟务改作，立异于人。徒文言而饰非，将罔上而欺下"。进而条列了所谓王安石的十大罪状，要神宗坚决铲除王安石，以免"误天下苍生"。这所谓的"十大罪状"的第三条，就是恢复坐讲。认为侍读侍讲的职责，只是向君主"进说"六经，而不是向君主"传道"。他们只是陪伴君主之"臣"，而非君主之"师"。说王安石提倡坐讲，是要"屈万乘之重，自取师氏之尊。真不识上下之仪、君臣之分"，"但要君取名而已"。[②]

曾巩也反对坐讲。他在这件事上的态度，粗看上去，让人觉得有些莫名其妙，但仔细来看，却很合符他的思想渊源。他写了一篇《讲官议》，来批评坐讲。他当然不像吕诲那样破口大骂，也不像他们那样激烈地反对变法。但其观点却迂腐得实在可以了。他认为"礼无往教而有待问"，"师之道，有

---

① 叶梦得：《石林燕语》卷 1，四库全书本。

② 吕诲：《论王安石奸诈十事》，赵汝愚《宋名臣奏议》卷 108，四库全书本。

问而告之者尔”。也就是说，你要等别人来请教你，你才去对别人讲，而不应主动去给别人讲这讲那。“世之挟书而讲于禁中者，官以侍为名，则其任故可知矣。乃自以谓吾师道也，宜坐而讲，以为请于上，其为说曰:‘必如是，然后合于古之所谓坐而论道者也’”，“乃不自知其强聒而欲以师自任，何其妄也”！[①]这个批评，和吕诲对坐讲的批评一模一样。在曾巩，可能会认为这仅仅是个是否合符古代礼仪规范的学术性问题，但他却无疑是站到了王安石的对立面去了。

在复杂的政局面前，锐意变革的宋神宗，甚至连王安石提议的开坐讲都还没来得及充分施行，便催促王安石以更迅猛的态势开始了变法运动。这时的王安石是否多少有些身不由己，我们不好妄自推断。但他却实实在在地选择了曾巩所最担心的“己之用力也愈烦,而人之违己也愈甚”[②]这样一条极其艰难的变法道路。

与时势不合，又与朋友不合，使曾巩内心产生了强烈的孤独感。他几乎是不知所从。这前后，四川两位青年才俊黎生和安生持苏轼的引见信来拜访他，说及他们学写古文，却遭到乡人的嘲笑，说他们迂阔，想求曾巩写篇文章，以解惑于乡人。他竟借题发挥，淋漓尽致地抒发自己心中的怨愤和无奈:“余闻之，自顾而笑。夫世之迂阔，孰有甚于予乎？知信乎古而不知合乎世，知志乎道而不知同乎俗,此余所以困于今而不自知也。世之迂阔孰有甚于予乎？今生之迂，特以文不近俗，迂之小者耳，患为笑于里之人。若余之迂，大矣！使生持吾言而归，且重得罪，庸讵止于笑乎？然则若余之于生，将何言哉？谓余之迂为善，则其患若此；谓为不善，则有以合乎世必违乎古，有以同乎俗必离乎道矣。”[③]他看到了自己这种状态形成的症结所在,但性格中的孤傲，以及近乎顽固的迂腐，使他对形势做了错误的判断。他没有很好地理解王安石的处境和意图。他去拜访王安石，披肝沥胆，力陈己见，还是想说服王安石接受他的意见，但谈得很不愉快。王安石大概是顾及两人的友谊，用一种

① 曾巩:《讲官议》,《元丰类稿》卷 9，四库全书本。
② 曾巩:《与王介甫第二书》,《元丰类稿》卷 16，四库全书本。
③ 曾巩:《赠黎安二生序》,《元丰类稿》卷 13，四库全书本。

不置可否的方式，委婉地拒绝了他的劝告。这使他很不高兴而又无可奈何。他写了两首诗，记述这些交谈，内中发出的，全是痛苦的心声。一是《过介甫》。诗中说："日暮驱马去，停镳叩君门。倾诸肺肝尽，不闻可否言。"[①]另一首是《过介甫归偶成》："结交谓无嫌，忠告期有补。直道讵非难，尽言竟多迕。智者尚复然，悠悠谁可语？"[②]一个迂腐，一个执拗，使分歧演变到了无法调和的地步。三十年的友谊，要毁于一旦，曾巩的失落与难受可想而知。自己的建议王安石又不肯接受，双方争论的许多问题一时又难以验证，这时的曾巩，真有点像他自己所说的，是"丹青有形尚如此，何况无形论是非""度成新曲无人听，弹向东风空泪垂"的了。本来，此前欧阳修的外迁，他在朝中已失去了权臣的有力庇护，和王安石的分歧，又使他处于变法与保守两派的夹缝之中，处境艰难。我曾推测过，曾巩的自求外任除和王安石的分歧有关外，还有其他原因，否则苏轼在《送曾子固倅越得燕字》一诗中不会说"昔从南方来，与翁（欧阳修）两联翩。翁今自憔悴，子去亦宜然"，以及"但苦世论隘，聒耳如蜩蝉"[③]这样的话。这里明白地说了两方面的问题，一是"翁今自憔悴，子去亦宜然"。这里所说的，显然是欧阳修外放对曾巩的影响。另一点则是说还有人中伤。这一点，我们可以从《宋史·杨绘传》中找到证据。这期间，神宗曾接受宰相曾公亮的建议，拟任命为秘阁修撰的曾巩为史官。谏官杨绘上章弹劾曾公亮，说他让曾巩任职史馆，是为了报私恩。据说曾公亮在越州时，其父曾侵占民田，郡守要严惩，当时曾易占也在越州任职，帮他化解了这场官司。杨绘便以此为借口，说曾公亮之用曾巩，是为了报答这段个人恩情。这一弹劾使神宗打消了任用曾巩的念头。这样几个因素合在一起，曾巩要在朝中继续待下去，也显然是很难的了。这终于促使曾巩在熙宁二年秋天上书神宗，自求外任，并很快得到了批准，通判越州（今浙江绍兴市），开始了长达十二年的转徙七州的漂泊生涯。他离开朝廷的时候，按惯例上了一篇奏疏，即《熙宁转对疏》。文中所阐述的思想，基本上和《与王介甫第

---

① 曾巩：《过介甫》，《元丰类稿》卷 4，四库全书本。
② 曾巩：《过介甫归偶成》，《元丰类稿》卷 4，四库全书本。
③ 苏轼：《送曾子固倅越得燕字》，《东坡全集》卷 2，四库全书本。

二书》相同。他一方面强调变法革新的紧迫性和必要性；而另一方面，又进一步发挥了此前他所提出的“先之以教化而待之以久”的思想，劝神宗在变法之前先要“正本”，“内成德化，外成法度”，[①] 等条件成熟时，再开始变法。

曾巩自求外任了，他的弟弟曾布却被王安石看中并举荐，连连擢升，“凡三日五受敕告”[②]。后来，成了王安石的得力助手，成了熙宁变法的中坚力量。曾肇也从州县小吏调入京师，擢崇文校书、馆阁校勘兼国子监直讲，同知太常礼院。王安石并没有因和曾巩的政治分歧而冷落甚至打击他的弟辈们。

第二节 “万里波涛一点萍”

——十二年外任的天涯漂泊

曾巩是熙宁二年（1069）秋天离开京师去越州赴任的。零雨送秋，江河晓落，商风振条，肃杀的秋色一直伴着他的行程。在他身后，那离他越来越远的京师，他期待已久而且曾经为之出谋划策、奔走呼号的改革风暴已经到来。革新朝政，变法图强，这可是他心中几十年来的政治理想。而在这关键时刻，他却不得不离开风暴的中心，远走东越，他内心的失落与怅恨可想而知。

越州在历史上称会稽郡，是个物产丰富、人文荟萃的地方。曾巩任越州通判，地位仅次于州府长官，可以谐州府长官处理政务，握有连署州府公事和监察官吏的实权，在级别上较他在馆阁的职务略有提升。在外任之初，他只是将自己当作一个地方官，恪尽职守，做着自己职责内的工作。他很可能没有意识到，这只不过是换了一个环境来参加变法而已。因为和王安石的特殊关系，他原本可以成为政策方略制定的参与者，现在一变而成了具体的执行者和实践者。

曾巩到越州后做的第一件事，是革除在执行国家赋役制度中出现的弊端。宋代的赋役制度规定，纳税户除了交纳税赋之外，还要替官府当差。这种差

① 曾巩：《熙宁转对疏》，《元丰类稿》卷 29，四库全书本。

② 托克托等：《宋史·曾布传》，《宋史》卷 471，四库全书本。

役有多个类别，其中最难担任的是里正。里正是宋代乡间小吏，职责是负责催缴租税，若遇歉收或灾荒之年，百姓逃亡，逃亡者所应交纳的赋税，官府就要求里正代为垫付。以此，一旦轮上这类差役，几乎没有不被拖累得倾家荡产的。这类惨剧的屡屡发生，使差役制度实行起来就非常困难。至于其他差役，如属外派者，奔波路途，寒暑不论，一旦被派上，即便不客死他乡，也无法照料家中农事。为了保证差役的来源，各地官员曾试行过一些地方性的政策措施。越州在嘉祐初年，就实行过“以钱助役”的办法，即在府衙前公开招募自愿应役者，他们的工钱从州县各酒场提取，不足部分再分摊到百姓，且规定以七年为期。七年以后不再征收和摊派。这原本是一个很好的措施，但由于官吏贪腐，利用这一政策加重征收，而且在七年过后，仍旧在征收和摊派，所得之钱，则入了官员们的私囊之中，以致人民不堪重负。曾巩在审阅文牒时，发现这一漏洞，便立即严令中止，并且将情况奏报朝廷，“请下诏约束，毋擅增募人钱”①。

第二件大事，是积极组织救灾。熙宁三年（1070），一场大旱使越州几成焦土。到任才半年的曾巩，偕同同僚全力以赴，投入救灾。他采取了三条很有力的措施。一是在大旱刚露苗头，大灾荒还未形成之时，就预先要求所属各县，召集地方富户，令其各自申报家中多余粮食的确切数目，筹措了粮食十五万担。待到灾荒发生时，责成各富户在官府监督下，以比平时稍高一些的价格出售给当地灾民；二是下令开仓赈灾，将粮食赊卖给灾民，所欠粮款则规定赊买者在限期内归还；三是注重生产自救，由州府出钱粟五万，贷民为种粮，使之下一季播种不误农时。农民贷粟种时所欠款项，则规定到秋后交纳田赋时，一并缴交。这些措施，方便了群众，“民得从便受粟”，一些居处偏远或老弱残疾的灾民，“不出田里而食有余”，同时还有效地控制了粮价，“粟价平”。② 因为措施得力，组织有方，越州的灾荒得以平稳地度过，很快恢复了生产。

第三件事是兴修水利。大概是因为曾巩的文集中只留下了一篇《越州鉴

---

① 曾肇：《子固先生行状》，《曲阜集》卷 3，四库全书本。

② 曾肇：《子固先生行状》，《曲阜集》卷 3，四库全书本。

湖图序》，所以长期以来研究曾巩在越州治理水患的活动，基本上都是集中在他对鉴湖的考察上。但从新发现的材料来看，他实际上包括修浚海塘和考察鉴湖两个大的方面，而且都规划出了治理方案。海塘是一种人工修筑的防备潮水的堤坝，是东南沿海地区防备潮水的重要水利工程。金程宇先生从《永乐大典》残卷中，发现他在越州写的《越州论修海塘别纸》和《与两浙转运许醇按视海塘别纸》等两篇文章，可见他在修理海塘这方面也是做了很多工作的。鉴湖则是内湖，在越州城南，周长三百余里，纳周边三十六溪之水，灌溉田地九千余顷。自东汉会稽太守马臻主持修治以来，给越州带来相当大的利益。宋初，百姓开始盗湖为田，不过人数尚少，只有二十七户。到庆历年间还一度减少到两户，面积也只四顷。官府也曾下令禁止，使之复田为湖。但到治平年间，由于官府执行不力，盗湖为田者猛增至八千多户，田七百多顷。鉴湖水利遭到严重破坏，每逢干旱少雨季节，往往干涸见底。曾巩到越州任职的这年十一月，朝廷颁布了由王安石主持制定的农田水利法，并诏令各地官员勘察当地陂湖、堤堰、河港，绘制图籍，计算工料人力，提出治理方案，申报本州，以便组织治理。曾巩按朝廷法令，亲自对鉴湖做了全面考察，在参考各种资料的基础上，令下属绘制了鉴湖图一份，并亲自作了一篇《越州鉴湖图序》，旁征博引，历数了鉴湖的兴废和农事的利害关系，论述了修浚的必要性和可行性，还列举了历届越州行政长官的计算和分歧，坚决主张用法令禁律来确保治理工作的正常进行。此外，金程宇先生还从《永乐大典》残卷中辑得《越州论开浚鉴湖状》一篇，所论与《越州鉴湖图序》大致相同。后来，尽管他因调任齐州（今山东省济南市）知州，而未能亲自参与越州海塘和鉴湖的治理，但他所做的这些工作，为后任的治理，做了相当充分的准备。

曾巩初到越州时，内心大概还是很压抑的。这年冬天，他曾将浣沙亭北的一株小梅花树，亲手移植到通判厅的院子里。他调任齐州以后，还写过一首诗《忆越中梅》："浣沙亭北小山梅，兰渚移来手自栽。今日旧林冰雪地，冷香幽艳向谁开？"[①] 这件事，无疑是为了表现自己不随流俗、洁身自好的高

---

① 曾巩：《忆越中梅》，《元丰类稿》卷6，四库全书本。

尚情怀，但多少也流露出一种被排挤出朝廷之后内心的孤独感。随着时间的推移，他的心情很快有了好转，繁忙的公务，和越州秀丽的山水风物，都有效地冲淡了他心中的不快感。在越州的一年多时间内，曾巩写了好些风格清丽的诗作，流露出比较愉悦的心情。这一时期，也是他诗歌风格发生比较大的转变的阶段。不过，这种愉悦还是有限度的，呈现出一种片刻的、短暂的特点。他心中的不快，还是没有得到彻底的冰释。熙宁四年（1071）新年前后，不知是出于什么原因，他曾一度离开越州，到了杭州。在杭州时，正赶上元宵佳节，他写了一首诗。诗说："月明如昼露华浓，锦帐名郎笑语同。金地夜寒消美酒，玉人春困倚东风。红云灯火浮沧海，碧水楼台浸远空。白发蹉跎欢意少，强颜犹入少年丛。"[①] 显然，在曾巩的内心深处，已滋生出了一种华年盛世业已磋砣的悲哀，他还是抹不去那种苦涩惆怅、郁郁寡欢的情怀。

朝廷下令曾巩移知齐州的具体时间已不可确考。清王士祯《居易录》和厉鹗《宋诗纪事》都载录有一首题为《赴齐州》的诗，且都称为曾巩所作。诗曰："淮南蒙召鬓毛斑，乞得东秦慰病颜。晓整轻鞍汶阳北，却冲微雨看青山。"[②]《宋诗纪事》注明是取自《合璧事类后集》。当代研究者和我本人也曾以之归于曾巩，其实是晁补之的作品，见载于晁补之《鸡肋集》卷二十二。《宋史·晁补之传》记载了这次调动："（晁）通判扬州，召还为著作佐郎。章惇当国，出知齐州。"[③] 曾巩集中有一首题为《去年久旱，六月十三日入境得雨。今年复旱，得雨亦六月十三日也》的诗，这是他知齐州一年整时写的。到任后，他立即上了一篇《齐州谢到任表》，表中称十六日已正式上任。由此可推断他到齐州上任是在熙宁四年六月中旬。由通判而知州，这是职务的提升，按理应该高兴。但曾巩似乎不这么看。在这份谢表中，他流露出来的是一种比较沉重的心情。他很感激神宗没有埋没他的政治才能，"在疏远迂贱之中，而察其所守；无左右游谈之助，而知其所长"。在无人为他"游谈"说情的情况下，将他委以方面，托以重任。但他又很矛盾。这又分两个方面。一是

① 曾巩：《钱塘上元夜祥符寺陪咨臣郎中文燕席》，《元丰类稿》卷 6，四库全书本。

② 见王士祯《居易录》卷 34，厉鹗《宋诗纪事》卷 20，均为四库全书本。

③ 托克托等：《宋史·晁补之传》，《宋史》卷 444，四库全书本。

他的本意，是想等到越州任期完满之后，能调回京师任职，甚至还想去史馆谋求一份差事："方指期于满岁，将垂翼于故栖。"但却在没有任何思想准备的情况下，突然将他调离越州，而且让他去治理一个"习诈而夸，着流风于在昔；多盗与讼，号难治于当今"的齐州。这实在是出乎他的意外。其次，是治理像齐州这样的州郡，除了要有卓越的政治才能之外，还须得到上司的全力支持："必资求于强吏。"但当时王安石为推行新法，任用了一批看似雷厉风行，但素质其实很差的官吏。曾巩非常担心自己虽然劳心劳力、殚精竭虑去治理齐州，但因为这些"强吏"的捣乱和干预，最后可能一事无成。可君命难违，他尽管很不情愿，还是接受了诏命，"无忘夙夜，勉尽疲驽"①，去治理这令多少官吏都望而却步的齐州。

曾巩对齐州的"难治"有相当的了解和准备。他着重做了四件事。

一是整顿齐州的社会治安。针对齐州"以朋比夸诈见于习俗"，"又多狱讼，而豪猾群党，亦往往喜相攻剽贼杀"的特点，他一上任，就将重点放在整治社会治安上。"除其奸强而振其弛坏，去其疾苦而抚其善良"②，"曰：'为人害者不去，则吾人不宁'"。③他于是以极其严厉的手段，打击豪强恶少和横行乡里的社会黑恶势力。齐州曲堤的贵族子弟周高，是个恶贯满盈的公子哥，横纵淫乱，至贼杀平民，污人妇女，甚至张狂到仿制帝王的车驾、衣物，供自己享用，但因为有背景，历届官府都不敢过问。曾巩一到任，做的第一件事，就是将他逮捕，依法惩治，把他流放到一个荒无人烟的海岛上去。这一果敢行动，对人民的鼓舞和对为非作歹之徒的震慑是可想而知的。齐州辖内有一个社会黑恶势力"霸王社"，杀人放火，无恶不作，胆大妄为到公然劫取在押囚犯，无人敢过问。曾巩精心谋划，周密布置，将其恶徒一举网尽，然后严厉处置，一次就刺配充军三十一人，余党皆溃。在严厉打击的同时，又强化治安管理，定下规约，严格执行。在朝廷还未颁布"保甲法"时，他就已经在摸索着建立这样一项管理制度，称之为保伍制。对那些改恶从善、投案

① 曾巩：《齐州谢到任表》，《元丰类稿》卷 27，四库全书本。
② 曾巩：《齐州杂诗序》，《元丰类稿》卷 13，四库全书本。
③ 曾肇：《子固先生行状》，《曲阜集》卷 3，四库全书本。

自首者，他都给以奖励和表彰。这一系列措施，对迅速瓦解当地的黑恶势力、改变社会风气，是很有成效的。

第二是开设学校，讲说六经。当一个地方的社会治安处于乱象丛生的情势下，上述强制性的措施无疑会收到相当好的效果。但作为一位正统的儒者，曾巩深知要从根本上去解决社会长治久安的问题，还需要注重文治教化的作用。齐州古称“文学之国”，山东又是孔、孟的故乡，是儒家学说的发祥地。曾巩在整治社会治安的同时，将“教化”放到了首要的地位。他去朝拜齐州的舜庙、孔庙、举行隆重的祭祀典礼，有意向社会彰扬这些先哲、先圣的思想与精神，为建立良好的社会风气，提供典范和正确的导向。在此基础上，又开设学校，讲说《尚书》等儒家经典，加强儒家正统思想的教育和传播，从根本上改变齐地“朋比夸诈见于习俗”的民风。这无疑是有长远眼光的重大措施。

其三，是治理济南城内的水患。这项工程，其初与农田水利建设没有太直接的关系，但直接关系到一城百姓的生活和生存环境。济南又名泉城，城中著名的泉眼就有十余处。由于长期没有得到有效的治理，从地下涌出的大量泉水，四处流淌，军民苦不堪言。齐州城南是千佛山，地势高，所以泉水都涌向北边。尤其到了夏天淫雨季节，城北地区溪流遍布道路、民居、官寺，可谓是无所不至。最后汇成一道深沟，绕西北城门流至北门。人们于是在北边城下另开一道门将水排泄出去。但如果遇上涨大水，城外水位高出城内，便造成倒灌，人们只好采取一些临时措施来处置，既不安全，又耗费钱财和劳力。曾巩到任后，带领同僚，全面考察齐州地势，重新规划，综合治理，先建齐州北水门，由于设计科学，终于使全城“外内之水，禁障宣通，皆得其节。人无后虞，劳费以熄”，[①] 从而彻底根除了北门的水患。然后，又在阅武堂前开凿一条新渠，将一部分水分流，引水灌田。接着，又对城内的大明湖进行整治和建设，修建了十余处景观，使大明湖成为了一个十分优美的去处，至今还誉满天下。经过这些治理，原来泉水泛难的济南城，被彻底改变

---

① 曾巩：《齐州北水门记》，《元丰类稿》卷 19，四库全书本。

了面貌。

第四件，也是他最担心处理不好的，是贯彻新法。曾巩知齐州时，正是朝廷大规模推行新法的时候。他尽管在具体措施上和王安石有分歧，但对变法革新的必要性认识还是一致的。对朝廷颁布的新法，他没有像守旧者那样去抵制和攻击，也没有盲目地去强制执行。而是实事求是，妥善处理。如“青苗法”。这原本是一项利国利民的法令，但由于执行者在推行中借机敲诈勒索，以中饱私囊，一些提举官为邀功请赏，又加大摊派，强迫认贷，将新法弄得面目全非，民怨沸腾。曾巩没有这样做。又如“免役法”。熙宁二年八月，为治理黄河水患，王安石曾组织过一次疏浚工程。在那个科学还不很发达、疏浚方式也比较原始、比较落后的情势下，效果肯定不太好。这原本只是个方法上的探索问题，但此举却一直遭到司马光、文彦博等人的反对。熙宁五年，王安石再次建议神宗下诏，责令各地派出民伕进行疏浚。这也就涉及到差役的募集与征调问题。齐州当出民伕二万，曾巩认真组织，“县初按籍二丁三丁出一夫，公括其隐漏，后有至九丁出一夫者，省费数倍。又损役人以纾民力”。既支持了变法一派主持的疏浚工程，又节省了民力，减轻了人民的负担。所以曾肇在《子固先生行状》中说：“在齐，会朝廷变法，遣使四出。公推行有方，民用不扰。使者或希望私欲有所为，公亦不听也。”① 因为推行新法得当，自然也就没有给政敌们留下什么把柄。他调离齐州后，吕惠卿的弟弟吕升卿按察齐州，多方寻求曾巩在齐州的过失，终于一无所得。对这些人，他深恶痛绝。《元丰类稿》中有一首诗《咏柳》，按其编排体例来看，应是作于此时。诗说：“乱条犹未变初黄，倚得东风势便狂。解把飞花蒙日月，不知天地有清霜。”② 何焯《义门读书记》认为：“此必指熙宁少年喜事之徒。”③ 这看法是有道理的。

曾巩知齐州期间还发生了两件与他有关的大事，就是欧阳修的致仕和去世。还在曾巩通判越州时，欧阳修就因批评“青苗法”而遭到弹劾，移知蔡州。熙宁四年六月，曾巩去赴齐州任时，他以观文殿学士、太子少师致仕，七月，

① 曾肇：《子固先生行状》，《曲阜集》卷 3，四库全书本。
② 曾巩：《咏柳》，《元丰类稿》卷 7，四库全书本。
③ 何焯：《义门读书记》卷 40，四库全书本。

回颍州养老。曾巩写了《寄致仕欧阳少师》一诗，表示慰问，他甚至还期望欧公依旧能为国家分忧："应须協龟筮，更起为生民。"[①]当然，曾巩自己也知道，这其实是不可能的。且不说欧阳修和变法派之间存在着分歧，只就年龄而言，也是不能复出的了。果然，第二年八月，欧阳修便去世了。曾巩悲恸欲绝，长歌当哭，和泪写下了《祭欧阳少师文》，遥祭这位对他恩重如山的长者，这位他人生道路上的扶助者和引路人。

熙宁六年（1073）二月，曾巩接到诏令，移知襄州（今湖北省襄樊市）。济南人民从心底里感恩他们这位"文章太守"，在他离任时，闭门绝桥，进行挽留，他只好挨到半夜，趁百姓们熟睡后，才悄悄出城而去。齐州父老在千佛山上为他建生祠，并刻石像来表示感激与怀念。这座祠堂后来毁于兵火。到清代道光年间，又在大明湖畔重建曾公祠，让他世世代代受到民间香火的供奉。20 世纪 90 年代，大明湖公园又对曾公祠进行修缮，并开设曾巩纪念馆。这些，都可见一千年来，曾巩在济南人民心目中的崇高地位。

曾巩离开齐州后，没有直接从齐州南下，而是先去了京师探望继母和在朝中任职的曾布、曾肇，并且想求请朝廷改任京师或就近一州郡，但没有结果。他东出彭城（今江苏徐州市），南下江淮入长江，取水路去襄州赴任，九、十月间到达襄州。到任之后，依例上了《襄州谢到任表》。这份上表有两点是特别值得注意的。一是很郑重地报告了自己在齐州的治绩，二是委婉地申诉了不想继续外任的意向。前者的目的估计也有两个方面：首先是和吕曾交恶有关。曾布和吕惠卿本来是王安石推行变法的左右手，但相互之间也有矛盾。曾巩离开齐州以后，吕惠卿的弟弟吕升卿代朝廷巡查齐州，就对齐州"多端非理"[②]，求其过失，好在没有找到任何把柄。吕、曾关系公开恶化虽然在这一年之后，但冰冻三尺非一日之寒。曾巩借上表之机，为自己作一个表白，以示对吕升卿"多端非理"的回应，也是在情理之中的。第二，便是让神宗皇帝多少也了解一下他的政治才能。至于后者，则很可能是为了兄弟家人团聚，以便奉养年迈的老母。他在此后的诸多上表中，反复表露过这种愿望。

① 曾巩：《寄致仕欧阳少师》，《元丰类稿》卷 6，四库全书本。
② 曾巩：《奏乞回避吕叔卿状》，《元丰类稿》卷 33，四库全书本。

这份谢表中，也隐含了一些牢骚，觉得此次求请改任没有得到神宗的召见，是有人从中作梗："伏念臣素坚向学之心，幸遇好文之主。备名儒馆，十有三年。然而三易外邦，五回星岁。比亦再过于双阙，未尝一对于清光。常存倾藿之诚，虽知向日；居有戴盆之势，何以望天？"①

曾巩知襄州，政平事简，但他处理得依旧很认真。他到任时，其前任遗留下来一个大案，牵连到许多人。曾巩在审阅案卷时，发现一些原来拟判死刑的人竟然没有罪过。他将有关官吏找来询问，这些官吏也说不清楚。他仔细核查之后，确定是冤案，并立即下令，将这些无辜者全部释放，得释者一百多人。襄州的民众很震动，相与噪呼："吾州前坐死者众矣，宁知非冤乎？"② 处理完这一案件后，他去考察了襄州境内一处水利工程宜城的长渠。他来襄州上任前路过京师时，开封府尹孙永曾经去拜访过他。孙永曾担任过襄州宜城县令。宜城有一条水渠，是战国时著名的秦国将领白起所开凿的。白起用这条渠水淹了楚国的国都鄢，即后来的宜城。秦得鄢之后，渠水便改用来灌溉田地，"田皆为沃壤"。但此后一千多年，"久隳不治"。至和二年，孙永组织百姓将长渠修复，并订出公约，合理分配水量和各自浇灌的时间，"止其侵争"，"使并渠之民，足食而甘饮，其余粟散于四方"。③ 孙永离任之后，一直记挂着这一工程，担心他当初订下的公约会被废弃，得知曾巩去襄州赴任，特地请他去关注一下这事。曾巩实地考察了长渠，得知孙永订的公约当地百姓一直在遵守，非常高兴。他进而将这一公约以法令形式固定下来，上报到朝廷的司农寺备案，还作了一篇《襄州宜城县长渠记》记述其事。

为督促新法的推行，朝廷依旧经常派使者巡查州县。这些人往往擅作威福，甚至借机敲诈勒索。曾巩对此非常厌恶。一次，朝廷来员检查襄州水利情况。曾巩按惯例设宴接待他们。宴饮之间，有人说了一句闲话："昨日，天星坠于西南，有声甚厉，又有小星随之。"曾巩立即借机骂这些使者："小星必天狗，下勾当公事也。"④

---

① 曾巩：《襄州谢到任表》，《元丰类稿》卷 27，四库全书本。
② 曾肇：《子固先生行状》，《曲阜集》卷 3，四库全书本。
③ 曾巩：《襄州宜城县长渠记》，《元丰类稿》卷 19，四库全书本。
④ 曾慥：《类说》卷 16，四库全书本。

这期间随着变法的全面铺开，改革与反改革的斗争也处于白热化的状态，而在王安石所率领的变法阵营中，也出现了分歧，作为王安石的助手，曾布对当时颁布的“市易法”在推行中出现的问题提出了批评，想纠正推行中的偏差，但遭到吕惠卿的诋毁。吕惠卿在王安石面前说他是要终止新法。王安石一怒之下，解除了曾布的职务。但接踵而至的却是王安石自己被罢相，于熙宁七年六月出知江宁府。吕惠卿利用了当时错综复杂的矛盾，成功地登上了宰相的高位。吕惠卿一拜相，便将曾布黜知饶州（今江西鄱阳县）。到六月间，朝廷委任孙颀为新的襄州太守，交割时间是九月，但又没有明确曾巩的去向。曾巩非常着急，考虑到曾布正在饶州，为便于兄弟聚首和老母的奉养，他匆忙上了一道奏章，请求在距饶州较近的宣州（今安徽宣城）或洪州（今江西南昌市）给他安排一处新的任所。这请求很快得到了批准，他奉命移知洪州。但这时他又得到另一条消息，吕惠卿的弟弟吕升卿授江西转运副使，洪州正在其统辖之内。有鉴于曾布和吕惠卿的交恶，以及吕升卿在齐州想方设法寻求自己的过失，曾巩立即上了一道《奏乞回避吕叔（升）卿状》请求量移他处州郡。对曾巩的请求，朝廷没有回复。九月，孙颀一到任，他便携家去洪州赴任了。好在事情很快又有了翻转。第二年春天，王安石复出，吕惠卿出知陈州。吕惠卿被贬，吕升卿也收敛了许多，史料中找不到他在江西转运副使任上对曾巩进行刁难的记载。从离开齐州到知襄州，再到移知洪州，曾巩的心情似乎都不太好。他的政治热情呈现出日渐衰退的倾向。飘蓬江海，沉埋下僚，在“世路风波悸心目”[①]的危迫中提心吊胆地生活着、挣扎着。他几乎像三年疾患时那样，再次涌起蓬山远隔、魏阙难及的幻灭感。“至音淡薄谁曾赏？古意飘零自可怜。不似秦筝能合意，满堂倾耳十三弦。”[②]对自己苦苦奋斗了二十多年才跨入的仕途，他已不再觉得有什么荣耀，甚至有什么值得留恋。“促促为物役，区区追世情。但嗟束缚急，未觉章绶荣”[③]“羁游事事

① 曾巩：《移守江西先寄潘延之节推》，《元丰类稿》卷 5，四库全书本。
② 曾巩：《赠弹琴者》，《元丰类稿》卷 6，四库全书本。
③ 曾巩：《促促为物役》，《元丰类稿》卷 5，四库全书本。

情怀恶，贫病年年故旧疏”[①]“照影独怜身老去，日添华髪已盈簪”[②]“欲知世事今何似？万里波涛一点萍”[③]。他想辞官而去，像江边的鸿雁一样，去过一种“长无矰缴意自闲，不饱稻粱心亦足”[④]的自在生活。

曾巩到洪州之后，依例上了《洪州谢到任表》，尽管还有许多牢骚，但话说得很委婉，对于这次能“抚临便郡，获奉于亲闱；总制属城，实兼于故里”[⑤]的任命，他还是很满意的。曾巩任洪州知州，并充江南西路兵马都钤辖，执掌洪州政事和整个江南西路的军事，在级别和权力上，较知齐、襄二州又略有提升。他到任不久，洪州爆发大规模的瘟疫，他处置果断，措施得力，使瘟疫很快被扑灭，拯救了许多人的性命。这年冬天，邕州发生叛乱，朝廷派军队前往镇压，路过洪州。以往，遇上这类事，州府长官往往将费用摊派到百姓头上，借机横征暴敛。曾巩深知其中弊端，预先区处，以致军队从宿营到离开，百姓都不知道。熙宁九年七月，王安石最喜爱的儿子王雱去世，时年三十三岁。曾巩写了《祭王元泽文》以示悼念，对王安石的老年丧子，表示了相当的同情。王雱之死，对王安石打击特别大。他本来就患病，加上新法受阻，他一再上疏请求解除宰相职务。十月，第二次罢相，出判江宁府。此后，新法虽然还在推行，但已是强弩之末，基本上是预示着轰轰烈烈的熙宁变法运动开始走向结束了。

也就在这前后，曾肇南下省亲，曾布也从饶州赶到洪州，母子兄弟聚首，分外高兴。但变故也接踵而至。先是曾布得到徙知江陵（今湖北省荆州市）的命令，还未起程，又改知潭州（今湖南省长沙市），接着又改知广州（今广东省广州市）。刚刚赴任，曾巩的调动命令也下来了，授直龙图阁学士，移知福州，兼福建路兵马都钤辖。他立即上了辞免状，说明老母年事已高，曾布已远任广州，自己再去福州，奉养困难，请改任一处方便的州郡。但还是没有得到批准，只好将母亲交曾肇侍奉，然后将一直寄存在京城的亡妻晁

---

① 曾巩：《羁游》，《元丰类稿》卷 6，四库全书本。
② 曾巩：《盆池》，《元丰类稿》卷 6，四库全书本。
③ 曾巩：《西亭》，《元丰类稿》卷 6，四库全书本。
④ 曾巩：《鸿雁》，《元丰类稿》卷 5，四库全书本。
⑤ 曾巩：《洪州谢到任表》，《元丰类稿》卷 27，四库全书本。

文柔、八妹德耀、二女庆老和兴老的灵柩，护送回南丰，于熙宁十年二三月间安葬。办完这件大事之后，才横穿武夷山，去福州赴任，于熙宁十年（1077）八月初九到达福州。在这一方和外界几乎完全隔绝的天地里，他更有了一种远走天涯的感受，内心的怨愤也越来越强烈。在《福州谢到任表》中，他说自己是“蹇薄多艰，戆愚少与。遇继承于兴运，未进望于清光。至于九换岁期，常从外徙。四临州部，曾未代还。兹者备延阁之美名，假东瓯之剧郡”。觉得弟弟曾布既已远徙广州，自己就不应该被再遣偏远。但任命既不可更改，母子只好“牵衣辞诀，泣涕分驰”，此后“计音信之往来，殆将万里；阻晨昏之定省，各在一涯”。[①] 最后表示，即便如此，自己还是会尽心尽责去治理任所，但也期望朝廷能体谅他侍奉老母的殷切心情，让他尽早返回内地。

有了此前治理四州的经验，曾巩在福州处理政务可谓游刃有余。他正确地分析了当时纵横福建全境的农民和盐民起义情况，认为除少部分属于老奸巨猾之外，绝大部分是“出于饥旱之后”的饥民，在处置时，不能一味地杀戮。他“一则谕以招纳，一则戒以剪除”，很快将事态平息了下去。“自冬至春，远近皆定。亭无枹鼓之警，里有室家之乐”。“野行海涉，不待朋俦；市粟而来，价减什七。”[②] 接着又采取强有力的措施，抑佛教，废职田。不到一年，福州境内，四境安泰，人民富庶。他的心情比在襄、洪二州时要好一些，但强作笑颜的背后，总还是时时透着几分凄楚与辛酸。对这种宦海沉浮、天涯漂泊的生活，他已经非常厌倦。连眼前美丽的景色，都时时会引起他内心的苦涩味与惆怅感。“水满横塘雨过时，一番红影杂花飞。送春无限情惆怅，身在天涯未得归。”[③] 大概是他对福州的治理很快见效，尤其是在短期内平息了此前官军多次围剿都没能解决的农民盐民起义，朝廷上下开始对他另眼相看了。他的亲旧从京师来信告知这一消息。他接信后，反而更增添了思念亲人的怅惘情绪，写了《亲旧书报京师盛闻治声》一诗：“自知孤宦无材术，谁道京师有政声。默坐海边何计是？白头亲在凤凰城。”[④] 这种强烈的思亲情绪，终于促使他在

① 曾巩：《福州谢到任表》，《元丰类稿》卷 27，四库全书本。
② 曾巩：《福州上执政书》，《元丰类稿》卷 16，四库全书本。
③ 曾巩：《城南二首》，《元丰类稿》卷 8，四库全书本。
④ 曾巩：《亲旧书报京师盛闻治声》，《元丰类稿》卷 8，四库全书本。

任职刚满一年时，又上了一份《福州奏乞在京主判闲慢曹局或近京一便郡状》，再次向朝廷提出内迁的要求。这一请求大概是七八月间交上去的，很快就得到批准，召回京师主判太常寺。虽是冷官闲署，他也相当满足了。这种喜出望外的欢悦之情，在他的《北归三首》中，可谓是扑面而来："终日思归今日归，着鞭鞭马尚嫌迟。曲台殿里官虽冷，须胜天涯海角时。""拜捧恩书喜满颜，马蹄遥望斗杓还。从今步步行平地，出得千山与万山。""江海多年似转蓬，白头归拜未央宫。堵墙学士惊相问，何处尘埃瘦老翁？"[①]他交割好公事，立即启程北归，先回南丰修葺了家族的坟山，将一些俸禄分给临川和金溪的曾氏族人，置办了二处义田以惠利其族，然后匆匆取道洪州北上。可刚到洪州，他就从朝廷发给各州郡的院报上，看到了让他改知明州（今浙江省宁波市）的消息，不由得满目愕然。十年外任，多次求请，好不容易争取来的一个冷官闲职，最后还是与他无缘。"从今步步行平地，出得千山与万山"的喜悦与期待，顷刻之间化作四散的云烟。怵目惊心的政治倾轧，使他还得继续漂泊下去。他也想抗争，但估计不会有什么收效。因为这时他三兄弟的政治处境都不太妙。就在他得准内移京师时，曾布被调往了更为偏远的桂州（今广西省桂林市）；曾肇虽还在京师，但在曾布贬谪饶州时，就被削去了太常礼院主判职务，作为一般馆阁成员被闲置了起来。他于是准备接受明州的任命，但同时也上了一份奏状，请求准许他先至京师迎接母亲同赴明州，然后继续向京城进发。但这一请求也没有得到批准。他行至真州（今江苏仪真县），得到朝廷的诏令，不许进京，只好掉头南下，带着怏怏不已的心情，去明州赴任。白首母子，近在咫尺而不能相见，这实在是很不近人情的。

曾巩在明州也只待了四个月左右的时间，继母朱氏夫人的堂弟朱明之受命为两浙路提点刑狱。宋朝有亲属如同时任职一处必须回避的规定，曾巩便借机上了一份《明州奏乞回避朱明之状》，请求内移。不过他不再提出回京师任职了，而是降格以求，只希望在京师附近安排一处州郡，以便奉养老母。此外，就是明确提出想面见一次神宗。这个请求，此前也提过，但这次却

① 曾巩：《北归三首》，《元丰类稿》卷 8，四库全书本。

是显得非常的恳切和强烈。其中原因，除神宗即位以来他从未朝见之外，更重要的，恐怕还是出于一种老景的凄凉感。从改知明州，且不许他赴京迎奉老母一事中，他深感到了朝中大臣对他兄弟三人的防备与排挤，“如不自言，谁当为臣言者”[①]？

这份奏状也很快有了批复，五月三日，他便接到了改知亳州（今安徽省亳州市）的诏令，但没有言及是否允许他进京迎奉老母的事情，更没有回复是否可面见神宗。他只好一边启程，一边再次提出申请，结果还是不许进京，他只好直接去亳州上任了。这次在亳州他也只待了一年，元丰三年（1080）秋天，又接到移知沧州（今河北沧县东南）的诏令。大概是从改知明州以来的频繁调动，以及其间所遭受的种种挫折，已令他心灰意冷，对这次改知沧州，他也就听之任之，不再提任何改任要求了。但因为从亳州去沧州，一定要路过京师，出于人臣之礼，他还是主动上了一道《授沧州乞朝见状》，说自己转徙七州，“远违班列十有二年”，[②]十分想朝见一回皇上，希望得到神宗的召见。但神宗是否召见，他自然无法预料。即便不予陛见，他也无所谓，毕竟他已六十二岁，早没有了当年的政治热情，更无所谓去建立彪炳青史的功业。加上屡屡碰壁的经历，对这种蓬山远隔、魏阙难及的尴尬处境，他也习以为常了。或许是这个原因，这份奏状写得特别简短，远不像以往的奏疏那样精心构思、字斟句酌。然而，恰恰是这一朝请，改变了他最后三年的人生道路，使他在接近自己的人生终点时，也达到了他政治生涯的顶峰。

第三节　“白头归拜未央宫”

——晚年的京官生活

尽管对能否被召见没有太大的把握，曾巩还是做了些准备。因为对一个官员来说，朝见君主毕竟是一件很严肃、很庄重的大事。万一神宗真的召见，

---

① 曾巩：《明州奏乞回避朱明之状》，《元丰类稿》卷 33，四库全书本。

② 曾巩：《授沧州乞朝见状》，《元丰类稿》卷 34，四库全书本。

自己的对答即便不能给神宗留下特别好的印象，从而改变自己乃至兄弟们的政治处境，但至少也不要带来麻烦。这时期，朝中最敏感的话题，自然是对变法得失的估计，以及是否要将改革继续进行下去。如真的被恩准朝见，这肯定会成为神宗垂问的内容，他也就不得不表明自己的态度。果然，当他于十月中旬到达京师时，就接到了神宗要召见的通知。他于是连忙写了《移沧州过阙上殿札子》，准备进呈给神宗。在札子中，他对变法运动作了基本的肯定，称赞神宗“有出于数千载之大志，变易因循，号令必信。使海内观听，莫不奋起；群下遵职，以后为羞。可谓有能行之效。今斟酌损益、革敝兴坏、制作法度之事，日以大备。非因陋就寡、拘牵常见之世所能及也。继一祖四宗之绪，推而大之，可谓至矣”[①]。这实际上是他对熙宁变法的成效和现阶段状况的基本估价。这中间自然有颂扬神宗的意图在内，但也不全是在朝言朝之语，在此前写的《亳州谢到任表》中，他对变法的成效就做过很充分的肯定。这当然是由他基本的政治立场所决定的。在十二年外任中，他一直是保持着原先的态度，一是力主变法，二是反对躁迫而动。所以，在这份札子中，他对变法的不足还是谈了自己的看法。大概是还摸不准神宗的态度，他在这方面显得非常谨慎，没有直言批评，而是采用了一种很委婉的方式来表示。他指出，从历史的教训和经验看，使天下不安的因素有三：暴赋、暴役、暴刑。而这些政策的制定，又取决于朝中握有实权的大臣，所以，作为君主，在选择和任用这类大臣时，就要特别慎重。这些话，是否有具体所指，很难论定。但借鉴历史、以喻当朝的意图，还是很鲜明的。

神宗于十月二十六日召见了他，询问了他治理州郡的情况，和他谈论治天下之道和变法革新的弊端。大概是吃不准神宗的态度，他显得非常拘谨。神宗对此似乎不太介意，还是给了他许多奖誉和鼓励。这使他解除了疑虑，退朝之后，思前想后，决定再次要求陛见神宗，坦率地陈述自己的看法，于是又写了《乞登对状》，除了就前次朝见时自己的拘谨作出解释之外，还根据《周礼》等典籍的记载，对改革官制阐述了自己的看法，并郑重请求再次

① 曾巩：《移沧州过阙上殿札子》，《元丰类稿》卷 30，四库全书本。

朝见神宗。神宗果然又召见了他。这次，曾巩除直陈己见之外，还一口气上了五道札子，从五个方面，逐一地阐述了自己的主张：一是改革官制。二是改变选拔人才的方式，在原来科举取士的基础上，增设州县举士的制度。他将这称之为“特举”。三是关于边防和内地治安，他提出要“西北择将，东南益兵”。四是削减西北五路边防上的城堡。五是紧缩费用，以节用为理财之要。这五项建议，前两项实际上涉及王安石罢相、革新派大部被黜落后，出现的人才匮乏以及中央机构中官员配备不全或不当的问题。这自然是神宗在当时形势下要考虑的第一要务。第三、四两项涉及两个方面，一是国家安危，二是节省军费开支。最后一项则全然是理财的方略。曾巩很聪明。他没有正面去触及新法，但又没有一项不是为新法补弊。在神宗来说，争论要不要全部废止新法已没什么意义，朝廷迫在眉睫的事，是尽快稳定局面，而曾巩提出的这些非常切实的补救措施，才正是神宗所需要的。神宗当即吩咐，将这五道札子转付中书省商讨。这让他很受鼓舞，又写了《再议经费札子》和三道改革官制的札子进呈。这些建议后来都为朝廷所采用。神宗下令，让他留在京师“勾当三班院”。①

这时，一个偶然的机遇，让他在朝中得到了一份比较满意的工作，神宗让他去修五朝国史。这项工作神宗原本是想起用苏轼来做的。曾巩通判越州后二年，苏轼也被排斥出京，通判杭州，后来也和曾巩一样，多年辗转州郡，沉埋下僚。元丰二年又因乌台诗案坐贬黄州团练副使，到曾巩陛对神宗时，还在黄州。神宗几次提及苏轼，因为苏轼和当时的宰相王珪是政敌，都遭到王珪反对。王珪为压制苏轼，建议神宗姑且任用曾巩去修五朝国史。神宗接受了这一建议，任命曾巩为史馆修撰，管勾编修院、判太常寺兼礼仪事。并手诏中书门下:“曾巩史学见称士类，宜典五朝史事。”② 对这项任命，他是非常满意的，朋友来祝贺他新的任命，他在回信中说自己“误被上恩，进专史事。顾惭孤陋，曷称选抡”？“齿发蚤衰，材资素薄。差池一纪，久流落于

---

① 林希：《曾巩墓志铭》，1970 年南丰出土。陈杏珍、晁继周：《曾巩集 · 附录》，中华书局 1984 年版。

② 曾肇：《子固先生行状》，《曲阜集》卷 3，四库全书本。

风波；推徙七州，寖沉迷于簿领。讵期皓首，获奉清光。拔于多士之中，宠以非常之遇”。[①]这些话自然有自谦的意味在内，但也真实地坦露了他的喜悦心情。而且，按惯例，大凡修史，一般都要先由朝廷选好一批有文学或史学才华的官员，并任命朝中重臣主持编修工作。像这样将数朝国史的编修单独委以一人，是很少见的。

任命是元丰四年（1081）七月二十四日下达的。神宗还在延和殿单独召见了他，当面交代了任命的意图，让他自己去挑选并举荐参修人员。还和他谈了自己的设想，告诉他，自太祖至真宗三朝的国史已经修好，仁宗和英宗两朝国史也即将完工。要他先将已修好的三朝国史再详细检查核对一遍，看有无不当之处或者遗漏，待仁宗、英宗两朝国史完成后，再将两书合并，统一修订，成一部完整的通史性著作。神宗还明确地告诉他，这只是重用他的开始。曾巩对此是非常感激的，几乎是废寝忘餐地投入了准备工作之中，立即推举了陈师道和邢恕为助手。但因为陈师道还没有进士及第，只是一介布衣，朝廷没有批准。邢恕则因曾巩的举荐，调入史馆任检讨之职。曾巩是满怀热情地开始工作的，曾肇说他是“夙夜讨论”，[②]这显然是在拟定计划，安排全书体例结构之类。但这时突然插进来一件与五朝国史了不相关的事，朝廷命他参与审定《宋会要》一书的工作。这部书共三百卷，已修了十多年了，编修官也换过六人，限定到这年秋末成书，这时已是八月中旬。这事很可能是中书省有关官员临时抓差，打上了他的主意。曾巩觉得，自己如果接手，就不是随便可以交差的。因为这决不是一件用个把月时间就能完成的工作。更何况他已经独自承担了修编五朝国史的重任，一身数职，已非他身体和才力所能相兼的了。于是，他上了一道《申中书省乞不看详会要状》辞免，然后专力于五朝国史的编修。他很快向神宗进呈了《史馆申请三道札子》，提出了自己的设想。札子中所说的全书体例，基本上是按司马迁《史记》的格式，在具体记叙中，又按编年体格式记录有关事件。为使全书记事准确和完整，札子中还提出了一些要求，其中特别提到想查看一下保存在内宫中的记

① 曾巩：《回人贺授史馆修撰状》,《元丰类稿》卷 37，四库全书本。
② 曾肇：《子固先生行状》,《曲阜集》卷 3，四库全书本。

述五朝帝王行事的材料，因为这些文件中有可能记录了一些“外廷所未闻”[①]的事情。这个请求的提出，在曾巩来说，显然是为了使这部五朝国史尽可能更准确、真实和完整。他大概是想编修出一部足可流芳百世、名垂千古的史书来报答神宗的知遇之恩。但他没有意识到，他这个要看内廷材料的请求犯了大忌，甚至可能让神宗都处于很尴尬的境地。详细情况，现存史料没有记载。但从后来他进《太祖皇帝总论》而遭到神宗斥责一事来看，学界一般都推测，当和宋代历史上有名的“金匮遗书”“烛光斧影”疑案有相当大的关系。

这个疑案的核心，其实就是古代封建王朝中最敏感的话题：皇权的继承和禅代。我们在前面说过，宋太祖赵匡胤是在陈桥兵变中，黄袍加身，夺得帝位的。他所以能政变成功，除了掌握着后周的兵权之外，还有一个很重要的原因，就是周世宗没有安排好皇位的继承人。周世宗去世之后，即位的恭帝只有七岁。国家的权力，实际上已经落到了拥兵自重的赵匡胤他们一班武将手中。这一事件，对他们自己来说，也是个深刻的历史教训。作为一个鸿业初开的新王朝，他们在考虑如何保有自己的江山，并使之传至千秋万代时，也就不可能不从自己用过的阴谋手段中吸取教训，防止别人以其人之道还治其人之身。这一点，整个赵氏宗室看得比什么人都清楚。赵匡胤的母亲姓杜，史称杜太后。正因为出于这样的认识，杜太后对赵宋王朝帝位的禅代作出了一番煞费苦心的安排。赵匡胤兄弟五人，他的哥哥和最小的弟弟都早已夭亡，剩下他和弟弟赵光义、赵廷美。杜太后让赵匡胤在去世时将皇位交给弟弟赵光义，再传给赵廷美，然后再返回来传给赵匡胤的儿子们。如此递传，以便保持每一位继位者都是成熟的政治家，也就可以断绝有野心的权臣谋篡的可能性。当然，这件事中是二传还是三传，因为这份遗诏没有流传下来，史学界未有定论。但金匮遗诏确有其事，却是无疑义的。这可见于《宋史·杜太后传》的记载：“建隆二年，太后不豫。太祖侍药饵，不离左右。疾亟，召赵普入，受遗命。太后因问太祖曰：‘汝知所以得天下乎？’太祖呜噎不能对。太后固问之。太祖曰：‘臣所以得天下者，皆祖考及太后之积庆也。’太

① 曾巩：《史馆申请三道札子》，《元丰类稿》卷31，四库全书本。

后曰：‘不然。正由周世宗使幼儿主天下耳。使周氏有长君，天下岂为汝有乎？汝百岁后，当传位于汝弟。四海至广，万几至众，能立长君，社稷之福也。’太祖顿首，泣曰：‘敢不如教？’太后顾谓赵普曰：‘尔同记吾言，不可违也。’命普于榻前为约誓书。普于纸尾书‘臣普书’，藏之金匮，命谨密宫人掌之。”[①]这节文字中所谓“太祖呜噎不能对。太后固问之。太祖曰：‘臣所以得天下者，皆祖考及太后之积庆也。’”说明赵匡胤其实很清楚母亲的意图，而其内心是很不愿意的，所以先是不回答，后又王顾左右而言他，最后迫于封建礼法，母命难为，他只得答应。但后来事情的发展，却没有杜太后设想的那么美好。杜太后死后十五年的开宝九年（976），赵匡胤在做了十六年皇帝之后也去世了，他的帝位真的传给了赵光义，史称太宗。但赵光义之后，却没有按遗诏规划的方式传袭。这一来，连赵匡胤和赵光义之间的传位过程，都引起了后人的怀疑，于是又有了与之相关的“烛光斧影”疑案。而且这在两宋都是一个非常敏感的话题。

关于这次传位，宋代的一些笔记和典籍，如司马光《涑水记闻》、释文莹《续湘山野录》、李焘《续资治通鉴长编》都有记载，但说法不太一样。《续湘山野录》说，赵匡胤年轻时，曾和一位道士有很深的交往。此人能知天命祸福，曾预言“金猴虎头四，真龙得真位”。赵匡胤后来再问他，则以醉中乱语、不足为信相搪塞。但赵匡胤即位则正应了他所说的这个时间。不过，尽管赵匡胤到处找他，却一直没能找到。开宝九年，赵匡胤外出行祓禊之礼，却突然遇上。命人将他带入宫中，摒人而问道：“我这些年一直想见你，没别的事，只是想问问我的寿算还有多少年？”道士说：“如果今年十月二十日晚上天晴，便可延长十二年。如若不能，便应赶紧安排后事。”赵匡胤一直牢记着这句话，到十月二十日晚，还特意登上宫中的太清阁去观看天气。起初，风清气爽，星月生辉。赵匡胤正高兴间，忽然阴云四合，天昏地暗，不久，竟下起雪来。他自知寿算已尽，天命难违，立即命人取了宫中钥匙，开启端门，召赵光义火速进宫，兄弟二人在内寝对饮，侍从宫娥一律退至寝外，“但遥见烛影下，

---

① 托克托等：《宋史·杜太后传》，《宋史》卷242，四库全书本。

太宗时或避席，有不可胜之状。饮讫，禁漏三鼓，殿雪已数寸。帝引柱斧戳雪，顾太宗曰：'好做！好做！'遂解带就寝，鼻息如雷霆。是夕太宗留宿禁内，将五鼓，周庐者寂无所闻，帝已崩矣。太宗受遗于柩前即位"①。这所谓的太宗，就是赵光义。

司马光的说法则不一样。其《涑水记闻》转录《圣政录》的记载，并没有道士预言等扑朔迷离的情节，而是直言赵匡胤驾崩时已是四更天，当时赵光义并不在禁中。宋皇后派内侍都知王继隆去召次子赵德芳入内，以承帝位。但王继隆知道赵匡胤传位给赵光义的意图是早就定下来了的，所以没有遵照宋皇后的旨意去召见赵德芳，而是直奔开封府，去报告赵光义，在门前又碰到医官贾德玄。这位贾医官据说又是连着三次听到门外有人喊他，说是赵光义召见。他以为赵光义有病，便匆匆赶到开封府，却见府门紧闭。二人于是叫开府门，将太祖晏驾、宋皇后欲立次子赵德芳为帝的消息报告给了赵光义，并请他赶快入宫。赵光义大概担心这是一个暗藏杀机的政治骗局，犹豫不决。见时间紧迫，王继隆催促说："事久，将为他人有。"斟酌再三，赵光义终于下定决心冒险入宫，带领贾德玄随王继隆踏着雪来到宫外，叫开宫门，直入内寝。宋皇后听说王继隆回来了，匆忙迎出内寝，问："德芳来耶？"王继隆告知是赵光义来了。宋皇后大惊失色，"遽呼'官家'，曰：'吾母子之命，皆托官家。'"赵光义说："共保富贵，无忧也。"② 他即位之后，也确实没有杀害宋皇后母子，只是将她迁往西宫居住而已。

相比较而言，《涑水记闻》所记，确实比《续湘山野录》要少了许多扑朔迷离的色彩。但将王继恩误记为王继隆，将程德玄误记为贾德玄。另外，就是宋人笔记和野史所记载的各种传闻，有许多是不可靠的。这一特点，前人早已指出过。所以，学界在征引宋人笔记、野史时，都很谨慎。不过，只就这次禅位来看，其事件本身，确实留下了许多疑点。本来，既然有这份金匮遗诏在，而且当时赵普也还健在，赵光义便完全可以以此为依据，明正言顺地继承大统，但他却是经历了那么一个惊心动魄的夜晚，在近乎是命悬一

① 释文莹：《湘山野录·续录》，四库全书本。
② 司马光：《涑水记闻》卷上，四库全书本。

线的情势下，登上皇位的。而在这整个过程中，竟然没有一个人提及这份遗诏。一直到好些年之后，有人告发赵廷美阴谋篡位，牵连到赵普，为保全自己，这老头才提出开启金匮，拜启遗诏，表明自己支持太宗赵光义。这显然是不合情理的。而后来太宗传位过程中出现的一系列变故，又进一步加深了人们对这一事件的怀疑。

这首先是赵德昭的自杀和赵德芳的暴亡。赵光义即位之后的第四年，亲自率兵征伐幽州。半夜时分，宋军中莫名其妙地发生骚乱，队伍被冲散。赵光义落荒而逃。部将们四处寻找，也没找到。当时前线形势又十分危急，所谓军不可一日无主，国不可一日无君。仓促之间，有部将提议，拥立随军在幽州前线的赵匡胤的长子赵德昭为帝。偏偏这时，赵光义又自己寻路回到营地，得知这一谋立计划，很不高兴。回朝后，因这次北征打了败仗，朝廷对有功的人员也迟迟不予封赏。将士们请赵德昭去代为申诉，赵光义竟勃然大怒，说："待汝自为之，赏未晚也。"意思是说，等你做了皇帝，你自己去给他们封赏也不晚嘛！这事使赵德昭知道，叔父还在为前线谋立之事而忌恨自己，深感杀身之祸就在眼前，于是"退而自刎"。[①] 两年后，赵德昭的弟弟、即当初宋皇后想谋立的赵德芳也死了。关于他的死,《宋史》的记载非常简单,《宋史·赵廷美传》只说他是于德昭之后"相继夭绝"[②]。其本传则说是"(太平兴国六年)三月寝疾，薨，年二十三"[③]。赵匡胤生有四个儿子，长子德秀、三子德林都早已夭亡，只剩下德昭和德芳。这样一来，在宋太宗赵光义即帝位后六年，这兄弟俩便都从未来皇位的继承人中消失了。

接下来，是赵光美的获罪身亡。赵光美本名廷美，宋太宗太平兴国年间改名为光美。这原本是所谓金匮遗诏中定下的赵光义之后的皇位继承人。德昭兄弟之死，使赵光美意识到了危险的迫近。果然，赵德芳暴亡刚一年的太平兴国七年(982)三月，朝中大臣柴禹锡等便出面告发赵光美阴谋篡位。于是，赵光美被罢开封府尹，贬往外地。随之而来的是一场空前的政治大清洗，凡

① 托克托等:《宋史·赵德昭传》,《宋史》卷244，四库全书本。
② 托克托等:《宋史·赵廷美传》,《宋史》卷244，四库全书本。
③ 托克托等:《宋史·赵德芳传》,《宋史》卷244，四库全书本。

赵光美的亲信或有交往者，被贬的贬，杀的杀。而所谓谋篡的证据其实完全是刻意的构陷。史书说是赵光义不忍公开，这本身就说明其中另有隐情。而在最关键的时候，赵普又怂恿赵光义杀了赵光美，并废了金匮遗诏。《宋史·赵廷美传》记载说："他日，太宗尝以传国之意访之赵普。普曰：'太祖已误陛下，岂容再误邪？'于是廷美遂得罪。"[①] 这样一来，按金匮遗诏所设定的三个可能成为太宗之后的皇位继承人，终于全部在赵宋皇室的政治舞台上消失了，再加上金匮遗诏的被废除，所以，到至道三年赵光义死的时候，他便把皇位名正言顺地传给了自己的儿子赵恒，史称真宗。此后直至北宋灭亡，共历七代帝王，没有一个不是赵光义的后代。

对这样一个极其敏感的话题，作为太宗后人的神宗，自然也是会十分审慎的。可令人不解的是，为人处事一贯小心谨慎的曾巩，却似乎压根就没有意识到。当神宗没有同意他查看内廷材料的请求时，他也没有引起警觉，而是加班加点地编写出了全书的纲目，甚至着手撰写初稿了。他着笔的第一篇文章，便是关于宋太祖赵匡胤的总论。他拟定的题目是《太祖总叙》，计划附于五朝国史的《太祖本纪》的末尾，作为全书总起。就保存下来的这篇文章看，曾巩确实是下了大功夫的。在曾巩所有文章中，这是一篇被后代古文家称之为"大文字"[②] 的作品。文章前半部分以极省净而又圆熟的笔墨，概叙了赵匡胤开创北宋王朝基业的文治武功，后半部分别出心裁地将赵匡胤与汉高祖刘邦对比，一口气列举了赵匡胤远高出刘邦的十个方面，以两千多字的篇幅，从功德到人品，对赵匡胤作了相当全面而突出的评价。

曾巩这样写，显然是想高屋建瓴，编修出一部高水准的史书，来报答神宗的知遇之恩。从另一个角度讲，这也体现出了曾巩作为一代古文大家的眼光与魄力。然而，当他满怀喜悦地将这篇《总叙》进呈给神宗时，却惹得神宗很不高兴，当面斥责他修史不该与古人较优劣："为史但当实录，以示后世。亦何必区区与先代帝王较优劣乎？且一篇之赞已如许之多，成书将复几

① 托克托等：《宋史·赵廷美传》，《宋史》卷 244，四库全书本。
② 茅坤：《唐宋八大家文钞》引唐顺之语，《唐宋八大家文钞》卷 100，四库全书本。

何？”[①]神宗这样说，自然也有他的道理。但曾巩这样称赞赵宋王朝的开国之君，却令神宗如此恼怒，这不能不让人觉得很反常。真正的原因，恐怕还是出自《总叙》中的两段话。其一是将太祖、太宗的禅位比之于上古三代的尧、舜、禹的禅让："及其传天下也，舍子属弟。是则太祖之受天下，与舜受之尧、禹受之舜，其揆一也。其传天下与尧传之舜、舜传之禹，其揆一也。受天下及传天下，视天与人而已，非其心未尝有天下，岂能如是哉？”其二是："太祖明于大计，以属天下；汉祖择嗣不审，几坠厥世。不及十也。”[②]这些话，原本是说得不错的，也符合史家实录的原则。但也很容易让人产生联想，那就是太宗之后，却没有再将皇位传给别人，而是递相沿袭地传给了自己的子孙。这两相对比，太宗之胸怀气度远不及太祖，岂不一目了然？这样去写，作为太宗后人的神宗能不反感吗？

这件事很快就传开了。曾巩的同僚，尤其是参与《三朝国史》和《两朝国史》编修的一些旧臣或他们的后人，本来就对神宗任命曾巩来删改通修这两部国史心存不满，对他的设想也是议论纷纷。神宗的批评一出，他们自然也就借机起哄。此外，就是一些和曾巩不和的人，借此以泄私愤。这后一种人中最有代表性的是徐禧。徐禧，字德占，江西分宁（今江西修水县）人。大概因为他是吕惠卿所荐举和重用的人，曾氏兄弟很看不起他。王铚《默记》记载说："曾子固作中书舍人，还朝，自恃前辈，轻蔑士大夫。徐德占为中丞，越次揖子固甚恭谨。子固问：'贤是谁？'德占曰：'禧姓徐。'子固答曰：'贤便是徐禧？'禧大怒而忿然曰：'朝廷用某作御史中丞，公岂有不知之理？'其后子固除翰林学士，德占密疏罢之。又攻罢修五朝史。”[③]

神宗对《太祖总叙》的严厉批评，也使曾巩非常恐慌。他大概也意识到自己闯了大祸了。值得玩味的是，神宗除斥责之外，没有对曾巩作任何处罚，也没有立即命国史停修。这大概是出于两方面的原因。一是神宗也明白，曾巩比较迂腐，他颂扬太祖，完全是出于至诚，决无以此贬低太宗的意思在内。

① 徐度：《却扫编》卷中，四库全书本。
② 曾巩：《太祖皇帝总叙》，《元丰类稿》卷10，四库全书本。
③ 王铚：《默记》卷中，四库全书本。

二是这皇位禅代问题，原本就很敏感，不宜渲染和张扬。所以，尽管不高兴，但还是冷处理为好。这样，曾巩便诚惶诚恐地在史馆待到了第二年的春天，继续编修这部国史。大概是接受了这件事的教训，考虑到帝王本纪不好写，又为了不耽搁进度，他对写作计划做了比较大的调整，将本纪、志、表都暂停了下来，转而整理各人物传记，也只是先将《三朝国史》中的传记筛选转录。这时他还没有看到《两朝国史》，所以，合编工作也完全没有开始。然而，朝中一些人对他的攻击并没有终止，其中攻击最厉害的人，还是徐禧。因一时意气而积下的私人恩怨，最后甚至直接导致了这部国史的罢修，这在曾巩恐怕也是始料未及的。为了全身远祸，曾巩于元丰五年（1082）春天，上了一道《拟辞免修五朝国史状》，正式提出了辞职的请求。这道奏状的上呈，无论对曾巩还是神宗都是一个极好的台阶。神宗于四月初批准了他的请求，将这部未完工的《五朝国史》"颁付史馆"[①]收藏，但曾巩还是暗中留下了一个副本，秘藏于家，不予示人。这个本子，其实只是一个大致的框架而已。神宗将它颁付史馆，恐怕主要还是不想让这事闹大。但这部书稿，还是被赵匡胤的后人赵世雄从史馆中偷偷地抄录了出来，秘藏至南宋绍兴年间才由其后人赵伯卫公之于世，题名为《隆平集》。这时，已是赵光义的后代、南宋的高宗皇帝赵构的晚年。赵构在位久而无子，不得不在赵匡胤的后人中找了一个来继承，这就是南宋的孝宗赵昚，是赵匡胤的第七世孙。经过一个天道轮回，帝位又回到赵匡胤的后人手中。从孝宗开始，到南宋灭亡，和北宋赵光义继位后一样，也是八代帝王，但没有一个是赵光义的后代。

《五朝国史》罢修，曾巩也被免去了在史馆的职务。出人意料的是，神宗在批准罢修的同时，授命他为中书舍人，执掌制诰。神宗同时还发了另一道带强制性的诏令，命令他对此项任命不得辞免，而须立即就职。这大概也是神宗为平息汹汹舆论，同时也是对曾巩进行保护而采取的一项断然的措施。这一提升和任命，显然出乎曾巩的意外，他在仓促中写了一份《辞中书舍人状》，但因不许辞免的诏令已下达而没能上呈。他后来还是另上了一份

---

① 赵伯卫：《隆平集序》，《隆平集》卷首，四库全书本。

奏状，推荐刘攽来代替他，也未被允许。他于是只得上任，在他人生的最后一年，成了天子身边的词臣，负责各种制诏的起草工作。曾巩上任时，正值朝廷正官名，这是王安石第二次罢相之后，为保证国家机器的正常运转，朝廷进行的一次重大的机构调整与重组。从某种意义上讲，这次重组也意味着熙宁变法的结束。解决这个迫在眉睫的问题，也正是曾巩在刚回朝时，向神宗提出的建议之一。神宗在做了一段时间的准备之后，这时开始附诸实施了。当时曾肇正升任吏部郎中，具体负责新任官员的拔擢事宜。曾巩则负责撰写这些官员任免的制诰。兄弟二人配合默契，工作井井有条。新任命的官员有时每天多达几十人，曾巩都一一写好制诰，明确各自的职守，使之上任之后能一一称职。神宗对他这些制诰文字十分欣赏，并因此而特地将代皇太子起草文书的工作也交给了他。

曾巩在中书舍人任上其实只待了一百余天，九月，继母朱氏夫人去世。曾巩兄弟三人护送母亲的灵柩南下，归葬南丰。但行至江宁（今江苏省南京市），曾巩突然卧病。王安石罢相之后，当时仍闲居在江宁，得知消息，亲自前往舟中吊唁朱氏夫人，并为曾巩延医治病。曾布的儿子曾纡在《南游记旧》中，记载当时的情况说，王安石“日造卧内。因邸报蔡京召试，介甫云：‘他如何做得知制诰！一屠沽耳。’又云：‘除修注告词是子固行当，时便当论缴。’时南丰已病革，颔之而已”[①]。磕磕碰碰十三年之后，这一对老朋友最后还是走到一起了。在他们相识相知以来几十年的人生道路上，经历了太多的政治斗争的风风雨雨和人际关系中的恩恩怨怨，如今再度相逢时，都已经是风烛残年，即将走向各自人生的终点。“高论已为衰俗废”[②]，他们曾为之鼓呼、倡导，甚至亲自推动的变法革新运动，落得如此的结局，自然也是为他们所始料不及的。当时的情景，借柳永的一句词来说，恐怕真可谓是“执手相看泪眼，竟无语凝噎”[③]的了，更何况还是曾巩临终前的生死诀别呢！拖到元丰五年四月，曾巩终因医治无效，在江宁去世，享年六十五岁。第二年六月葬于南丰

① 曾纡：《南游记旧》，转引自陶宗仪《说郛》卷50下，四库全书本。
② 王安石：《寄曾子固》，《临川文集》卷24，四库全书本。
③ 柳永：《雨霖铃·寒蝉凄切》，《乐章集》，四库全书本。

源头崇觉寺右的曾氏家族坟场。曾巩逝世不足两年，神宗皇帝驾崩，司马光拜相。又过了一年，王安石也去世。山雨欲来风满楼，北宋政坛上弥漫着一片浓重肃杀的政治清洗气氛。这种气氛，实际上在神宗去世前后就已经在酝酿了。大概是基于这个原因，曾巩的丧事办得多少有些冷清。一直到南宋理宗宝祐年间（1253—1258），朝廷应南丰人陈宗礼的再次申请，才追谥他为文定公，并立祠祭祀。

宋代文坛的一颗巨星就这样陨落了。尽管他一生历尽坎坷，而且临终时处境也很凄凉，但他却以巨大的文学成就显赫于后世，被后人推尊为“唐宋八大家”之一。他的品行也一直为人们所敬仰，人们亲切地称他为“南丰先生”。

第四章

欲挽白日之西颓

——曾巩与熙宁变法

第一节 “内成德化，外成法度”

——曾巩的变法革新主张

如果就曾巩的整个一生来评价，他最主要的成就无疑是在文学方面。但他的政治态度，他和庆历革新、熙宁变法的关系，也是一个无法绕过去的话题。这中间有着许多很复杂的原因。首先，是受儒家“功”“德”“言”理论的影响。他求仕的目的原本就是想在政治方面做出一番足以彪炳青史的功业，而不是只在文学上有所建树。固然，这也是古时士子的共同特点。但曾巩又和一般的士子不太一样。这取决于两个方面的因素。一是他整个求仕乃至仕宦阶段所遇上的，是一个风云际会的年代，即赵宋王朝庆历、熙宁前后两次政治革新从发起到失败的时期；二是这阶段他崇尚的、接触的人物，几乎全是政治革新的倡导者、发起者，甚至是领导者，同时也是革新失败之后被打击、被清洗的朝廷重臣。这种经历，使他的求仕，从一开始就带有极为强烈的政治热情，他的文章内容、政治态度也便带有非常明显的倾向性。他是北宋政治革新的积极响应者和鼓吹者。“合持诗书白虎论，更护日月金华居”[①]，“嗟予计真不自料，欲挽白日之西颓”[②]，“当还先生坐廊庙，悉引万事归绳衡”[③]。他在诗文中无论是说自己，还是称扬别人，所表现的都是极其外露的、而且是很高昂的政治热情，是建功立业的勃勃雄心。其次，他是真真切切地卷入了熙宁变法的有争论的人物。在整个变法过程中，他处于比任何人都更微妙的位置上。一方面，他和王安石既是挚友，又是同乡和姻亲，而且还是最早直接参与过王安石变法舆论宣传和路线设计的人。另一方面，又正是他多次向欧阳修、蔡襄这批庆历革新的政治家推荐王安石，甚至说出了“如此人，古今不常有。如今时所急，虽无常人千万，不害也。顾如安石，不可失也。先生倘言焉进之于朝廷，其有补于天下”[④]这样不同寻常、掷地有声的话，极大地提高了王安石在当时政治舞台上的声望。而作为门生后学，他和王安石、三苏父子又都为欧阳修、杜衍、韩琦等一班老臣所器重。当围绕着变法措施及具体政策等问题，这一大批老臣和王安石发生分歧与争论，甚至受到被王安石重用的官吏们打击与排斥时，曾巩显然是处在了这一斗争的风口浪尖上，面临着一种极为尴尬的处境。他和王安石之间无法弥合的政治分歧，也终于成为了他自求外任、远走东瓯的原因之一，此后，便辗转州郡，天涯漂泊了十二年。第三，他的弟弟曾布又是王安石变法的左膀右臂，后来也是因为对一项具体法令持有异议，遭到王安石另一个得力助手吕惠卿的谗毁，被逐出朝廷。第四，曾巩的很多文章，都是以变法革新为主要内容。他用这些文章阐述变法革新的政治主张、路线方针与斗争策略，为政治改革鼓呼和造势。如果离开这些内容，离开这些文章的写作背景和意图，孤立地从纯文学的角度，去评价他的古文，这种评价显然是不准确和不全面的。因此，考察他和庆历、熙宁两次变法的关系、他对变法革新的态度与主张、他在整个熙宁变法中的政治实践，也是曾巩研究中不应被忽略的重要内容。

讨论这个问题，还有几点也必须首先明确。一是从某种意义上讲，庆历

---

① 曾巩：《寄孙之翰》，《元丰类稿》卷 1，四库全书本。
② 曾巩：《冬望》，《元丰类稿》卷 1，四库全书本。
③ 曾巩：《奉和滁州九咏九首・琅琊泉石篆》，《元丰类稿》卷 2，四库全书本。
④ 曾巩：《上欧阳舍人书》，《元丰类稿》卷 15，四库全书本。

革新可以被认为是整个宋代政治革新的先导，后来的熙宁变法实际上是庆历以来政治改革思潮发展的必然结果。所不同者，后者改革声势更为浩大，涉及范围更为宽广，施行的力度更大，给社会带来的震动和造成的影响也更大。而曾巩的变法革新主张其实是肇端于庆历革新，他深受范仲淹、欧阳修、蔡襄、富弼、韩维这一批革新人物的影响。正是沿着这个思潮而下，当他的知心好友王安石出来倡导新的政治变革时，他其实是欢欣鼓舞的，所以会以满腔热忱投入王安石变法的具体谋划之中。以此，我们讨论曾巩对变法的态度、讨论他的变法主张，便不应局限于熙宁至元丰年间这一时段。他的思想与主张，其实是从庆历以来就开始在酝酿了。二是曾巩和王安石在熙宁变法过程中的关系。以往一直有所谓始合终睽、凶终隙末的说法。这导源于宋代以及后世那些反王安石变法的人抹黑王安石的言论。元人修《宋史》，又采用了宋人笔记、野史乃至诗话一类文献所载录的资料。再后来，人们评价曾、王关系，又多引《宋史》为证。《宋史》这段话，见之于曾巩本传："（巩）少与王安石游，安石声誉未振，巩导之于欧阳修。及安石得志，遂与之异。"[①] 说他们后来有分歧，这原本不错。但仔细琢磨这段话，则明显地可以看出，是说王安石忘恩负义，人品有欠缺。后来清代修的两部史书：徐乾学《资治通鉴后编》和乾隆年间官修《续通志》，都全文照抄了这段话。流传至今的所谓"始合终睽""凶终隙末"的说法，也便沿此而来。睽原本是《周易》的卦名，孔颖达注疏说，"睽者，乖异之名。"[②] 说他们后期有分歧、不和谐，这不过分。但说他们后来处于一种敌对状态，而且是"凶终隙末"，这就有违事实了。至于进而将其中原因归结为王安石的人品有欠缺，这就更是恶意的毁谤了。曾、王的关系，虽经历了许多的坎坷，但从上一章的叙述中，我们可以看出，他们的交往一直延续至晚年。翻遍现存史料，即便是反变法者的言论，我们找不到一条在曾巩十二年外任期间，王安石直接打击曾巩的证据。相反，他虽然天涯漂泊，虽然一再发过朝中无人为之援手的抱怨，但我们不能不注意到一个事实，他的职务是一直在不断提升的。还有一点也是应该予以注意的，

① 托克托：《宋史·曾巩传》，《宋史》卷 319，四库全书本。
② 孔颖达：《周易注疏》卷 7，四库全书本。

那就是这些反对者的言论中，还出现了许多因贬斥王安石，而恶意谤伤曾巩的谣言。所以后来清人蔡上翔在《王荆公年谱考略》中便一针见血地指出，他们因诋毁王安石和熙宁变法，“凡属与安石游者，无不尽遭诋毁”①。所以，曾、王后期的关系大致可用两句话来概括，那就是睽离实有，凶终则非。明白了这两点，再来看曾巩对变法革新的态度，很多问题就容易弄清楚了。

这首先是对北宋王朝所面临的政治形势及变法革新的紧迫性、必要性的认识。

讲到王安石变法，自然要提起王安石那篇著名的《上仁宗皇帝言事书》，要提起书中对当时形势的分析：“顾内则不能无以社稷为忧，外则不能无惧于夷狄。天下之财力日以困穷，而风俗日以衰坏，四方有志之士，諰諰然常恐天下之久不安。”②这段话如果只就上下文来看，其实还是谈帝王治国的一般情况。但倘若联系他别的文章中的论述来看，就会发现，他还是暗指当代。如在这前后写的《上时政疏》便说过：“以臣所见，方今朝廷之位，未可谓能得贤才；政事所施，未可谓能合法度。官乱于上，民贫于下。风俗日以薄，才力日以困穷。而陛下高居深拱，未尝有询考讲求之意。此臣所以窃为陛下计，而不能无慨然者也。”③

曾巩在这一问题上，有着和王安石完全一致的看法，而且这种看法早在庆历初年就已经形成了。我们在前面反复提到的他那句诗：“嗟予计真不自料，欲挽白日之西颓。”他对时局的危迫感，可以说是表露无遗。他第一次科试南归后，写给欧阳修和蔡襄的信中，也反复论及这一问题。先是在《上欧阳学士第二书》中，谈及南归途中见到的难民流离失所的惨状。稍后，在《上欧阳舍人书》中，明确提出了当前国家应立即解决的一些问题。信中说：“舍人先生：当世之急有三，一曰急听贤之为事，二曰急裕民之为事，三曰急力行之为事。”“凡此三务是其最急。又有号令之不一，任责之不明，当亦速变者也。”④最后，还论及科举改革等问题。在进京赴试之前以及回南丰以后，

① 蔡上翔：《王荆公年谱考略》卷19，裴汝诚点校《王荆公年谱三种》，中华书局1994年第1版。
② 王安石：《上仁宗皇帝言事书》，《临川文集》卷39，四库全书本。
③ 王安石：《上时政疏》，《临川文集》卷39，四库全书本。
④ 曾巩：《上欧阳舍人书》，《元丰类稿》卷15，四库全书本。

他还写了一系列的杂文，带专题性地讨论国家的大政方针，如《国体辨》《邪正辨》《号令辨》《时俗辨》《说学》《说官》《说宫》《说内治》《说夷》《议茶》《议酒》《议仓》《议钱上、下》等等。当庆历革新遭受挫折，范仲淹、欧阳修、蔡襄等一班革新人士遭受打击和排斥时，他诗文中所表现出来的愤怒溢于言表，其言辞的激烈，千载之下，读来都令人感奋。而这些思想又是直接来自于范仲淹他们。这只须将曾巩这些意见，与范仲淹《答手诏条陈十事》《上执政书》《奏上时务书》所论做一比较，便很明显地可以看出这种关系。所不同的，是他不像范仲淹、欧阳修他们那样，有切实的从政经验。这时的曾巩，所表现的，还仅仅是一种高昂的政治热情，一种强烈的改革愿望和建功立业的勃勃雄心。但这又是他后来在熙宁变法中一系列改革主张的起点。事实上，早在庆历以前，这种紧迫感就已经在士大夫群体中日渐地蔓延，成了绝大部分士人的共识。曾巩应该被认为是北宋政治革新的一位积极鼓吹者、追随者。他这种认识一直贯穿了他整个的政治生涯，到晚年也没有太大的改变。他在自求外任、通判越州时上的《熙宁转对疏》中，说了一段和王安石意思一模一样的话。他认为神宗“所遇之时，在天则有日食星变之异，在地则有震动陷裂、水泉涌溢之灾，在人则有饥馑流亡、讹言相惊之患。三者皆非常之变也。及从而察今之天下，则风俗日以薄恶，纪纲日以弛坏，百司庶务，一切文具而已。内外之任，则不足于人材。公私之计，则不足于食货。近则不能不以盗贼为虑，远则不能不以夷狄为忧。海内智谋之士，常恐天下之势，不得以久安也。”他因而对神宗关于实行变法的决策，表示由衷的赞赏，称之为“比迹唐虞之志”[①]。即便是十二年外任之后，在《移沧州过阙上殿札子》中，他面对当时几乎是全面否定新法的强大舆论压力，还是很充分地肯定这一系列变法改制工作所取得的成效：“今斟酌损益，革敝兴坏，制作法度之事，日以大备。非因陋就寡、拘牵常见之世所能及也。”[②]他没有站到废止新法的守旧派一边。他还是希望能将这场“比迹唐虞之志”的政治改革继续进行下去。他只是主张纠正改革中的错误，使改革做得更好。

① 曾巩：《熙宁转对疏》，《元丰类稿》卷29，四库全书本。

② 曾巩：《移沧州过阙上殿札子》，《元丰类稿》卷30，四库全书本。

第二，是如何对待所谓“祖宗法度”。这其实也是庆历以来改革派和一班老臣争论得最激烈的一个问题。如果说，上一个问题是关于要不要变革的争议，那么，这个问题就反映着可不可以变革的争论。在庆历革新之前，范仲淹他们就一直在向当时秉持朝政的晏殊等阐述不能因循守旧的建议。但真正要做到所谓变更祖宗旧法，却比登天还难。庆历革新所以失败，尽管有很多偶然的因素，但最根本的原因，还是整个官僚队伍的因循保守，不只是不思变革，而且是从根本上就激烈地反对变革。这中间又有两个提法不同而精神贯一的说法。一是要“法先王”，即取法上古三代。一是遵“祖宗法度”，即不变更赵宋王朝建国以来定下的法规。但在反变革派那里，其实是将两者联系在一起的。也就是说，他们认为“祖宗法度”是“先王之法”的直接体现，是不能变更的。所以，到王安石步上政坛时，便依旧承袭了范仲淹他们的主张。他从与时俱进的角度，来阐述国家政策法令必须随社会发展变化而变化的理念,使庆历以来变革祖宗法度的呼声再度高涨。《上仁宗皇帝言事书》中便直截了当地说:“今朝廷法严令具，无所不有。而臣以谓无法度者何哉？方今之法度多不合乎先王之政故也。”“以今之世，去先王之世远，所遭之变、所遇之势不一，而欲一二修先王之政，虽甚愚者犹知其难也。”但在封建社会里,上古三代帝王的统治经验是必须遵循的。以此,王安石提出了“法其意”的主张："臣以谓今之失，患在不法先王之政者，以谓当法其意而已。夫二帝三王相去盖千有余载，一治一乱，其盛衰之时具矣。其所遭之变、所遇之势，亦各不同。其施设之方，亦皆殊。而其为天下国家之意，本末先后未尝不同也。臣故曰当法其意而已。法其意，则吾所改易更革，不至乎倾骇天下之耳目,嚣天下之口,而固已合乎先王之政矣。”依据这一认识,他便力主“因人情之患苦，变更天下之弊法，以趋先王之意”。[①]

这场争论，还不只是停留在变法者和反变法者的文章中，而是在朝廷上下广泛地展开来着。这就是历史上有名的所谓“萧曹画一之辨”。《宋史·司马光传》记载说，熙宁二年，神宗和群臣谈到汉代曹参代萧何为相一段历史

---

① 王安石：《上仁宗皇帝言事书》,《临川文集》卷 39，四库全书本。

时，问道：“汉常守萧何之法不变，可乎？”司马光对曰：“宁独汉也！使三代之君常守禹、汤、文、武之法，虽至今存可也。汉武取高帝约束纷更之，盗贼半天下。元帝改孝宣之政，汉业遂衰。由此言之，祖宗之法不可变也。”这当即就遭到吕惠卿的驳斥。吕惠卿说：“先王之法有一年一变者，正月始和，布法象魏是也。有五年一变者，巡守考制度是也。有三十年一变者，刑罚世轻世重是也。”[①] 王偁《东都事略》及明清学者编的《宋史纪事本末》《续资治通鉴后编》等都转录了这些话。这则史料，其实是原于苏轼的《司马温公行状》，载于《东坡全集》卷九十。《宋史》出于对王安石变法的鲜明的贬抑立场，为司马光讳言，做了许多改动，说是辩论中，吕惠卿被司马光问得无法回答。其实恰恰相反。在元人修《宋史》之前，南宋胡三省在《资治通鉴音注序》中便明确地指出，说司马光的论述“不足以胜变法者之口”于是“分司西京，不豫国论，专以史局为事”。[②]

曾巩的态度如何呢？在王安石写《上仁宗皇帝言事书》后九年，曾巩在史馆整理《礼阁新仪》一书时，作了一篇《礼阁新仪目录序》。他在序文中说：“古今之变不同，而俗之便习亦异，则法制度数其久而不能无弊者，势固然也。故为礼者，其始莫不宜于当世，而其后多失而难遵，亦其理然也。失则必改制以求其当。”他原本是在讲礼仪的变化，但最后却归到“法先王”的问题：“由是观之，古今之变不同，而俗之便习亦异，则亦屡变其法以宜之，何必一一以追先王之迹哉？其要在于养民之性、防民之欲者，本末先后，能合乎先王之意而已。此制作之方也。”[③] 在《战国策目录序》中，他也说过类似的话：“夫孔、孟之时，去周之初已数百岁。其旧法已亡、旧俗已熄久矣。二子乃独明先王之道，以为不可改者，岂将强天下之主以后世之不可为哉？亦将因其所遇之时、所遭之变而为当世之法，使不失乎先王之意而已。二帝三王之治，其变固殊，其法固异，而其为国家天下之意，本末先后未尝不同也。二子之道，如是而已。盖法者，所以适变也，不必尽同。道者，所以立本也，不可不一。

① 托克托等：《宋史·司马光传》，《宋史》卷 336，四库全书本。
② 胡三省：《资治通鉴音注序》，《山西通志》卷 212 辑录，四库全书本。
③ 曾巩：《礼阁新仪目录序》，《元丰类稿》卷 11，四库全书本。

此理之不易者也。”[①] 这和王安石的见解也是完全一样的。

第三，是变法的目的在富国强兵。在这方面，曾巩和王安石的认识也是一样的。《宋史·唐坰传》后的论赞批评王安石“汲汲以财利兵革为先务”[②]。而其实，这恰恰是整个变法革新的目的和意义所在，是当时的社会形势对国家上层决策者提出的要求。北宋王朝急于摆脱为外族欺凌的窘境，就必须强兵。强兵除调整排斥武将的文官政治之外，另一个很重要的方面，就是要依赖整体国力的大幅度提升，这自然就要使国家富强，而富强自然要注重理财，熙宁变法的核心任务也就在于此。所以，我们看到，熙宁新法的绝大部分都是为国家聚敛钱财。司马光他们不赞成这一决策。他们认为，地有常产，不以人力的多少而损益，所以“财”不可“理”。当然。“地有常产”这类话不是司马光他们的发明，庆历时期的余靖就说过。但余靖是从国家不应增加农民的赋税这个角度来讲的。司马光他们则是觉得土地的出产力有一定的限度，不能借助人力来提高其产量。这个看法的荒缪也就很明显了。王安石不同意这种看法，他主张“因天下之力以生天下之财，取天下之财以供天下之费”,[③] “富其家者资之国,富其国者资之天下,欲富天下则资之天地”[④]。曾巩的意见如何呢？他在《熙宁转对疏》中说“理天下之财使赡其用”[⑤]。这和王安石的主张是很接近的。不过，他之所谓“理天下之财”应该包含了税赋征收和资之天地两个方面在内的。他早期写的《议茶》《议酒》《财用》《议钱》《议仓》等，所讨论的，都是如何调整国家相关政策，开辟财源，为国家增加财政收入的问题。如果以之和王安石变法时期制订的新法相对照，便可看出，两者有很多相似之处。他在转徙七州期间，一直十分关注农田水利建设，正是他赞同王安石“欲富天下则资之天地”思想的体现。此外，他移沧州过阙上殿时和神宗的对话中，还谈到一个节用问题。所以神宗称赞说：“以节用

---

① 曾巩：《战国策目录序》,《元丰类稿》卷 11，四库全书本。
② 托克托等：《宋史·唐坰传》,《宋史》卷 327，四库全书本。
③ 王安石：《上仁宗皇帝言事书》,《临川文集》卷 39，四库全书本。
④ 王安石：《与马运判书》,《临川文集》卷 75，四库全书本。
⑤ 曾巩：《熙宁转对疏》,《元丰类稿》卷 29，四库全书本。

为理财之要，世之言理财者，未有及此。”[①] 所以，他在借助变法，为国家解决财政窘困局面，以达到富国强兵的目的方面，不但和王安石意见相近，他甚至比王安石考虑得还要具体，还要周全。

那么，曾巩和王安石的分歧在什么地方呢？

讨论这个问题，有两篇文章是必须特别注意的。一是《与王介甫第二书》，一是《熙宁转对疏》。

我们在前面说过，嘉祐三年，王安石写了《上仁宗皇帝言事书》，在北宋政坛掀起了轩然大波。第二年，又提出了《议茶法》。在王安石来说，这大概还只是如俗话所说，是所谓“丢个石头试水深”。但结果却反映强烈，“时时小有案举，而谤议已纷然矣”。曾巩看出了形势的严峻，和王安石内心的不安与急躁，在给王安石的回信中，很明确地阐述了自己的看法。这封信因而也最集中地反映了曾巩的变法主张。信中先说了自己对谤议纷然的看法，认为这没有什么可奇怪的。接着说所以会出现这种情况，一是事前的舆论工作做得不足，人们在思想上、心理上没有准备。二是缺乏一支高素质的推行变法革新的吏员队伍。二者归结起来，就是“思之不审”，用一句通俗的话来说，即考虑不够周全。最后，他特别指出，王安石现在是处在一个“最能取于人以为善”的位置上，所以他劝王安石要冷静对待，要“务于达人言而广视听”，广泛听取各种各样的意见，不要“比闻有相晓者”“皆不受之”。这中间最关键的、也是最能体现曾巩变法路线的论述，还是在第二部分。他把这归结为很简洁的一段话：“夫我之得行其志而有为于世，则必先之以教化而待之以久，然后乃可以为治。此不易之道也。”而所以要如此，则是出于两方面的考虑。其一是要尽量使人理解变法革新的必要性，减少变法的阻力。因为“先之以教化，则人不知其所以然而至于迁善而远罪，虽有不肖，不能违也。待之以久，则人之功罪善恶之实自见，虽有幽隐不能掩也。故有渐磨陶冶之易，而无按致操切之难；有恺悌忠笃之纯，而无偏听摘抉之苛。己之用力也简，而人之从化也博。虽有不从而俟之以刑者，固少矣”。反过

① 托克托等：《宋史·曾巩传》，《宋史》卷 327，四库全书本。

来，“不先之以教化而遽欲责善于人，不待之于久而遽欲人之功罪善恶之必见，故按致操切之法用，而怨忿违倍之情生；偏听摘抉之势行，而谮诉告讦之害集。己之用力也愈烦，而人之违己也愈甚”[①]。二是要顾及当时吏员素质的实际状况。要变法，非得要有一支精干的、有开阔眼界的、真心报效国家的吏员队伍。但庆历革新失败，当时那批改革者被反对派“一举网尽”[②]之后，朝中已经没有多少锐意革新而又有远见卓识的政治家了。而当时社会士人的素质又普遍太低。若任用这些人去推行变法，必然会出现他最担心的“按致操切”“偏听摘抉”等弊端，最后把整个变法弄得一团糟。

他们讨论这一问题时，变法实际上还未正式开始。而当正式启动之后，整个政局便立即变得更为复杂了。王安石尽管不是太同意曾巩“待之以久”的主张，但从我们在前面提到过的开坐讲一事来看，他至少还是同意了曾巩“先之以教化”的意见的。他开坐讲，一是为了向上层官吏讲清变法革新的紧迫性和理论依据，尽可能地统一认识，减少阻力；二是为了让神宗对自己的学术渊源有深入的了解，坚定神宗变法的决心，以便它日发生争论时不动摇。这后一点，很可能是从庆历变革遭到强烈抵制时，仁宗皇帝的动摇这一事件中得到的教训。但是神宗欲见成效于旦夕的迫切心情，以及反对派非常强烈的抵制，迫使王安石在条件尚未成熟、准备还不充分的情势下，就非常迅猛地发动了这场变法。而且对那些强烈抵制新法的人，他主张采取非常强硬的措施予以惩处。早在《上仁宗皇帝言事书》中，他就很明确地说过，历来的变法之所以失败，其中一个非常重要的原因，就是对朝中权臣内的反对势力打击不够。他认为：“惟其创法立制之艰难，而侥幸之人不肯顺悦而趋之，故古之人欲有所为，未尝不先之以征诛而后得其意。《诗》曰：‘是伐是肆，是绝是忽，四方以无拂。’此言文王先征诛而后得意于天下也。夫先王欲立法度，以变衰坏之俗而成人之才，虽有征诛之难，犹忍而为之，以为不若是不可以有为也。”[③]王安石说的“征诛”并不是杀戮，而是打击的意思。曾巩

① 曾巩：《与王介甫第二书》，《元丰类稿》卷16，四库全书本。

② 托克托等：《宋史·苏舜钦传》，《宋史》卷442引王拱辰语，四库全书本。

③ 王安石：《上仁宗皇帝言事书》，《临川文集》卷39，四库全书本。

不赞同这种做法。他的《熙宁转对疏》一文,虽没有直言批评王安石的“征诛”主张，但其中一个核心思想就是反对以“征诛”来求治。

《熙宁转对疏》作于熙宁二年（1069）秋天。这年六月，吕诲上疏论王安石十大罪状，罢知邓州。九月和十月先后用吕惠卿、曾布共同制定新法。同是十月,富弼罢相。接着是开坐讲的争论,司马光屏居东都,专修史书去了。一方面，是熙宁变法紧锣密鼓地正式启动，一方面是朝廷机构和官员大规模调整。后来被反对派激烈批评的所谓王安石“罢黜中外老成人几尽，多用门下儇慧少年”[①]的政治大洗牌，也就从此开始。曾巩去见王安石，“忠告期有补”,结果却“尽言竟多忤”[②],接着便自求外任。这篇奏疏便作于他即将离朝时。他很明白，他的那些主张王安石是不可能接受了，于是把希望寄托在神宗身上，希望神宗能够醒悟，能够出面来调整好政策和措施，以避免可能出现的失控局面。他应该也从政局的急剧变化,和王安石举措的前后矛盾及无奈中,看出了神宗急于求成的心理,所以在这篇奏疏中,便集中阐述帝王要实现“比迹唐虞之志”，就必须增强自身修养的观点：“当恳诚恻惧，以讲明旧学而推广之。务当于道德之体要,不取乎口耳之小知,不急乎朝夕之近效。复之熟之,使圣心之所存，从容于自得之地。”他将这概括为更为简洁的一句话：“内成德化,外成法度,以发育万物,而和同天人之际。”他认为,倘能如此,则“移风俗之薄恶，振纲纪之弛坏，变百司庶务之文具，属天下之士使称其位，理天下之财使赡其用，近者使之亲附，远者使之服从，海内之势使之常安，则惟陛下之所欲，何求而不得？何为而不成乎”？这些话并非空谈，他实际上还是针对当时的形势而言的：“如圣心之所存未及于此，内未能无秋毫之累，外未能无纤芥之蔽，则臣恐欲法先王之政而智虑有所未审，欲用天下之智谋材谞之士而议论有所未一，于国家天下，愈甚无补，而风俗纲纪愈以衰坏也。非独如此，自古所以安危治乱之几，未尝不出于此。”[③]这些话，显然隐含着对变法中已然出现的情况的担忧和批评在内。

---

① 托克托：《宋史·王安石传》,《宋史》卷 327，四库全书本。
② 曾巩：《过介甫归偶成》,《元丰类稿》卷 4，四库全书本。
③ 曾巩：《熙宁转对疏》,《元丰类稿》卷 29，四库全书本。

从某种意义上讲，“内成德化，外成法度”可认为是他整个变法思想最精辟的概括，是他“先之以教化而待之以久，然后乃可为治”主张的延伸。在这篇奏疏中，他尤为强调要神宗深入地去体察《大学》和《尚书·洪范》的精神。他认为，行《大学》之道，才能为变法革新“正本”。而要行《大学》之道，又须对《洪范》有深刻的理解。王安石有一篇《洪范传》，这是他变法理论的哲学基础。曾巩也有一篇《洪范传》，但他的解释和王安石便有许多不一样的地方。他按儒家五行的理论，进而提出了一套“内成德化”的具体措施：“觉善”“教导”“政率”。即先启发人内心的良知，再用六经之学、圣人之言来引导和教化他们，同时又用一定的政策法令来规范他们，以制度的形式来迫使他们去恶向善。三者相须以成。这样做了之后，若“民犹有不率者”，才“不得不加之以刑”。即便是对这些人，也还要尽力地去“蒙化之”，“至于再，至于三者”。[①] 换句话说，他是不赞成借“征诛”以求治的。

那么，如何来看待曾巩的这些主张呢？归结起来，曾巩和王安石的分歧，不在要不要变法，也不在能不能变革祖宗法度上，而是集中在如何推动变法的问题上。这又涵盖两个方面，一是时机的选择，二是破除阻力的方法。他完全是本着儒家的仁政思想来设计变法的路线与方略的。他想等到条件相当成熟，也就是朝野上至天子大臣，下至吏员平民，都明确变法革新的必要和可行时，再来发动变法。他的目的是想方设法将阻力减小到最低限度。他选择的，是一条比较缓慢、比较温和的变法路线。如果只就传统儒家的教化学说来讲，这没有什么大错。而且，后来事情的发展，也果然如他所预料的那样，由于这些准备工作没有做好，变法一经启动，局面就变得很混乱。一些还只是处于试行状态、尚未取得成效和经验的新法，就匆匆忙忙地推向了全国。而当有人对新法的不足，或对新法贯彻中出现的问题提出批评时，改革派便往往采用严厉的打击手段来对待。曾巩所最担心的“按致操切”“偏听摘抉”等弊端果然大量地出现了。这也使新法的推行严重受阻，真的陷入了曾巩所说的“己之用力也愈烦，而人之违己也愈甚”的艰难处境。而造成这

---

① 曾巩：《洪范传》,《元丰类稿》卷10，四库全书本。

种弊端的一个非常重要的原因，就是用来推行新法的吏员素质太低。可以说，这些弊端，真的都被曾巩不幸而言中了。

王安石之所以不肯接受他这些主张，其原因很可能出在以下两个方面。首先是他所说的要“待之以久”。赵宋王朝的君主，尤其是仁宗和神宗这两代帝王，他们之所以总想变法图强，根本的原因还不是要建立一个开疆拓土、臣服四夷的强大帝国，而是急于解决国家财政所面临的窘困局面，摆脱王朝积贫积弱、饱受外族欺凌敲诈的困境。这就是庆历、熙宁两次变法的真正动因。理解了这一点，就容易理解他们尤其是宋神宗欲见收效于旦夕的急迫心情。如果采纳曾巩那“待之以久”的建议，这所谓“久”将是多长时间呢？显然，曾巩的主张尽管不无道理，但对业已病入膏肓的宋王朝来说，未必是一剂良药。其次，便是关于“征诛”的问题。固然，儒家一贯提倡教化，提倡引导人们迁善远恶。作为变法的倡导者和具体组织者、施行者，如果真能借此而求得思想的统一，变法所遭到的阻力也确实会小得多。但问题是，这也只能是一种颇为天真的幻想。历史上任何一次政治改革，说到底，都涉及一个权利的再平衡或者说再分配的问题。在现实的社会政治斗争中，严酷的权利争斗是不可能完全依赖文治教化来解决的。王安石说历史上的改革所以往往失败，很重要的一个原因是对那些顽固抵制、甚至进行破坏的权臣打击不够，这其实是大实话，是他对历史教训的正确总结。远的且不说，庆历革新失败的教训便近在目前。再往近里说，吕诲以十大罪状弹劾王安石，便毫不掩饰他要阻止变法的目的。像这样的反对力量，你要想凭借教化，凭借劝他们去读《大学》《中庸》《尚书》来转变观念，那是完全不可能的。这就不是一个简单的要否“征诛”的问题了，而是他们反过来总想将变法革新力量“一举网尽”的问题。王安石所凭借的，是他对历史教训的深刻理解和准确把握，是他多年以来积累的丰富的从政经验。相比较而言，在这些方面，曾巩就不如他。曾巩的变法主张中，更多的是儒家传统理论所倡导的观念。他跨入仕途比王安石晚，从政的经验，尤其是总观全局的眼光和驾驭大局的能力，比不上王安石。所以他的这些主张，尽管正确，但多少有些显得迂远而不合世用。至于王安石，如果能从曾巩的建议中吸取他合理的方面，适当地调整变法的策略与具体措施，而且还能掌控局面，那么，熙宁变法的结果也许要好得多。

第二节　“儒术远追齐稷下”

——曾巩变法思想的学术渊源

曾巩的这些政治主张有他深刻的思想渊源。

曾巩深受其父亲曾易占和邻邑著名的思想家李觏的影响，而其根源又是儒家经典如《周礼》《大学》《中庸》及《尚书》的等著作中所阐述的治国理念。

曾易占的著作没有流传下来，但从王安石《太常博士曾公墓志铭》和同治《南丰县志》的记录中，我们仍可得其仿佛。王安石说他“既仕不合，即自放为文章十余万言，而《时议》十卷尤行于世。《时议》者，惩已事，忧来者”。又说：“宝元中，李元昊反，契丹亦以兵近边，阳为欲弃约者。天子独忧之，诏天下有能言者皆勿讳。于是言者翕然论兵以进。公独以谓天下之安危，顾吾自治不耳。吾已自治，敌国无可忧者。不自治，忧将在于近，而敌国岂足道哉？”[①]《南丰县志》则说他“有《时议》三十篇，大略治天下必先名教，次省事，次择人，然后立制度，信赏罚，重号令，务本以率之，节用以持之，荒徼可以理服也，盗贼可以术消也。治道之本先定，其末亦从而举矣”。[②]这两段话，都是概述，但还是可以让我们多少透见到曾易占政治思想的大致轮廓。王安石所说，是从总体的角度来说的，即所谓“惩已事，忧来者”，强调的是要想不受外族欺凌，就得治理好自己的内部，使之国富而兵强。《南丰县志》所叙要具体一些，其中最有价值的，是所谓“治天下必先名教”，“治道之本先定，其末亦从而举矣”。这和曾巩所尤为强调的“内成德化，外成法度”，“先之以教化而待之以久，然后乃可为治”等主张是完全一致的。

给予曾巩思想影响的另一个人是李觏。李觏（1009—1059），字泰伯，

---

① 王安石：《太常博士曾公墓志铭》，《临川文集》卷93，四库全书本。

② 清同治《南丰县志》卷23。

建昌军南城（今江西南城县）人，是北宋著名的思想家。胡适先生曾将他称之为“一个不曾得君行道的王安石”。[①] 曾巩、王安石和李觏的关系，历来都有争论。现存史料中，还没有发现详细记载王安石和李觏交往的材料。但一个不容忽视的事实是，王安石在《答王景山书》中，明确说过：“书称欧阳永叔、尹师鲁、蔡君谟诸君以见比。此数公，今之所谓贤者，不可以某比。足下又以江南士大夫为能文者，而李泰伯、子固豪士，某与纳焉。江南士大夫良多，度足下不遍识，安知无有道与艺闭匿不自见于世者乎？特以二君概之，亦不可也。况如某者岂足道哉！”[②] 胡适和侯外庐两位先生都曾据此推断王安石与李觏有过密切的交往。尽管这个推断后来曾遭到一些人的否定和抨击，但那是一种带有明显迎合现实政治运动需要的漫骂式的批评，是不足取的。“某与纳焉”一语，将两人的关系说得再明白不过了。王安石和李觏的多个门弟子也来往亲密，其中邓润甫还是王安石变法的积极参与者。记载曾巩和李觏的关系的资料则有两处。一处是南宋张渊微关于曾巩并非李觏门人的考辨文章。张渊微对曾巩曾师从李觏是持否定态度的，但他提供了这一说法的来源。文中说：“尝读盱江旧志云：曾舍人巩、邓左丞温伯，皆先生之高弟，窃有疑焉。”张渊微的理由有三：一是李觏只长曾巩十岁，“若以南丰为师友，恐不其然”。[③] 二是李觏庆历三年主讲郡学，曾巩则于此时由洪州归临川。三是李觏嘉祐二年为太学说书，曾巩此年进士及第，第二年便赴太平州任司法参军去了。第二则见于清代修的《麻姑山志》。志中言及山中李觏读书林遗址时说：“相传李泰伯聚门人曾巩、曾肇辈数十人讲艺于此，其址在正殿之右，今育英堂是也。”[④] 关于张渊微的质疑，当代学者罗伽禄先生在所著《北宋名儒李觏》和《曾巩家族》中已有明确的辨析。其中特别论及《盱江志》的首度修撰时间在南宋绍兴二十八年（1158），距曾巩逝世七十五年；而张渊微的考辨则在景定三年（1262），距《盱江志》修撰一百零四年，距曾巩逝世已一百七十九年。罗先生认为《盱江志》的记载应更可靠些，因为当时曾氏门人应该还有人存

① 胡适：《记李觏学说》，《胡适文集》第三册《胡适文存二集》，北京大学出版社 1998 年版。
② 王安石：《答王景山书》，《临川文集》卷 77，四库全书本。
③ 王国轩整理：《盱江集》附录，中华书局 2011 年版。
④ 清同治黄氏洞天书屋重刊本《麻姑山志》卷 2。

活人间，如果在师承关系这样重大的问题上所记有误，曾氏门人和曾氏子孙是不会不置一词的。这个推论我以为是完全能够成立的。

这些争论中，除了一些论者为迎合现实政治运动而发的偏激言论外，还有一个情况恐怕也是应该注意的。按传统的研究方法，一旦要探寻某人是否受另一个人的影响，就一定先要考察他们之间的交往或师门关系。这固然是常用的、也比较可靠的研究方法，但在现实生活中，一种思想的传播，尤其是那些影响特别大的思想家其思想或政治主张的传播，往往还有更为多样的途径。在北宋思想界，李觏是一位大家。他的思想在当时的东南地区，曾发生过相当大的影响。而这种思想和理论，还很可能带有某种程度上的地域性特征，代表着江右乃至东南地区士人的基本观念，以及他们对传统儒学、现实政治的认知。这在当时，其实已经带有某种隐性的学派色彩了。作为他的同乡，王安石也罢，曾巩也罢，和他即便没有直接的交往，或者不存在直接的门弟子关系，而对他的思想、理论、政治主张有所了解乃至不同程度的接受，是一点也不奇怪的。所以，考察历史人物之间在学术思想上的承继关系，过于执着或纠缠是否是及门弟子，这种研究方法其实是有某种程度的局限的。

李觏的著作非常丰富，有《潜书》十五篇，《易论》十三篇，《礼论》七篇，《广潜书》十五篇，《富国策》《强兵策》《安民策》共三十篇，《庆历民言》三十篇，《周礼致太平论》五十一篇。还有《平土书》《删定易图序论》等。李觏是位实用主义的思想家。他所论述的内容涵盖面很广，其中最集中体现了他政治主张的，是《富国、强兵、安民策》《周礼致太平论》和《易论》。他是以《周易》来作为他变法主张的理论基础，以《周礼》作为制定变法具体措施的依据的。这些思想对曾、王产生的影响，则主要有以下两大方面。

第一，是富国强兵安民的策略。这三者互相关联，富国是根本，强兵御外敌，安民稳定国内。

先说富国。李觏认为，长期以来，儒者谈治国，“鲜不贵义而贱利，其言非道德教化则不出诸口”。但其实是不对的。他引《尚书·洪范》所说的“八法”为依据，指出：“《洪范》八政，一曰食，二曰货。孔子曰：‘足食足兵，民信之矣。’是则治国之实，必本于财用。”[①]所以如此，是因为国家一切开支，都必须有丰厚的财力来支撑。言“利”并非是令人羞耻的事，“利可言乎？曰：人非利不生，曷为不可言”[②]？以此，要治国，除贵义之外，还应重利。用今天的话来说，就是还要创造和积累财富。如何“重利”呢？这又包括两个方面，一是“强本”，二是“节用”。“所谓富国者，非曰巧筹筭析，毫末厚取于民以媒怨也。在乎强本节用，下无不足而上则有余也”[③]。为“强本”，他提出了一系列的具体措施。先是重农耕。他主张从平土均田入手，抑制豪强兼并土地，用古代井田制的方式，使天下农民都有土地可供耕作，充分发掘土地的生产潜力，增加出产，从而增加国家的赋税收入。他说：“地力不尽，则谷米不多。田不垦辟，则租税不增。理固然也。今将救之，则莫若先行抑末之术，以驱游民。游民既归矣，然后限人占田各有顷数，不得过制。游民既归，而兼并不行，则土价必贱。土价贱则田易可得，田易可得而无逐末之路、冗食之幸，则一心于农。一心于农，则地力可尽矣。”[④]与重农耕相关的，是兴修水利。李觏认为：“地利之食于人，博哉！农既得其时，种既得其宜，然且不熟者，水旱贼之也。水旱之灾，虽天所为，至于人力，亦有可及矣。”这就要开通沟渠，疏浚水道，使之禁障宣通，排涝灌溉，皆得其宜。所以“古之贤人未有不留意者也”。倘若不注意农田水利治理，“水官不修，川泽沟渎无有举掌机巧，趁利之民得行其私，日侵月削，往往障塞。雨则易以溢，谓之大水，岂天乎？霁则易以涸，谓之大旱，岂天乎？如是而望有年，未之思矣”[⑤]！但这样也还是不够的，因为农民只是天下百姓的一部分。他于是进而提出，要排斥佛教，使各行各业“人各有事，事各有功”，共同为国家、为社会创造财富。他认为，一旦如此，天下便能“无惰而自安，无贼于粮食”，这才是“富民之大本，为国之上务”。[⑥]以上三者，都属于创利的一方面。他

① 李觏：《富国策第一》，《盱江集》卷16，四库全书本。
② 李觏：《原文》，《盱江集》卷29，四库全书本。
③ 李觏：《富国策第一》，《盱江集》卷16，四库全书本。
④ 李觏：《富国策第二》，《盱江集》卷16，四库全书本。
⑤ 李觏：《国用第五》，《盱江集》卷6，四库全书本。
⑥ 李觏：《国用第三》，《盱江集》卷6，四库全书本。

还从商业贸易、国家政策等方面提出了一系列改革主张，如粮食交易中的平准法，放开对盐、茶贸易的管制，平准物价，加强中央政府对货币的管理，什一而税，建义仓，平徭役，广积贮等等。这些措施既有为国家敛财的因素在内，也是在整个创利的过程中，对国家相关政策的调整。他甚至把这些“强本”的措施设计得非常具体。

富国的另一个方面是“节用”。李觏以为：“天不常生，其生有时。地不遍产，其产有宜。人不皆作，其作有能。国不尽得，其得有数。一谷之税，一钱之赋，给公上者，各有定制。”天地的出产和国家的征收，都是有一定的数量标准的。所以应“量入以为出，节用而爱人”[①]。上至天子王侯的日常用度，下至百姓官吏婚丧嫁娶的开支及税赋的征收，都要建立起严格的制度，进行有效的管理。同时，还要使天下都懂得节用对国家理财的重要性，“民皆知恤费，吏不敢厚敛，而不免冻馁者，未尝闻也”[②]。

其次，是强兵。我们在前面说过，赵匡胤杯酒释兵权，实行文官政治，确实比较好地扼制了因藩镇割据而造成的国家分裂局面的出现，加强了中央政权的统治。但也带来了一个始料未及的结果，就是国家整体军事力量的削弱。用王安石的话来说，就是“顾内则不能无以社稷为忧，外则不能无惧于夷狄……四方有志之士，諰諰然常恐天下之久不安”[③]。面对这种严峻形势，李觏便非常强调“强兵”的重要性。他有《强兵策》十篇，在第一篇中，便明确指出：“国之于兵，犹鹰隼之于羽翼，虎豹之于爪牙也。羽翼不劲，鸷鸟不能以死尺鷃。爪牙不锐，猛兽不能以肉食。兵不强，圣人不能以制褐夫矣。”[④]他把国家比作一个人的腹心，把边境的少数民族政权比作手足。认为腹心强健，则手足之疾便不足为虑。为此，他提出了一些很具体的方案。

这一是屯田。他建议除了朝廷派出禁军戍边之外，另在边境增设屯田的军队，将各地厢军的冗役者、犯法而流放者、百姓中愿意随从者，合编在一起，平时耕作和训练，战时作战。这样不但可以就地解决戍边禁军及屯田部队的

① 李觏：《国用第一》，《盱江集》卷6，四库全书本。
② 李觏：《国用第八》，《盱江集》卷7，四库全书本。
③ 王安石：《上仁宗皇帝言事书》，《临川文集》卷39，四库全书本。
④ 李觏：《强兵策第一》，《盱江集》卷17，四库全书本。

粮食问题，为国家减去长途运输的劳苦和运输费用，同时还可解决一旦边境有事，还得从京城抽调军队长途奔赴前线的问题。屯兵和戍边禁军及边境当地的藩兵合在一起，朝廷就可以在很短的时间内，集结足够的且训练有素的兵力，以逸待劳，有效地抗击外来的侵略或骚扰。

二是在各州县组建乡军，以维护社会治安。李觏批评当时的社会治安方略说，“窃观近世，乡无军目，人不知武事，家不藏兵器。寇贼之来，则以袒裼之躯，投饵于虎口。贼去信宿，则吏卒至。吏卒至而无所获益，为劳敝矣。虽然，岂唯野而已哉！不曰‘郡乎？’曰‘县乎？’自非方镇，多无备豫。客军百十，仅如逆旅。幸而治平矣。万一有狂夫大呼，则奚以待之？”① 乡兵之制，沿自后周，宋太祖建隆年间其实就曾调发关西道乡兵往庆州。但这项制度在宋代前期并不完善，而州府长官又只是“权知州军事”，不像前代的藩镇，拥有强大的军队。他们能调动的只是厢军，而这些厢军因为军纪涣散，长期缺乏有效的管理和训练，完全没有战斗力。一旦地方发生动乱，他们往往要等贼寇抢掠完毕几天之后才能赶到，而且人数也少，只有百十号人。他们去到地方，和去做一次旅行没什么两样。因此，他主张增设乡军的建制，仿照古代军队“五人为伍，五伍为两，四两为卒，五卒为旅，五旅为师，五师为军，以起军旅”的组建方式，“凡民在乡，则五家为比，家出一人。故在军五人为伍，比长因为伍长。五比为闾，故五伍为两，闾胥因为两司马。四闾为族，故四两为卒，族师因为卒长。五族为党，故五卒为旅，党正因为旅帅。五党为州，故五旅为师，州长因为师帅。五州为乡，故五师为军，乡大夫因为军。将士不特选，皆吾民也。将不改置，皆吾吏也。有事则驱之于行阵，事已则归之于田里。无招收之烦而数不阙，无禀给之费而食自饱”。这支队伍，还可为边防提供源源不断的兵源，“外攘夷狄，内尊天子，以安诸夏”②。同时还要加强对军队的训练，春夏秋三季各有不同的训练科目，到冬天，再进行大检阅，以考核军队的战斗力。《强兵策》中，还就制备精良的兵器阐述了看法，他特别强调武器甲胄在战争中的重要作用，“兵矢者，

① 李觏：《强兵策第三》，《盱江集》卷 17，四库全书本。
② 李觏：《军卫第一》，《盱江集》卷 9，四库全书本。

军之神灵也。甲胄者，人之司命也。”[①] 他建议设立专门的机构，任命专职的官吏统领其事，选择优秀的工匠，选用最好的材料，制造精良的兵器甲胄以增强军队的战斗力。

《强兵策》中最有价值的是关于“择将”的论述。赵宋王朝对武将近乎怪癖的防范心理，造成的一个直接的后果，就是“将不得专其兵”[②]，以致“兵无常帅，帅无常师。内外相维，上下相制，等级相轧”[③]。他们对军队的管理，除我们在前面谈到的以地方官“权知军事”外，对在外征战的部队，一般是用下列两种手段相结合的方式进行控制。一是“束之以诏令”，凡有行动都要请示朝廷。二是“持之以亲贵”，即派出心腹监督将帅，名为“监军”。这对军队的战斗力无疑会有相当大的削弱，宋军在对西夏和契丹的作战中所以屡屡败北，这是非常重要的原因。李觏和当时很多政治家一样，很清楚地看出了这一点。但出于对赵宋王朝这种特殊心理的忌讳，许多人即便看出了，也多不敢直言批评。李觏则不然。在《强兵策第六》中，他开篇便直截了当地强调君主对将帅应充分信任，疑人不用，用人不疑的重要性：“孙子曰：‘将能而君不御者，胜。’故古者天子遣将于太庙，亲操钺，持其首，授其柄，曰：‘从是以上至天者，将军制之。’乃复操柄授与刃，曰：‘从是以下至渊者将军制之。’”他批评宋王朝的御军手段说，在战场上，军情万变，如同救火，若“束之以诏令”，结果是批复还未回，房屋已化为灰烬了。至于监军，他们其实不懂军事。他们对将帅的掣肘及对战事的瞎指挥，会使将帅们无所适从而导致失利。他追究其中原因，认为是君主对将帅“知之不尽，信之不笃”。“知之不尽，恐其不贤也；信之不笃，惧其不忠也。不贤而无所制，则或败事矣。不忠而无所监，则或生变矣。是故束之以诏令，持之以亲贵焉”。而要想强兵，就得改变这种观念，“今兹兵兴矣，将用矣，惟上心旷然与忠贤为一体，无置节目于其间，则将才如神，军锋如雷，功业易可成也”[④]。这对赵宋王朝的最高统治者来说，可谓是针砭入骨的批评，深深地触动了他们最为敏感的神

① 李觏：《强兵策第五》，《盱江集》卷 17，四库全书本。
② 托克托等：《宋史·兵志二》，《宋史》卷 188，四库全书本。
③ 马端临：《文献通考·兵考二·兵制》，《文献通考》卷 152。
④ 李觏：《强兵策第六》，《盱江集》卷 17，四库全书本。

经。从某种意义上来讲，也是对赵氏家族治国理念的公开挑战。以此他特别强调了要选贤任能，主张在选择军事人材方面，凡是遇上真正有才能的人才，不必拘泥于其出身和资历，应大胆任用。

再次是安民。李觏将安民视作上天赋予君主的使命："天生斯民矣，能为民立君，而不能为君养民。立君者，天也。养民者，君也"。[①] 上天为民立君，但不代君养民。按儒家的学说，富国也罢，强兵也罢，最终目的还是安民，而养民即可安民。李觏提出了一系列的安民养民措施。其中首要的是重教化。综合他别的文章所论，他之所谓教化措施，包括很多个方面。首先是加强君主自身的修养，使之懂得爱民养民对国家长治久安的作用。再则是慎令、慎吏，加强官员的教育和吏能考核。三是兴办学校，传播儒家的文治教化思想，同时还以法度教民，使之自动遵纪守法、迁善远祸。而作为执政者，则尽量省刑，不到万不得已，不付之以刑罚处置。最后是富民，在这一宗旨下，国家在政策层面也要有相应的措施，如平徭役，如对赋役的征收要有合理的、明确的定制，不能随意变更等等。

李觏思想另一个重要方面是他的经学理论。这相对集中在他的《易论》和《删定易图序论》中。这些论述中，同样反映出了他作为实用主义思想家的特点。他完全是从社会政治层面或者说一个政权的统治术的角度，来解释《易经》所隐含的哲学思想的。《易论》十三篇，《删定易图序论》六篇，依次论述了"为君之道""为臣之道""治身之道""治家之道""遇人之道""人事之变""怠与妄""常与变""祸与福""招患与免患""迹与心"等问题。这中间自然有不少是儒家的传统理论，但有些论述是特别值得注意的。比如他对为君之道的论述。李觏强调作为君主，要特别慎于用权，而应用恭、用俭。所谓"请问为君之道。曰：夫用贵莫若恭，用富莫若俭。恭则众归焉，俭则财阜焉。恭俭者，先王之所以保四海也"，"夫执刚莫如体柔，责人莫如自修，尚力取胜亦已劳矣"。[②] 这两段话的核心，还是强调君主自我修养，强调以仁心仁政施于天下。而这正是从儒家所谓"先觉"然后"觉斯民"的理论中引

① 李觏：《安民策第一》，《盱江集》卷18，四库全书本。
② 李觏：《易论第一》，《盱江集》卷3，四库全书本。

申出来的。为君之道中的另一个重要的内容，就是要懂得“常与变”“怠与妄”的关系。这也是李觏《易论》中最重要、最有价值的地方。这也包括两个方面。一是“量时制宜”。《易论第六》说：“时，智者弗能违矣。先时而动者，妄也。后时而不进者，怠也。妄者过之媒，怠者功之贼也。”[①]《易论第八》说：“或曰：天有常，故四时行；地有常，故万物生；人有常，故德行成。而事或有变，势或有异，以常待之，其可乎？曰：常者，道之纪也。道不以权，弗能济矣。是故权者，反常者也。事变矣，势异矣，而一本于常，犹胶柱而鼓瑟也。”最值得注意的是，他将这种哲学理论直接应用于为王朝的政治改革、兴利除弊之中：“救弊之术莫大乎通变”[②]。时空是不断移易的，社会是向前发展的。这种移易和发展中，既有它的规律性，又有变易性。“常”即规律与秩序，事物处于一种平衡状态。“权”即变更。事物还没有发生移易时，“先时而动”，这就是所谓“躁迫而动”，这就是“妄”。“势”已“异”而仍本于“常”，当变不变，“后时而不进”，这就是“怠”。“妄”与“怠”都会使事物的发展与移易失去平衡。这都是不可取的。另一点是在适时顺势的权变中，作为儒家思想基础的“仁、义、忠、信”则不可变。“时虽异矣，事虽殊矣，然事以时变者，其迹也；统而论之者，其心也。迹或万殊，而心或一揆也”。“迹”即事物变化中的各种现象或表现，“心”则是指这种变化后面所隐含的核心思想或基本理念。“迹”可“万殊”，但“心”却是始终如一。具体体现在现实政治中，则是“因时立事，事不局于一时，可为百代常行之法者，如仁、义、忠、信之例是也”[③]。

李觏的这些思想的形成和提出，时间是在庆历前后。他也曾得到过范仲淹的荐举。范仲淹“庆历新政”中许多内容，也体现着和李觏相近的认识。但李觏的这些政治主张并没有被赵宋王朝的统治者所采纳。这其中的原因是多方面的。首先，是李觏在科举求仕的道路上，没有取得功名。社会没有能给他一个施展才能的政治舞台。他只能以布衣的身份，不断投书朝中的大臣

① 李觏：《易论第六》，《盱江集》卷3，四库全书本。
② 李觏：《易论第八》，《盱江集》卷3，四库全书本。
③ 李觏：《易论第十一》，《盱江集》卷3，四库全书本。

们，阐述自己的见解。用我们在前面征引过的胡适先生的话来说，他只能是“一个不曾得君行道的王安石”。其次，是庆历革新的时间过于短暂，连范仲淹所提出的那些改革方案都没有来得及施行，整个运动便夭折了。范仲淹尚且如此，更何况作为布衣的李觏？第三，则是庆历革新和后来的熙宁变法有着很大的区别。庆历革新的力度其实还不是很大的。说明白一点，还只是对祖宗法度的改良，使之适应王朝面临的新的形势。其中心还是对上层官僚集团权利的抑制。这中间，在相当程度上还是符合赵匡胤在国初所确立的注重巩固赵氏家族统治的基本思路的。李觏的政治思想就激进得多。他是主张从制定一系列的新的法令入手，来进行一场近乎风雷激荡、翻天覆地式的改革的。他的目标非常明确，就是“富国”“强兵”“安民”，不只是使宋王朝尽快摆脱困境，还要建立一个繁荣富强、国泰民安、四夷臣服的强大帝国。其中甚至包含有对祖宗法度的废止在内。他这些主张可以被后来的王安石所接受，成为熙宁变法思想的历史前孕，但在庆历革新阶段，却是无法施行的。

王安石和曾巩几乎是全盘接受了他的这些思想和主张。所不同的，是王安石得到了适合推行这些思想、主张的历史机遇和社会地位，可以在皇帝的支持下，将这些设想推向具体的政治实践，将它们条令化、制度化，变成一套完整的、可供操作的政策法令。并借助皇帝赋予他的权力，将这些法令推向全国，真正地、实实在在地在全国掀起了政治改革的风暴。李觏完全没有得到这种政治地位和社会机遇，只能以一介布衣的身份，在自己的著作中，探讨变革的途径和具体的方法，成为熙宁变法的思想先导。曾巩也得到了这种社会机遇，但他因为入仕太晚，他的官阶品级，决定了他也没有得到如王安石那样足可叱咤风云的政治舞台。他只能是变法革新运动的追随者、支持者、鼓吹者，处于一种附从的地位。而他和王安石极其特殊的关系，又决定了他和别的支持者、附从者不一样。这就是我们在前面说过的，他比任何人都更处于一个极为敏感的位置上。

明白了这些关系，我们再来看王安石和曾巩在接受李觏学说影响时的异同。从总体倾向上讲，他们都接受了李觏“救弊之术莫大乎通变”的思想，都赞同他所谓“事变矣，势异矣，而一本于常，犹胶柱而鼓瑟也”的认识，而这正是他们倡导变法、鼓吹变法、支持变法的理论基础。所不同的，是作为熙宁变法的领军人物，王安石充分地发挥了李觏贵义而不贱利、富国强兵的思想，将为国理财、整肃军队当作了熙宁变法的主要任务。他凭借神宗给予他的权力，组织并带领一批锐意改革的年青官吏，制定了一系列的新法。如果按内容做一个大致的分类的话，这些法令基本上可以分为三大类。一是富国安民一类的，如青苗法、均输法、募役法、方田均税法、市易法、农田水利法等。二是强兵一类的，如保甲法、保马法、将兵法、裁兵法、设军器监等。三是培养和选拔人才一类的，如科举法、贡举法、三舍法等。这些新法令的制订，明显地标示着是对守旧派一力维护的“祖宗法度”的彻底的、全方位的变革。它一方面将李觏的变法思想具体化、制度化了，又加入了王安石及变法派的补充和创新成分在内。比如方田均税法，就是李觏实行井田、平均土地思想的引伸和发挥；农田水利法就是李觏兴修水利、开垦农田以尽地利，为国家增加财富理论的实践；此外，市易法、均输法所体现的通有无、权贵贱、平物价、抑兼并思想，无不取自于李觏的论述。他如青苗法、募役法也都是如此。最明显、也是最有改革意味的是裁兵法、将兵法、保甲法，大力整肃厢军和禁军，组建乡军，几乎全是导源于李觏的强兵策。其乡军的组建、管理和训练方式，和李觏的设想一模一样。在科举选士方面，王安石定下了以新编的《三经新义》作为考试的内容。其中包括《诗经新义》《尚书新义》和《周官新义》，又以《周官新义》为重点。这也正是李觏变法思想的核心所在。

曾巩没有取得王安石那样的政治地位和权力，他自然也就不可能如王安石那样去制定具体的法令。但李觏关于具体法令的设想，在他的文章中也有所反映。不过，讨论这一点，有一个问题必须首先明确，就是曾巩文章散佚得比较厉害，他的《续元丰类稿》四十卷和《外集》十卷都没有流传下来，而从现存清代顾崧龄刻本《元丰类稿》所辑录的集外文，及金代临汾刻本《南丰曾子固先生集》所辑录的一些文章来看，在《续稿》和《外集》中，应该有不少关于政策法令变革的文章在内。鉴于这种状况，我们很难看到他这方面主张的全貌。但从《元丰类稿》卷四十九所辑《本朝政要策》五十篇，及顾刻本和临汾本所辑录的这类文章看，曾巩的主张和李、王有很多相同或相近处，也还有些不同。比如《说学》《说官》《说夷》《说非异》《论习》《议茶》《财用》《兵乘》《议钱》《为治论》《刑赏论》，以及《本朝政要策》中的《训兵》《添兵》《兵器》诸篇之所论，与李、王几乎可等同。而《议酒》则不主张废除酒税，只是觉得其中有不少弊端，应在保留原征收政策的基础上，根据具体情况加以修改。《义仓》则只是批评宋朝的义仓制度不合古意，而不是如李、王那样强调切合当前形势来建立义仓。《说势》一篇，在所谓“天下之存亡，视其大伦大法之治乱耳”这一认识上，他们是相同的。但曾巩又特别强调要选择“力小而易使，势便而易治”[①]的道路。这一点，李觏和王安石都没有考虑到，而这又恰恰成了他和王安石最大的一个分歧点。这里还要说明的一点，是《本朝政要策》并非完整的单篇文章，其中相当多的篇章类似于材料的辑录，有的甚至短到只有一句话。不少则是介绍具体法令的沿革，和宋初的实行情况，虽然也有些议论，但多是记叙史料，无所谓阐述自己的主张。所以，如果我们要给李、王、曾三人做一个定位的话，就不妨这样看，李觏是熙宁变法的理论垫基者，王安石是这一运动的实际领导者，而曾巩则是既支持变法、又和王安石有分歧的鼓吹者和追随者。这是由他们所处的时代背景及政治地位所决定的。

也正因为是这样一种关系，曾巩和王安石的分歧，也就不在要不要变革所谓“祖宗法度”和能不能变更“祖宗法度”上，而在于选择什么时机来推行变法，以及用什么样的方法和手段来破除变法的阻力。曾巩是位正统的儒者，在这些方面，他更拘泥于儒家的文治教化学说，不如李觏和王安石来得变通。他之所谓“内成德化，外成法度”，所谓“先之以教化而待之以久，然后乃可为治”等等，都来源于此。如果说，李觏和王安石都致力于以《周礼》为依据来设计新的政策法令的话，曾巩则似乎更热衷于从传统儒家的教化学说中，去寻求一条能为大多数人所接受的、比较温和的变法路线。这种倾向，很集中地表现在他的《洪范传》中。我们在前面说过，王安石也著有

---

① 曾巩 :《说势》，清顾崧龄刻《南丰先生元丰类稿》卷 51。

一篇《洪范传》，但却是将先儒传注破除，一概不用，而断以己意。曾巩则是规规矩矩地按汉唐儒家学者的观点，来解释其精神内涵。他说："古之欲明明德于天下者，必始于知至。意诚心正，然后身修。身修然后国家天下治。以是为大学之道，百王莫不同。"[①] 所谓"大学之道"，是指《礼记·大学》中具列的八个条目：格物、致知、诚意、正心、修身、齐家、治国、平天下。曾巩认为，这是二帝三王以来百代帝王所共同遵守的准则，是"不可不一"的"立本"之道，修身如此，治国亦然。在《熙宁转对疏》中，他规劝神宗既欲变法，便得先正其本。他说："陛下有更制变俗、比迹唐虞之志，则亦在正其本而已矣。"什么是正其本呢？他接着说："《易》曰：'正其本，万事理。'臣以谓正其本者，在陛下得之于心而已。臣观《洪范》所以和同天人之际，使之无间。而要其所以为始者，思也。《大学》所以诚意、正心、修身、治其国家天下。而要其所以为始者，致其知也。故臣以谓正其本者，在得之于心而已。得之于心者，其术非他，学焉而已矣。此致其知，所以为《大学》之道也。"[②] 在《洪范传》中，他借《尚书·尧典》的话，解释这个过程中的相互关系说："'克明峻德'，有诸心，故能求诸身也。'以亲九族'，九族既睦，有诸身故能求诸家也。'平章百姓'，百姓昭明，有诸家故能求诸国也。'恊和万邦，黎民于变，时雍'，有诸国故能求诸天下也。"他以孟子的"性善"说为基础，将这八个环节分解成"先觉"和"觉斯民"两个阶段。他说："积于其心，以至于身修，此尧之所以先觉，非求之于外也。积于其家，以至于天下治，此尧之所以觉斯民，非强之于耳目也。"他所有论述的基础和前提，就是孟子所说得"性善"。而性成于天，也就为教化的施行提供了良好的先决条件，"先觉者"便可以凭借这个基础，通过"养之于学，所以使之讲明。文之以礼乐，所以使之服习"[③] 的方法，来启发其本性中原本就存在着的"善"，使之自觉地遵循社会的行为准则，最后达到天下大治的目的。

那么，谁能成为"先觉"者呢？除"圣人"之外，那就是执掌天下的"君主"

---

① 曾巩：《洪范传》，《元丰类稿》卷10，四库全书本。
② 曾巩：《熙宁转对疏》，《元丰类稿》卷29，四库全书本。
③ 曾巩：《洪范传》，《元丰类稿》卷10，四库全书本。

了。所以，孟子说："君仁莫不仁，君义莫不义，君正莫不正。一正君而国定矣。"[①]曾巩要求士大夫们恪守这些信条，"引其君以及先王之道"[②]。他自己也屡屡劝神宗"正己以先百姓而明于教示"，"盖王者之治，由近及远，其效如此！何其风俗美而流泽深也"。[③]之所以要如此，就是期望君主能遵循儒家这些信条，也成为"先觉"者，然后以自己的修身养性为表率，来影响整个上层官僚群体，进而影响整个社会。其目的，从远处讲，是建立一个政治清明、繁荣富强的国家；从近处讲，就是借助君主的权威和品德的影响，来推动变法革新运动的施行。

《尚书·洪范》中有个概念"皇极"。王安石的解释是：皇，君也。极，中也。以君为中，"建其有中"则万物得其所。换一句话说，就是要确立帝王在国家政权管理中的至高无上的中心地位。这显然是从国家管理和政令推行的层面来解释的。曾巩不一样，他完全遵循儒家的传统说法，将"建其有中"的"中"解释为中庸之道。在解释《尚书·洪范》"无偏无陂，遵王之义。无有作好，遵王之道。无有作恶，遵王之路。无偏无党，王道荡荡。无党无偏，王道平平。无反无侧，王道正直。会其有极，归其有极"[④]一段话时，他就特别强调处理任何事情，都应"无过与不及"。他认为："如是，所以为王之义、为王之道、为王之路、明王天下者，未有不如是而可也。'会于有极'者，来而赴乎中也。'归于有极'者，往而反乎中也。由无偏以至无侧，所知者非一曲，所守者非一方。推天下之理，达天下之故，能大而不遗小，能远而不遗近，能显而不遗微，所谓天下之通道也。来者之所赴，归者之所反，中者居其要，而宗之者如此，所应者弥广，所操者弥约，所谓天下之大本也。君人者，未有不由此而国家天下可为者也。"[⑤]这里所说的"极"也是指"皇极"，"会于有极""归于有极"，就是归于帝王所遵循的"无偏无党""无反无侧""无过与不及"的中庸之道，而不是如王安石所解释的将天下权力归于作为政权统治中心的帝王。简洁点

---

① 《孟子·离娄上》，《孟子注疏》卷7下，四库全书本。
② 曾巩：《熙宁转对疏》，《元丰类稿》卷29，四库全书本。
③ 曾巩《拟代廷试进士策问》，《元丰类稿》卷26，四库全书本。
④ 《尚书·周书·洪范》，《尚书注疏》卷11，四库全书本。
⑤ 曾巩：《洪范传》，《元丰类稿》卷10，四库全书本。

来说，王安石强调的是权力的归宿，曾巩强调的是理论的归宿。在曾巩看来，一旦帝王成了“先觉”者，也就会以自身的典范作用，去“觉斯民”。这便是《大学》所说的治国平天下了。这过程中还必须辅之以法度。他于是进而提出了“内成德化，外成法度”变法路线，和以教、导、率、刑为序的施政方针。正因为出于这样两方面的考虑，所以他一再告诫宋神宗和王安石，要“先之以教化而待之以久，然后乃可为治”。《洪范传》说：“人道莫急于养生，莫大于事死，莫重于安土。故曰食，曰货，曰祀，曰司空。孟子以使民养生送死无憾为王道始。此四者，所以不得不先也。使民足于养生送死之具，然后教之，教之不率，然后刑之，故曰司徒，曰司寇。此彝伦之序也。”① 应该说，曾巩的全部政治主张，都是根源于此。

作为儒家思想理论的精华，曾巩所论及的这些内容，确实有其进步和合理的方面，也确实可以帮助统治者推行和实施比较稳妥一些的政治变革。但问题是，在现实社会中，这种理论又带有相当程度的理想化色彩。纵观中国历史上的历次政治改革，有哪一次是在这样和风细雨、温馨如诗、旖旎如画的气氛中进行的？更何况赵宋王朝所面临的状况，又怎么能让变法革新去“先之以教化而待之以久”？他确实也受了李觏“常”与“变”、“妄”与“怠”理论的影响，但却又比较拘泥于儒家的正统理论，其变通的力度比王安石还是要弱得多。所以，尽管他预见到了熙宁变法可能出现的许多问题，他的主张也不无合理的成分在内，但又确乎显得有些过于天真，甚至还有几分迂腐。这也是他和王安石在继承李觏思想过程中，差异最大的地方。

第三节　“谁道京师有政声”

——转徙七州的政治实践

和王安石的政治分歧，加上其他原因，导致了曾巩的出走东瓯，此后，便是连续十二年转徙七州的漂泊生涯。这十二年中的前四年，是熙宁变法的

---

① 曾巩：《洪范传》,《元丰类稿》卷 10，四库全书本。

一系列新法陆续制订并紧锣密鼓地推行时期。后八年，则是一些新法逐渐显现成效，而同时又暴露出这样那样的不足，招致反对派的攻击和社会的抵制时期。到元丰三年（1080）曾巩奉命移知沧州、被神宗诏令留京勾当三班院时，王安石已第二次罢相，这时变法革新运动已是接近尾声了。这样一段经历，使曾巩没有能成为王安石推行变法的助手或直接参与者，但因为是处于这样一个特殊的历史时段，他在七处州郡任上又无法回避新法的具体推行工作。这十二年，也便成了他在各处任所实践自己政治理想的重要阶段。

这十二年外任过程中，除在越州是任通判之外，其余各处，都是任知州。作为州郡长官，他既有处理州郡日常政务的责任，还必须贯彻朝廷颁发的各项政策法令。而这些法令，正是王安石主持制定的熙宁新法。这两者有时又会相互交织在一起。所以，曾巩在七处任所的工作也大致可分为两个大类别。

第一类是日常的政务。这包括赋税征收、治安管理、地方建设、教化实施、灾害处置，乃至宗教事务等等，虽然下级属官各有所司，但作为州郡长官，也是日常职责所在。在这些方面，曾巩充分展现了他的政治才能。而最值得称道的，还是在以下几个方面。

一是整治社会治安。在知齐州时，他以过人的胆略和智慧，惩治了豪恶猾少周高，将其流放到荒无人烟的海岛；又打击黑恶势力霸王社，实行保伍制，使“以朋比夸诈见于习俗……又多狱讼，而豪猾群党亦往往喜相攻剽贼杀，于时号难治”①的齐州，治安环境得到了彻底的治理。移知福州，正值解决福建盐民和农民起义问题处于进退维艰的时期。当时，义军首领廖恩已投降，“然余众观望，十百为群，既溃复合，阴相推附，至连数州。其尤桀者，隶将乐县，县尝呼之不出，愈自疑，且起踵恩所为，居人大恐”，“缓之恐势滋大，急之是趣其为乱”。②朝廷上下主张强力镇压的呼声非常高，其中最有代表性和影响力的人物，就是支持王安石变法最得力的李觏的门弟子邓润甫。曾巩在经过认真权衡之后，断然抵制了这种意见，转而采取比较谨慎稳妥的处置方略，“既不敢以轻动迫之，又不敢以少纵玩之。一则谕以招纳，一则

① 曾巩：《齐州杂诗序》，《元丰类稿》卷13，四库全书本。
② 曾肇：《子固先生行状》，《曲阜集》卷3，四库全书本。

戒以剪除”，果然收到了很好的效果，“其悔悟者自相执拘以归，其不变者亦为士吏之所系获，其魁首则或糜而致之，或歼而去之。自冬至春，远近皆定。亭无枹鼓之警，里有室家之乐”，在极短的时间内，将动乱平息了下去。正好这年又风调雨顺，收成翻倍，福建境内，“野行海涉，不待朋俦。市粟而来，价减什七……冦旱之余，曾未期岁，既安且富”[①]。后来，他在亳州，也用治理齐州的办法，以强硬的手段打击豪强，同时实行保甲制度，很快整顿好了亳州的社会治安。他在亳州其实只待了一年左右，亳州便出现了“盗为引去”的局面。

其二是积极地致力于任所的基础建设。这方面，工程最大的，是治理齐州城内的水患，和修筑明州的城墙。

曾巩所组织实施的这一类工程有几个很明显的特点。首先是着眼于实用，有很强的功利色彩，而不是如古代士大夫在治理政务之余，忘情山水，在景致优美之处筑亭建楼，以表现那种把酒临风、登临观览的闲情逸致。他治理齐州的水患，变水患为水利，主要的目的是改变人民的生存和生活环境；修筑明州城池，是为完善地方的军事防守能力。其次，他都是着眼实地考察，科学规划，统筹兼顾，严密组织，既省工又省费。治理齐州水患，他在全面考察、科学规划的基础上，制订出治理方案：“以库钱买石，僦民为工。因其故门，垒石为两涯。其深八十尺，广三十尺，中置石揵，析为二门。扃皆用木，视水之高下而闭纵之。于是外内之水，禁障宣通，皆得其节。人无后虞，劳费以熄”[②]，前后只用了一个月左右的时间，就彻底解决了齐州的水患，然后开设新渠，引水灌田。又整治大明湖，使济南一变而为一个环境非常优美的城市，人民受益至今。他改知明州，到任时，明州城墙的修筑实际上是个所谓半拉子工程。朝廷有诏，要求完工。曾巩“初度城周二千五百余丈，为门楼十，故甓可用者收十之四，公为再计，城减七十余丈，门当高丽使客出入者，为楼二，收故甓十之六，募人简弃甓可用者，量酬以钱，又得十之二，

① 曾巩：《福州上执政书》，《元丰类稿》卷 16，四库全书本。
② 曾巩：《齐州北水门记》，《元丰类稿》卷 19，四库全书本。

凡省工费甚众，而力出于役兵佣夫，不以及民”[①]。

其三是救灾以及妥善处理和应对一些突发性事件。我们在上一章中提到过的在越州救灾和在洪州处理瘟疫、安置和供应过境军旅等，都属此类。这类工作最能考验地方官吏的责任心和应急组织处理能力，曾巩都是做得非常完美周到的。曾巩在处理这类事件中，有一点是特别值得注意的，就是他对相关经验的总结与借鉴。在农田水利建设不十分发达的古代，因干旱或洪涝引发饥荒而导致平民大量逃亡甚至死亡的事件，是时有发生的。朝廷建立仓储积蓄粮食，以备不时之需，是一项很有效的措施。但开仓放赈有时会因所储粮食有限或主办官员组织不力而影响其效果。所以很多有远见、有能力、同时又有责任心的官吏，会在这方面摸索一些更为有效的措施，来帮助自己任所的灾民妥善渡过饥荒和免除疫疠。曾巩在越州救灾后五年夏天，吴越地区发生大面积干旱，赤地千里，颗粒无收。九月，赵抃知越州，预见到饥荒的即将发生，事前做好了详细调查，当饥荒和瘟疫真的来临时，便临危不乱，处置有方。这场灾荒，在整个吴越地区，“民饥馑疾厉，死者殆半”。越州因为有充分的准备，所以很成功地应对了这场灾难。其实，赵抃的所有做法，和熙宁三年曾巩在越州救灾的措置几乎一样，只是更为细致、更为完备而已。但曾巩却写了一篇《越州赵公救灾记》，全面系统地总结了赵抃此次救灾的经验，指出赵抃“所以经营绥辑先后始终之际，委曲纤悉，无不备者。其施虽在越，其仁足以示天下。其事虽行于一时，其法足以传后”。这是因为，灾荒的发生，“治世不能使之无，而能为之备。民病而后图之，与夫先事而为计者，则有间矣。不习而有为，与夫素得之者则有间矣”。他于是记叙了赵抃救灾的全过程，条列了其具体措施，“将使吏之有志于民者，不幸而遇岁之菑，推公之所已试，其科条可不待顷而具”[②]。

这种总结，是十分有意义的。

其四，是整治官府办事作风，提高效率。他发现州县办事，往往为公文烦剧所困扰。文牍往来，层层追逼，不胜其烦。他规定，凡是有事要下达属

① 曾肇：《子固先生行状》，《曲阜集》卷3，四库全书本。
② 曾巩：《越州赵公救灾记》，《元丰类稿》卷19，四库全书本。

县办理，便责成主管的官员，估计所需期限，下达文书。没到时间，不再下文催促。到时未处理好，就追究责任。如果规定的期限和需要的时间不合，则听取县级官员的意见，别与之期。按时完成的，如有所追逮，州里也不派人至县，县也不派人至乡野。这道政令刚下达，有些县官不太听从，他“小则罚典吏，大则并劾县官”，下属“于是莫敢慢，事皆先期而集，民不知扰，所省文移数十倍”。如事关州府衙门本身，则“督察勾稽，皆有程序，分任僚属，因能而使”。他自己则“总览纲条，责成而已”。所以，他治理的州郡，虽“多号难治”，但经过他整治之后，都“令行禁止，莫敢不自尽。政巨细毕举，庭无留事，囹圄屡空”，“不劳而治”①。

在处理这些日常政务中，还有件事是特别值得一提的，这就是在明州任上处理海外交往和海难救助等问题。明州临海，是当时中国和海外通商贸易的重要港口。有一次，从福建泉州护送来了一批外国人，自称是高丽（今朝鲜半岛）国的邻国托罗国人，因在海上遇风，商船沉没，漂流至泉州，为中国渔民所搭救，就留在渔船上帮工，以谋衣食。后得到泉州官府帮助，转送来明州，以便搭船回国。曾巩置酒慰问，各置衣妆，妥善安置，又每五天设酒食一次以为慰劳，如果遇上与中国相同的节日，还让他们穿上礼服，参加庆祝宴会，待到有便船时再送他们回国。考虑到这类事情时有发生，而一些地方官吏处理不当，虽然救济，但往往只给口粮，转送时，还差人徒步押解。曾巩写了一道奏折《存恤外国人请着为令》，请朝廷颁布一道诏令，给这些遇到海难的外国人以充分的关怀与照顾。这道奏折后来虽然没有上呈，但足可以看出曾巩对这类事情的高度重视和处理方式。当时，来宋朝进贡的高丽使者都是从明州入境，然后北上汴京的，朝贡结束后再取道明州回国。在其初，大概是出于礼仪，使者朝贡，除了给朝廷进贡丰厚的财物之外，还要向沿途各处官员送上礼品。曾巩做过计算，光送给明州知州和通判的礼品，就折合钱三十万。朝廷也有规定，地方官吏可以收受，待到使臣回国时，再依例估算，用生帛按整数给以回赠。曾巩认为，这些国家大都很小，以他们的财力，

① 曾肇：《子固先生行状》，《曲阜集》卷3，四库全书本。

不一定承受得了这种重负。他们即使有亲附中国的愿望，但担心财力不足，也就不敢来了。他因而向朝廷上了一份《明州拟辞高丽送遣状》，建议改革这一制度，悉数归还他们送给州县官吏的礼品，“以此相厉，以明天子之尊、中国之贵，所重者礼义，所轻者货财”，使臣们对中国作为礼仪之邦有较深入的了解，回国之后，四处传扬，使其邻国也“心服诚悦，慕义于无穷”[①]。他这样做的目的，显然是要借此扩大中国在外界的影响，扩大中国和外国的交往，把中国的礼仪文化传播到域外去。这尽管显示出他作为一个正统儒者的特点，但在那个时代，他有如此开放的思想和眼光，实在是难能可贵的。他主持修筑明州城墙时，还特地在高丽使者入城的城门上，增修了两座门楼，既显示礼仪上的尊重，又壮了国威。他后来回朝任职时，还写了一份札子《请访问高丽世次》，请神宗下诏，责成有关官员将高丽开国以来的王位传承情况，以及和中国的交往调查清楚后报告史馆，以便修撰《五朝国史》采用，借以彰显宋朝声教所被，“德及万里”[②]。

除了这些之外，他如在齐州开办学校，讲说《尚书》，推行文治教化，从根本上改变任所的社会习俗；在襄州平反冤狱；在福州禁抑佛教、废除职田等。可以说，曾巩在处理州郡日常政务中，充分地展现了他的政治品格和治理才能。

第二大类工作便是推行新法。曾巩是熙宁二年秋天离开京城通判越州的。实际上，在他离开京城之前，新法的制定和推行便已经开始了。熙宁二年（1069）四月，朝廷便派遣了刘彝、谢卿材、程颢、曾伉等八人分赴各地考察农田、水利、赋役。七月，立淮、浙、江、湖六路均输法，并很快推向全国；九月，立常平给敛法；十一月，颁布农田水利条约。熙宁三年（1070），正月，诏诸路散青苗钱，禁抑配；改革科举，罢诗赋论三题，代以策试；又相继立保甲法、募役法；改诸路更戍法，置将官，也称之为置将法；立军器监。熙宁四年（1071），二月，定科举法，最后确立罢诗赋、以经义策论取士的科试制度；十月，置市易务。熙宁五年（1072）三月，正式颁布市易法；

① 曾巩 :《明州拟辞高丽送遣状》，《元丰类稿》卷 35，四库全书本。
② 曾巩 :《请访问高丽世次》，《元丰类稿》卷 31，四库全书本。

五月，立保马法；八月，颁方田均税法。至此，新法的制定工作已经是大致完备的了。此后一直到王安石第二次罢相，都是在极其激烈的争论中艰难地推行。如果我们对照曾巩转徙七州的时间来看，他是很完整地经历了新法从酝酿，到制订，再到推行的整个过程的。曾肇在曾巩行状中说他"在齐，会朝廷变法，遣使四出。公推行有方，民用不扰。使者或希望私欲有所为，公亦不听也"。又说他在整个外任过程中，"既与任事者不合，而小人乘闲又欲挤之。一时知名士，往往坐剌讥辞语废逐。公于虑患防微绝人远甚，政事弛张操纵，虽出于己，而未尝废法自用。以其故，莫能中伤，公亦不为之动"[①]。其实，从通判越州开始，一直到移知沧州，曾巩在十二年的州郡主政中，都是尽心尽力、小心谨慎地在推行新法的。

当然，作为州郡长官，限于职权范围，曾巩奉诏要推行的自然只是涉及州郡的那些新法，如均输法、市易法、青苗法、保甲法、募役法、农田水利法、方田均税法等。从现有的史料中，我们找不到关于他推行均输法、市易法、青苗法和方田均税法的详细记载。但从曾肇所说的他"未尝废法自用"来看，这些新法，他应该都是推行过的。

首先是青苗法。青苗法，也叫常平给敛法或常平敛散法，在唐代时就实行过。宋仁宗时，陕西转运使李参为了解决所辖地区边防将士粮食不足的问题，曾采用过这一方法，"令民自隐度麦粟之赢，先贷以钱，俟谷熟还之官，号青苗钱。经数年，廪有馀粮"[②]。后来，王安石在浙江鄞县也试行过，效果很好。宋初，为解决因灾害而导致的粮食歉收甚至出现饥荒等问题，国家设有广惠仓和常平仓，以调济灾荒地区粮食的不足，救济灾民，平抑粮价。但也带来一些问题：一是这些仓中储存的粮食数量往往不足以应对大面积的灾荒，这就为一些富豪和奸商趁机抬高粮价，甚至恶意囤积留下了很大的空间；二是没有灾害之年，储存的粮食很难更新，储存过久，容易霉变，造成浪费。所以王安石借鉴李参的做法，又结合自己在鄞县的经验，制定了"青苗法"，规定各州县民众，在每年夏秋两季收割前青黄不接时，可以到当地官府去借

① 曾肇：《子固先生行状》，《曲阜集》卷 3，四库全书本。
② 托克托：《宋史·李参传》，《宋史》卷 330，四库全书本。

贷现钱或粮食，以度饥荒，使之不至于逃亡或饥饿，能正常生产。待到收割之后，其所贷本金随税赋一并交还，另外每期收取二分的利息。这样既缓解了百姓的饥荒，使之不误农时，又打击了豪强奸商，使之不能趁机哄抬粮价，稳定了社会局面，国家还可以有新的税利收入。借贷数额也有规定，共分为五等，一等户不超过十五贯、二等户十贯、三等户六贯、四等户三贯、末等户一贯五百文。而且特别规定“禁抑配”，即禁止强行摊派。但刚一试行，一些官吏却是擅自提高利息，最高的甚至多达四分。还有一些地方，不管百姓有无贷款需要，强行摊派，然后收取高额的利息。如王广渊在京东、河北便是如此，“令随户等高下品配……一等户给十五千，等而下之，至五等犹给一千，民间喧然，不以为便”，他却在奏折中谎报说：“民皆欢呼感德”。[①]当时也有官吏对“青苗法”进行抵制，如河北转运使刘庠便拒绝发散青苗钱，朝中一班老臣如欧阳修、韩琦、吕公著等纷纷上疏批评，参与制定新法的苏辙也持反对意见。这事反而促使王安石决意强行推行。“安石曰：‘广渊力主新法而遭劾，刘庠欲坏新法而不问。举事如此，安得人无向背？”[②]青苗法是熙宁三年正月颁布的，这年曾巩正在越州通判任上。他在救灾中，便遵循了青苗法的精神，除开仓放赈时同意灾民赊欠粮食，按规定时间上交欠款之外，又由官府出钱粟五万，贷民为种粮，使之恢复生产，不误农时。贷借粟种所欠款项，也到秋后交纳田赋时一并归还。这是非常妥善地推行新法的典型表现。

其次，是募役法。募役法也叫免役法，颁布于熙宁三年十二月。募役法规定将原本百姓按户等轮流到州县当差的方法，改为由州、县官府出钱雇人应役，其费用则由当地住户按户等分担，称“免役钱”。原本享受免役特权的官户人家和僧人道士，也要求缴纳同样的钱，称“助役钱”。这项改革使原来轮流充役的农民得以免除劳役，安心务农，官府也因此增加了一项收入。对这项新法，曾巩也是很认真妥善地推行的。我们在前面说到过的他在越州任上，对越州募役中存在的问题进行清理整顿，以及知齐州时对疏浚黄河民

---

① 托克托等：《宋史·食货志》，《宋史》卷 176，四库全书本。
② 托克托等：《宋史·王广渊传》，《宋史》卷 329，四库全书本。

工的成功募集和组织，便都是很好的例证。

其三是保甲法。保甲法又称《畿县保甲条例》，由司农寺制定，于熙宁三年十二月颁行。这项法令实际上是总结以往的经验，又吸收了李觏的思想而制定的。条例规定，凡乡村住户，每十家编为一“保”，五保为一“大保”，十大保为一“都保”。以住户中最富有者担任保长、大保长、都保长。闲时训练基本军事技能，农忙时则回家务农。这实际上是李觏所倡导的乡军性质的军事组织，目的主要是用以维护地方的治安，当社会出现动乱的因素时，可以用于防止农民或城市平民的反抗，并为国家准备有一定军事素质的兵源。此外，这种军事组织还能为国家节省军费。保甲法一颁布，也受到了猛烈的攻击。枢密院官员和司马光、刘挚等都强烈反对，他们认为，推行保甲法，很可能会导致地方势力的增长甚至兵变。而这正是从赵匡胤以来宋王朝统治者最忌讳的。或许是这些反对意见挑动了赵氏家族最敏感的神经，因此宋神宗也曾一度予以废止。后在王安石的一再坚持和劝说下，没有下达废除的诏令。曾巩没有卷入这场争论。相反，他在整治齐州社会治安时，就很坚决地推行了这一法令。曾肇《子固先生行状》说：“是时州县未属民为保伍，公独行之部中，使讥察居人行旅，出入经宿皆籍记，有盗则鸣鼓相援。又设方略，明赏购，急追捕，且开人自言，故盗发辄得”。“齐俗悍强，喜攻劫。至是豪宗大姓敛手莫敢动，寇攘屏迹，州部肃清，无枹鼓之警，民外户不闭，道不拾遗”。[①] 曾巩移知齐州并到任是在熙宁四年六月底，这应该是在保甲法颁布半年之后。曾肇说“是时州县未属民为保伍”，很可能是因颁布之后反对声音过大，朝廷还举棋不定，所以未强令州县执行。但曾巩却“独行之部中”，而且取得了明显的成效。这也应该被认为是熙宁变法的一个成功的范例。

其四是农田水利法。大概是熙宁变法的主要目的之一是要富国，王安石特别注意为国家开辟财源。而尽可能地发掘土地的生产潜力，则是为他所特别重视的。所以，在熙宁二年，各种新法制订还处于草创阶段，他便派出人员前往各地考察农田水利赋税，其实，就是为农田水利法的制订做前期的调

---

① 曾肇：《子固先生行状》，《曲阜集》卷3，四库全书本。

查研究。曾巩很认真地配合了朝廷的工作。我们在前面讲过，他在越州亲自考察海塘和鉴湖，写了《越州论修海塘别纸启》《与两浙转运许醇按视海塘别纸启》《越州论开浚鉴湖状》和《越州鉴湖图序》等文章。仅以治理鉴湖为例，他就翻阅了大量的资料，又向地方主管部门索取地图对照比较。通过调查，他对鉴湖的地理沿革、地形地貌及功能利害，有了全面清楚的了解，发现湖高于田，田又高于海，如能综合治理、充分利用，既可养殖，又可灌田。他令下属绘制鉴湖图，并写了《越州论开浚鉴湖状》和《越州鉴湖图序》，历数鉴湖的兴废和利害，以及历届官员关于工程的计算和分歧，说明修浚的必要性和可行性，并明确主张用法令禁律来确保治理工作的正常进行。也就在这一年，邻邑鄞县县令张峋成功治理了境内的广德湖，来请曾巩为这一工程的完工作记。曾巩非常高兴地答应了张峋的请求，写了一篇《广德湖记》。在记文中，他劝告越州军民效法鄞县，不要废弃鉴湖的治理。他语重心长地说："越之南湖，久废不治。盖出于吏之因循，而至于不知所以为力，予方患之。观广德之兴，以数百年，危于废者数矣。由屡有人，故益以治。盖大历之间，溉田四百顷，大中八百顷，而今二千顷矣。则人之存亡，政之废举，为民之幸不幸，其岂细也欤？故为之书。尚俾来者知毋废前人之功，以永为此邦之利，而又将与越之人图其废也。"[①] 他的这些细致的工作，为后来的治理，奠定了坚实的基础。他在齐州治理水患时，也顺便开辟了一条新渠，引水灌田。再后来移知襄州，又不负朋友之托，特地去考察襄州的水利工程长渠，并将朋友当年主持订下的公约，以法令的形式固定下来，上报司农寺备案。

综观曾巩的一生，虽两度供职于京师，所做的都是文字工作。真正得以施展执政才能，却是在十二年外任期间。"偶狗一官偷禄计，便怀千里长人忧"[②]。他勤勤恳恳、尽心尽力地治理着所任州郡，说他政绩斐然，一点也不为过。他自嘲说："自知孤宦无材术，谁道京师有政声。"[③] 十二年中对七州的治理，不仅充分显示出他有相当强的社会管理能力，也使他积累了很丰富的

① 曾巩：《广德湖记》,《元丰类稿》卷 19，四库全书本。

② 曾巩：《喜雨》,《元丰类稿》卷 7，四库全书本。

③ 曾巩：《亲旧书报京师盛闻治声》,《元丰类稿》卷 8，四库全书本。

政治经验。尤其是对新法妥善、成功的推行，毫无疑问地以活生生的事例，直接证明了新法虽然还有不完善的一面，但从根本上说，还是正确的，是有益于国家社稷的。在熙宁变法这场政治风暴中，他虽然是远离了风暴的中心，没能在这个中央舞台上协助王安石指点江山、叱咤风云，但在州郡所取得的这些政绩，却是他全部政治理想在局部范围内的成功实践。他用自己的行动，表明了自己对变法的态度：他鼓吹变法，支持变法，但推行稳妥，不急于求成。更不赞成一些人为邀功进爵而强行摊派，把原本是利国利民的新法弄得面目全非。所以，他后来在《移沧州过阙上殿札子》中称赞熙宁变法“今斟酌损益、革敝兴坏、制作法度之事，日以大备，非因陋就寡、拘牵常见之世所能及也”，认为“宋兴以来，全盛之时实在今日”[①]。劝告神宗审慎用人，尤其不能任用那些以暴虐手段来推行新法的官吏。这些话，其实是他真实的看法。在诋毁新法、诋毁王安石的汹汹舆论面前，他给了熙宁变法以客观的、实事求是的评价。他始终没有站到变法革新的对立面。

① 曾巩：《移沧州过阙上殿札子》，《元丰类稿》卷30，四库全书本。

第五章

文词近比汉京西

——曾巩的文学成就

第一节 “蓄道德而能文章”

——曾巩的古文理论

曾巩一生最为显著的成就，还是在文学方面。和在政治上坎坷蹭蹬相比，文学却给他提供了一个驰骋自如、足可让他尽情地施展才华的天地。曾肇在《子固先生行状》中说他“年十有二，试六论，援笔而成，辞甚伟也。未冠，名闻四方。是时宋兴八十余年，海内无事，异材闲出。欧阳文忠公赫然特起，为学者宗师。公稍后出，遂与文忠公齐名，自朝廷至闾巷、海隅、障塞，妇人孺子，皆道公姓字。其所为文，落纸辄为人传去，不旬月而周天下，学士大夫手抄口诵，唯恐得之晚也”①。林希在《宋中书舍人曾公墓志铭》中也说：“其为文章，句非一律，虽开合驰骋，应用不穷，然言近指远，要其归必止于仁义，自韩愈氏以来，作者莫能过也。”又说：“自庆历至嘉祐初，公之声名在天下二十余年，虽穷阎绝徼之人，得其文，手抄口诵，惟恐不及。”② 作为行状墓

---

① 曾肇：《子固先生行状》，《曲阜集》卷 3。

② 林希：《宋中书舍人曾公墓志铭》，1970 年南丰出土。见《文物》1973 年第 3 期洛原《曾巩墓志铭》，陈杏珍、晁继周《曾巩集》附录收入，中华书局 1984 年版。

志类文字，这些评价中可能有些夸饰的成分在内，但也不全然是溢美，后人将他和韩愈、柳宗元、欧阳修、王安石、三苏并称为“唐宋八大家”，便是明证。

任何一个有成就的作家，他在文学创作上的成就，都和他的文学思想有密切的关系。这些思想或主张，有的是作家自己在创作中或在文坛论争中形成的，有的则表现为在当时的文学论争中，他对某一流派或某几位作家文学主张的认同。曾巩是受欧阳修的奖掖和拔举而登上文坛的。他的文学思想很接近于欧阳修的文学观念。他没有留下专门的文论著作，但在许多文集序中或直接、或间接地阐述了自己的文学观点。他是以文学革新者的面目出现在宋代文坛的。他始终固守着唐代古文运动“文以明道”的原则，并且对韩、柳的古文理论，作了更为具体细致的阐发和引申。和欧阳修一样，他也是古文理论中的“义法说”的奠基人之一。

这首先是对文学的社会作用的认识。在这方面，他是主张“文道合一”以适天下之用的。在《南齐书目录序》中，他在论述优秀史学家的应有素质时，说过这样一段话：“古之所谓良史者，其明必足以周万事之理，其道必足以适天下之用，其智必足以通难知之意，其文必足以发难显之情。”[①] 这种看法，主要导源于他对文道关系的认识。他的观念，和欧阳修一样，是沿着韩愈、李翱的“文道合一”理论发展而来的。但他们又不同于李翱的将“道”局限于六经之学、圣人之言，甚至以“道”来替代“文”。他认为，从古到今，存在着一个“道统”、一个“文统”，而且这两者是很完美地结合在一起的。其《新序目录序》说：“夫学之有统，道之有归。”[②] 以“道统”而论，他认为，叙事之善，其体大言微莫如五经和《论语》。此后，“世既衰，能言者益少。承孔子者，孟子而已。承孟子者，扬子而已。扬子之称孟子曰：‘知言之要，知德之奥。’若扬子则亦足以几乎此矣。”唐之韩愈，“亦可谓拔出之材，其言庶乎有益者也”[③]。这样，他就描述出了一个儒家“道统”发展的轨迹。但这个轨迹显然是不符合宋代理学家们的认识的。因为在整个宋代，理学家们

---

① 曾巩：《南齐书目录序》，《元丰类稿》卷 11，四库全书本。
② 曾巩：《新序目录序》，《元丰类稿》卷 11。
③ 曾巩：《王季容文集序》，《元丰类稿》卷 12，四库全书本。

是一直不肯以“醇儒”许韩愈的。曾巩却将他推举到了中国“道统”的传承者这样一个崇高的位置上，而且还更进一步将这个“统”延伸到欧阳修，称赞欧阳修的文章“根极理要，拨正邪僻，掎挈当世，张皇大中。其深纯温厚，与孟子、韩吏部之书为相唱和，无半言片辞踳驳于其间，真六经之羽翼，道义之师祖也”[①]。他的这个划分，其实是没有得到宋代理学家们的认同的。这其中就存在一个划分标准问题。曾巩用以衡量的标准，是他们的“言”，更确切一点说，就是他们的文章。曾巩所代表的，是文学家的文论主张。他是以孔子“有德者必有言”[②]这一论述为依据，来做的这种划分的。而欧阳修也说过类似的话：“圣人之文虽不可及，然大抵道胜者，文不难而自至。”[③]曾巩于是便进而认为有一个和“道统”相对应的“文统”的脉络存在。他说：“自周衰，先王之遗文既丧，汉兴，文学犹为近古。及其衰，而陵夷尽矣。至唐，久之而能言之士始几于汉，及其衰，而遂泯泯矣。宋受命百有余年，天下文章复侔于汉、唐之盛。盖自周衰至今，千有余岁，斯文滨于泯灭，能自拔起以追于古者，此三世而已。”[④]这就是他所认为的“文统”演变的轮廓：“上古三代—汉—唐—宋”。这正好暗合了他所勾划的“道统”的脉络。略有差异的，是没将孔、孟时期列入鼎盛阶段。这则与他是以世道的治乱兴衰为基点，来看待这种演变有关。正是从这种“文道合一”的认识出发，他十分强调“明道”“振文”，而其终极目的，还是经世致用。他不赞成理学家和政治家的文论，批评他们“言道德者矜高远而遗世用，语政理者务卑近而非师古”[⑤]。也不赞同历代儒家不切世用的章句注疏之学。这所体现的正是自韩愈以来至欧阳修等在“文道”关系上的正确观念，也是对李翱“文道”理论的有力纠正。这对于宋代诗文既能有效地矫正西昆体的靡丽文风，和太学体的艰涩险怪文风，而又不至于重蹈前人在“文道”关系上的覆辙，是一个不小的贡献。

和“文道”关系相关联的，是“文”与“质”的关系。曾巩在这方面也

① 曾巩：《上欧阳学士第一书》，《元丰类稿》卷15，四库全书本。
② 《论语·宪问》，朱熹《论语集注》卷7，四库全书本。
③ 欧阳修：《答吴充秀才书》，《文忠集》卷47，四库全书本。
④ 曾巩：《王平甫文集序》，《元丰类稿》卷12，四库全书本。
⑤ 曾巩：《筠州学记》，《元丰类稿》卷18，四库全书本。

有很正确的认识。孔子曾说过："质胜文则野，文胜质则史。文质彬彬，然后君子。"[①]孔子说的当然不全是文学，但"文"与"质"的关系，后来一直是中国古代文论中一个重要命题。在文学创作中，"文"与"质"所反映的，其实质上是文章形式和内容的关系。西昆体追求外在的华美而忽视内容也罢，太学体的追求语言的艰涩险怪也罢，都没有处理好这两者之间的关系。所以，古文家在他们的文论中，都很强调这个问题。那就是文章要合于事功，合于世用；同时也要讲究文彩，讲究表达艺术。欧阳修将这种关系概括为四个字："事信言文"。他说："《传》曰：'言之无文，行而不远。'君子之所学也，言以载事，而文以饰言。事信言文，乃能表见于后世。"[②]曾巩主张文章要切于事功、合于世用，换一句话说，文章的"质"，要有反映社会现实的具体内容。他实际上是把这种"质"当成了"道"的具体表现来看待的。这对矫正西昆的流弊是有积极的意义的。在文章的"质"的问题上，曾巩还有一些认识也是很有价值的。这就是他对欧阳修"事信"主张所做的更为深入、更为具体的探讨和阐释。欧阳修所谓的"事信"，确切地说，是指文章所记叙的事情要真实可靠。这个问题的提出，主要是导源于史传与碑铭的写作。韩愈在人物传记和碑志写作方面，有不容否定的成就。但一些碑志作品也为人所诟病，被讥之为"谀"。唐以后，古文家们讨论"文""质"关系，碑志和人物传记写作中如何坚持真实和准确的原则，也便成了绕不开的话题。这是因为在史传写作中，迫于自皇权以下至高层官僚集团的压力，史家要严格地坚持"不虚美""不隐恶"的原则，实在是很难的事。而在私家著作中的人物传记，作者又往往很难完全抛开其所属官僚政治集团的政治偏见，和官僚之间的是非恩怨及个人的感情色彩。最让作家为难的，还有碑志、杂记、行状一类文字。为了褒扬先人"业绩"，即便是劣迹斑斑、臭名昭著者，其子孙朋辈，也一定会求助于当世的大手笔为之立传，或撰写行状、墓志铭、神道碑铭之类的文章，"皆务勒铭以夸后世"。出于人情世故或政治上的利害关系的考虑，被求者既不能拂其子弟之盛情，直书其恶则又为社会人情乃至政治

---

① 《论语·雍也》，朱熹《论语集注》卷3，四库全书本。

② 欧阳修：《代人上王枢密求先集序书》，《文忠集》卷67，四库全书本。

利益考量所不允许。于是，这类作品即便不“谀”，但要真正做到“事信”，也往往是很难的。这就不只是作为文章的“质”是否有关心社会现实的内容，而是更深入到如何去保证这些内容的真实可靠的问题了。曾巩在这个问题上的认识，甚至比欧阳修还更深刻。在《寄欧阳舍人书》中，他将碑志和史传作了一个比较。他说：“夫铭志之著于世，义近于史，而亦有与史异者。盖史之于善恶无所不书，而铭者，盖古之人有功德、材行、志义之美者，惧后世之不知，则必铭而见之。或纳于庙，或存于墓，一也。苟其人之恶，则于铭乎何有？此其所以与史异也。其辞之作，所以使死者无有所憾，生者得致其严。而善人喜于见传，则勇于自立；恶人无有所纪，则以媿而惧。至于通材达识、义烈节士，嘉言善状，皆见于篇，则足为后法。警劝之道，非近乎史，其将安近？”他进而指出，这种“不实”“不信”的文章，自然也就会“书之非公与是”。即便有很高的艺术性，也是“不足以行时传后”的，“故千百年来，公卿大夫至于里巷之士，莫不有铭，而传者盖少。其故非他，托之非人，书之非公与是故也”。但在古文家来说，没有人不期望自己的文章和著述能流传万年的，所以他们自然不应该去写这种“不足以行时传后”的文章。那么，怎样来解决这个矛盾呢？曾巩主张，首先应考察逝者的德行如何？对于那些作恶多端的人，应断然拒绝，“不受而铭之”。即便是“通材达识、义烈节士”，虽应为之铭，但也应秉持“公与是”的原则。① 他甚至把这一主张推及于其他文体的写作。金代临汾刻本《南丰曾子固先生集》中辑录有他一篇不见于其他刻本的短文《书与客言》，文中便记录了他拒绝为人作文的一段经历：“居十日，求文于某者四人，义不克与也。客至曰：‘盍与之？不然，子其戒，毁且至矣。’应之曰：‘与非义，吾不敢违义也。虽然，君子者未尝不戒也，毁何患？’”② 曾巩就是曾巩，他不只是不如韩愈变通，甚至还迂腐得让人觉得简直是不合世情。但这种宁可冒被人谗毁的风险，也不苟且的品格，实在是难能可贵的。

为了解决古文家们所面临的这种困惑，曾巩提出了具体的办法：“辨之

① 曾巩：《寄欧阳舍人书》，《元丰类稿》卷 16，四库全书本。
② 金临汾刻本《南丰曾子固先生集》卷 5，陈杏珍、晁继周整理，中华书局影印本。

不惑，议之不徇。不惑不徇，则公且是矣”[①]。这显然是对欧阳修讲的“事信”的深入的阐发，他比欧阳修解释得更为具体和细致。欧阳修也看到了碑志与史传在撰写原则上的相同之处，但对二者的区别和解决办法，却没有作出明确的解释，也没能给出具体的解决方案。再者，欧阳修之所谓“事信”，着重于事实的准确可靠上。曾巩在此基础上，进而看到了问题的另一面，即作者对所记事件的评价也要准确，要有分寸。他所谓的“议之不徇”“公与是”，指的就是这个意思。他认为“议之不徇”的关键，还在于“不惑”。文章所作的评价要不曲从偏私，作者就不应屈从于权势与得失，就应有明确的是非观念。

这也就涉及到曾巩文论中的第三个主张，即作家应加强自身的品德修养。曾巩将此概括为简洁精警的一句话：“蓄道德而能文章。”

作家人品和文品的关系，也是文坛长期争论的一个问题。对建安思想解放给文学创作带来的影响，尤其是晋室衣冠渡江之后弥漫于东晋南朝的妖冶靡丽文风，文坛上一直是有看法的。特别是在南朝的宋、齐、梁、陈，当一批文人沦落为深宫中的词人狎客，他们的作品外表秾艳，形式精美，但内容空洞甚至淫秽，这就很为正统的文人所鄙薄。后来隋、唐乃至宋初的古文家曾一力攻击的骈体文，就是在这样一种文风中成长起来的。这就使正统的古文家们不能不面对一个很严峻的问题，一旦作家的人格变得卑下，其作品的气格自然也随之卑下，甚至整个文坛的文风也易于变得妖冶淫靡。后人甚至把南北幅裂的责任也归之于此。南朝梁的刘勰在其所著的《文心雕龙》中，提出“原道”“征圣”“宗经”“正纬”的主张，唐宋古文家高倡的“文以明道”“文以贯道”的口号，都和这个问题有密切的关系。曾巩全盘接受了这些观点。在《南齐书目录序》中，他曾论及作为一个“良史”的标准。他说：“古之所谓良史者，其明必足以周万事之理，其道必足以适天下之用，其智必足以通难知之意，其文必足以发难显之情，然后其任可得而称也。”而之所以如此，是因为史传的作用，在于“将以是非得失、兴坏理乱之故而为法戒”，所以“必得其所托而后能传于久”，如果“所托不得其人，则或失其意，或乱其实，

① 曾巩：《寄欧阳舍人书》，《元丰类稿》卷16，四库全书本。

或析理之不通，或设辞之不善。故虽殊功韪德非常之迹，将闇而不章、郁而不发。而梼杌嵬琐、奸回凶慝之形，可幸而掩也”。[①] 他在《答李沿书》《王深父文集序》《王子直文集序》《王季容文集序》等文章中，一再地论及作家个人品德修养对文章的影响问题。而论述得最为深刻的，还是我们在上面谈到的那篇《寄欧阳舍人书》，在论及历史上许多碑志因为“论之非人，书之非公与是”而不能流传千古时，他明确地提出了一个优秀作家应有的标准：“然则孰为其人而能尽公与是欤？非蓄道德而能文章者无以为也。盖有道德者之于恶人，则不受而铭之；于众人，则能辨焉。而人之行，有情善而迹非，有意奸而外淑，有善恶相悬而不可以实指，有实大于名，有名侈于实。犹之用人，非蓄道德者，恶能辨之不惑、议之不徇？不惑不徇，则公且是矣。而其辞之不工，则世犹不传。于是又在其文章兼胜焉。故曰非蓄道德而能文章者无以为也，岂非然哉？”然而这种人非常之少，当代作家中，欧阳修可作为楷模：“然蓄道德而能文章者，虽或并世而有，亦或数千年、或一二百年而有之。其传之难如此，其遇之难又如此。若先生之道德文章，固所谓数百年而有者也。”[②] 这自然是相当高的标准，人们尽管不一定能达到，但却可以朝着这方向去努力。所以，在《王子直文集序》中，他说，一个作家，就应该“穷探力取，极圣人之指要。盛行则欲发而见之事业，穷居则欲推而托之于文章，将与《诗》《书》之作者并”。[③] 换句话说，就是当社会能给你一个足可发挥其聪明才智的舞台时，就应将其文章所传之“道”付诸实践，“扩而被之国家天下”[④]。如若不能得志于天下而穷居独处，则应借助文章写作，去探究和总结以圣人之道治理天下的方略。既然要“托之于文章”，也就涉及文章的说服力和感染力的问题。曾巩十分注重“文章兼胜”的一面。所谓“能文章”，所谓“文必足以发难显之情”，指的都是这方面的功夫。

总之，在北宋前期的文学论争中，曾巩的文学思想没有落入道学家文论的泥淖里，而和以欧阳修为代表的文学家的文论保持了明显的一致性。这一

① 曾巩：《南齐书目录序》，《元丰类稿》卷 11，四库全书本。
② 曾巩：《寄欧阳舍人书》，《元丰类稿》卷 16，四库全书本。
③ 曾巩：《王子直文集序》，《元丰类稿》卷 12，四库全书本。
④ 曾巩：《答李沿书》，《元丰类稿》卷 16，四库全书本。

点，也便决定了他在当时的文坛上，成了欧阳修所倡导的诗文革新运动的中坚，成了宋代文坛的古文大家。

第二节 “昆仑倾黄河，渺漫盈百川”

——曾巩早期古文的风格

曾巩的文集，流传下来的只有《元丰类稿》五十卷。另外，金代临汾刻本《南丰曾子固先生集》三十四卷，其中保留了一些不见于《元丰类稿》的诗文。本世纪初，从海外所存《永乐大典》残卷中新发现一些曾巩的诗文，其中书信十四篇，有十三篇是国内现存各种典籍中所没有的，2004 年第 9 期《学术月刊》刊有金程宇先生《新发现〈永乐大典〉残卷中的曾巩佚文》予以了介绍。金先生推测，这很可能是散佚已久的曾巩《续元丰类稿》的文章。在流传下来的这些作品中，占分量最大的，还是古文，共七百余篇，分二十四个文种。其中有一部分是他任中书舍人时为朝廷起草的公文，如制、诰之类，其文学色彩较弱。但四百多篇的议、论、书、序、记、表、疏、札子、碑志、哀吊文字，则有许多都是极好的篇章，有很高的艺术成就，被后世的古文家奉为学习的典范。

曾巩的古文创作，大致可分为前后两个阶段。庆历元年，曾巩首次入京应试，就曾“稿其文数十万言”[①]来京。欧阳修初见其文，是满目骇然，而且觉得文如其人，他的这种文章风格和他的性格气质非常吻合。二十年后，在《送吴生南归》一诗中，欧阳修还谈起过当年对曾巩性格气质和文章风格的印象，说是“我始见曾子，文章初亦然。昆仑倾黄河，渺漫盈百川。决疏以导之，渐敛收横澜。东溟知所归，识路到不难”[②]。显然，曾巩这时的文章，正处于一个高论宏裁、放任不羁的阶段。一直到嘉祐二年的科试，欧阳修还误将苏轼那篇议论恣肆、文采灿然的《刑赏忠厚之至论》，当成曾巩的试卷，为避嫌，

① 欧阳修：《送曾巩秀才序》，《文忠集》卷 42，四库全书本。
② 欧阳修：《送吴生南归》，《文忠集》卷 7，四库全书本。

故意抑为第二。这可见曾巩早期的文章风格，曾给欧阳修留下了何等强烈的印象。曾巩去世后，其文集首次辑录成集的时候，尚书郎王震在序文中也说过类似的话："先生以文章名天下久矣。异时齿发壮，志气锐，其文章之慓鸷奔放，雄浑瑰伟，若三军之朝气，猛兽之抉怒，江湖之波涛，烟云之姿状，一何奇也！方是时，先生自负要似刘向，不知韩愈为何如尔。"[①] 这也从另一个角度证明欧阳修对他早期文章风格的印象是真实而准确的。

这种特点，我们从他早期的文章中也可找到印证。曾巩散文中艺术上比较成熟的，大都收集在五十卷本的《元丰类稿》中。其少年发轫之作，或未能臻于成熟者，则大多辑录在《续稿》和《别集》中。元代学者、也是曾巩同乡的刘埙说他曾见到过这部《续稿》，"细观其间或多少作，不能如《类稿》之粹。岂公所自择，或学者诠次如《庄子内、外篇》《山谷内、外集》之分欤？其间如《过客论》则仿《两都赋》。如诏弟诰，则仿《客难》《僮约》《进学解》。如《襄阳救灾记》，则仿《段太尉逸事》。文公谓其多摹拟古作，盖此之类。又有《释疑》一篇，亦仿西汉文字。前辈谓此乃公少年慕学，借此以衍习其文耳"。[②] 刘埙例举的这些模仿前贤的作品，都没有流传下来。但清人顾崧龄辑刻《南丰先生元丰类稿》时，从《圣宋文选》等选本中，曾辑得不见于《元丰类稿》文章数十篇，编为"集外文"二卷。其中绝大多数就是其早期的作品。此外，金刻三十四卷本《南丰曾子固先生集》中，也有一批其早期的文章，其中一部分和顾崧龄所辑录的"集外文"是相同的。从这些文章中，我们同样可以透见到他早期文章的大致面目。

这里首先要明确一下刘埙说的"不能如《类稿》之粹"指的是什么。20世纪80年代关于曾巩的讨论中，有学者认为这个"粹"是相对于"繁"而说的，进而认为曾巩早期文章铺彩摛文，语言华丽。这说法我觉得不符合曾巩文章的实际。刘埙之所谓"不粹"，应是指他早期的文章，和《元丰类稿》所收文章比，显得要粗糙一些。我之所以特别说明这一点，是因为这直接涉及对其早期文章风格能否准确概括的问题。事实上，刘埙这个评论，和前面所征

---

① 王震：《南丰先生文集序》，曾巩《元丰类稿》卷首，四库全书本。
② 刘埙：《南丰先生学问》，《隐居通议》卷 14，四库全书本。

引的欧阳修、王震的评价一样，也是很准确精到的。这种“不粹”，表现为好些方面，而又和曾巩早期文章的特点有关。

曾巩早期文章的特点主要有如下几点。

第一，是特别注重行文的气势。他早期的许多文章，虽然模仿先秦两汉古文，但只是学其论辩的气势，而不是学它们的铺张扬厉、炜烨枝派。和所谓的“繁缛”恰恰相反，他的行文迅捷拗折，斩截刚劲，步步进逼，不容争辩，将论敌置于一种无法反驳的困境里，字里行间透出一种毋容喘息的威慑气势，从而使自己的议论显得具有至高无上的权威性。但也正是在这样的地方，暴露出了曾巩早期文章的弱点，他的表述尽管很率直，口气斩截，而文章的说理却往往不够透彻深入，论述也不够展开。就全篇看，便给人以一种粗豪的印象。这正是那种水涌山出、以气势相尚的文章很容易犯的毛病。我们先来看他的《说学》：

古者乡党学校少长为序，以州处，其有司所施用十有二教，举用六德六行六艺，节用五礼六乐，纠用八刑，论用其乡之老，其体惟以化民成俗为教之意。故其士之入朝、在乡、居家，皆有法度而不为非，所以励世而育材也。周之所以垂七八百年而治，为称首者用此。

自乡党之制废不行，学校虽存者亦非古，故其处无长少，施无十有二教，举无六德行艺，节无礼乐，纠无八刑，论无其乡之老，惟课试文字之习否以为务。其体未尝志于化民成俗，故其士之入朝、在乡、居家皆无法度，而为亦无所不至，求其所以励世而育材可乎？

今议者曰：宜郡立学校，使天下士师弟子为位以居学。曰：讲古传业亦周之盛也，予独以谓教之之意不如古，虽设学无益也。噫！古之制不必尽用也，其意不可改也，故原古之事以存之，庶夫有通治乱者能用之。

显然，第一段是叙古，第二段叙今，两相对照，说明古今学校之不同。第三段则说明自己的主张。按理说，第三段应该是全文的着重点，是应该充分展开的地方。但曾巩却没有这样去做。而是先假设一个对立的观点，以为批驳的对象。然后一笔折转,针锋相对,对假设的观点予以否定。再推进一步,以一个感叹句式提振一下文气,并正面提出自己的主张。最后说明写此文的目的,是供那些国家的管理者参考,收束全文。这种转折峭拔的文字,很类同于王安石文章的语语转、步步紧、笔笔不测。但如果仔细去推敲,便很容易看出,文章其实并没有展开去说明何以是如此,为什么要如此。严格来说,这中间几乎全是没有论证的观点,颇有一点强加于人的意味。所以会出现这种不足,是因为文章的底蕴不够丰厚。而追求气势的文章,必须有深厚的内涵为基础。否则,气愈盛,语愈急,文章便越见空疏。这类文章,即便能以气势夺人,却难有折服人的力量。而这种底蕴又来自于作家自身的学养。曾巩早期的文章,恰恰是在这里暴露了它的不足。这种不足只有欧阳修看出来了,所以从两个方面对他进行指点和疏导。一是再三地"勉其思",希望他"广其学","坚其守",从根本上去增强自己的学养和文章的底蕴。在欧阳修看来,"思"之不足,"道"则不胜,而"道胜者文不难而自至"[①]。二是改变行文风格。曾巩在滁州拜见欧阳修时,欧阳修曾让曾巩转达对王安石文章的看法。其实,这也是对曾巩的疏导。而且对曾巩来说是更直接的耳提面命式的指点。这就是所谓"少开廓其文,勿用造语及摸拟前人","孟韩文虽高,不必似之也,取其自然耳"。[②] 所谓"少开廓其文",就是文章还要更展开些。文章一旦展开,文气自然也就会变得舒缓从容,在篇幅上也便有更大的容量,让作者能充分地进行论述。加上不生造词语,不刻意地去模仿前贤,这样的文章也就会自然流畅,会有更强的说服力和感染力。

其次,为了先声夺人,在文章布局上刻意模仿先秦诸子的正反相衬、往复取势。曾巩早期的文章,常常是落笔便入题,这又分好几类。有的是文章开头一两句就明确提出自己的观点,然后举出正、反两个方面进行对比论证;有的则如上举《说学》那样,先举出一个正面的例子作为衡量是非得失的标准,然后以他所要批评的现象与之对比,最后引出结论;有的是开篇即假设一个和他论述的主旨相反的观点,再在对比中进行反驳,最后顺势推出自己的观

① 欧阳修:《答吴充秀才书》,《文忠集》卷 47,四库全书本。
② 曾巩:《与王介甫第一书》,《元丰类稿》卷 16,四库全书本。

点；还有的是在行文中不断假设一些反面的观点，然后逐一批驳，在往复取势中表明自己的主张或看法。这最后一种格式，当以《说夷》最有代表性：

夷狄负其险力蓄鸷也，辄引而窥中国。议者曰：不早痛剪其株枿，浸淫至此不禁也。或者又曰：有数。夫壤之有蚁也，与木之有蠹也，与肉之有虫与人肤之有疾也，是岂不以先有败而生耶？推而观之，则凡孽之生，皆以物先有败也，而独夷狄为病非中国之先有败耶？故凡孽之生，则物滋不善，夷狄之病攻而中国亦不宁。或曰不早杀，或曰有数，是皆妄。吾独以敝生于不自治耳。

天下之敝，常生于不自治。既而岂不思复治之？诚尚有可治之时，即能修其政令，择材而任职，使百姓乐于为上用，则彼岂独不识也？之无间可窥乎？然而且肯妄寇犯以触死乎？《诗》《书》以来可质也，未有内自治而夷狄汩之者也。其汩于夷狄者，率不自治者也。善也，严尤之论也。不自治而至乎禦者，其有上策乎？

文章论述的是外患的起因。其所阐述的看法，和李觏及曾易占完全相同。全文三百字。第一段先假设两种反面的观点，然后逐一反驳，至末尾提出自己的观点："吾独以敝生于不自治耳"。应该说，这中间的几个类比推理还是进行了论证的。但总给人一种局促而不够展开的印象。在这样一种论述尚不深入透彻的情况下，文章转入第二段，对上文做补充性的论述，但却是以非常矫健的笔法，一句折转，用一连串的反问，追寻"不自治"的种种原因，引出一个新的观点："其汩于夷狄者，率不自治者也"，又再次推进一层，提出一个疑问："不自治而至乎禦者，其有上策乎？"所以在这第二段中，他其实没有能补上前一段论述的不足。而其行文和《说学》一样，也是笔笔折转，刚劲拗峭，虽气势充沛，但没能将道理说得很透彻明白。

第三，是在论辩方法的选用上，也刻意模仿先秦诸子。

曾巩早期文章的论辩方法主要有两种。

一是直接议论，层层反驳。这类文章往往是落笔便正面立论，接下去则是一连串的设问或反问句连用，一气而下，以一种咄咄逼人的口吻进行议论和反驳。如《国体辨》《邪正辨》《问尧》《论习》等篇，即属此类。试以《论习》为例：

治乱之本在君之好恶，好恶在所习。少习也正，其长也必贤；少习也不正，其长难与共为治矣。不幸而然，则将磨之。孰能磨之？择人焉。朝夕相与俱，出入言动相缀接焉，是则可磨之也。主然而是者助之，主然而违者替之，不释则极论之。勉焉。除其蔽欲而接之以道，不见邪者而变焉，其志素定矣，然后可与共为治。其为大体，不亦艰且勤欤？

然于习之也有渐矣，古之所以为治者岂易焉？此众官不有任也，岂必人之不材也？朝夕未尝相与居也，出入言动未尝相缀接也，是焉而不能助，违焉而不能替，不释而莫之极论也。其蔽欲日益固，其为道日益拙，所见寺人、女妇，邪者也，其志素定矣未也？其可共为治乎？其为大体，不亦怠且忽欤？

噫！宰相虽尊也，然其见也有间矣。置斯职也，不慎欤！使职此者不尽也，而寺人、女妇得其心，其谁曰可也？噫！左右侍从之官，其非所谓常伯、侍郎、给事、谏议、司谏、正言欤？

曾巩说的“习”，就是君主从小到大所受的教育，因为这直接关系到君主的修养，又进而关系到他即位之后对是非的判别和对正邪的区分，关系到国家社稷的存亡。文章论及两个方面：“少习也正”和“少习不正”，而又着重讨论了对“少习不正”的君主的矫正和磨练。进而讨论大臣们的职责，指出从宰相到各方面大臣所应尽到的对君主的监督、引导与规劝等责任。在结构上和上举《论学》一样，先以两段正反对比，最后以感慨的语句收束。这种布局格式，自然有其长处，但如果变成作家一种相对固定的文章模式，那便会使人觉得呆板而缺少变化。在句式上，则很类似上举《说夷》，用一连串的疑问句，层层翻转地进行论述，确实给人以一种排山倒海的气势。但细致地去揣摩全篇的说理，又让人觉得这些说理几乎都没有充分展开，作者要阐述的道理没有说透。加上一些语句如“出入言动相缀接”“主然而是者”“主然而违者”“职此者不尽也”等，在文气上给人以一种别扭甚至枯涩的印象。这些不足合在一起，也便使人觉得作者还远未达到笔墨圆熟、驱遣自如的水准,更无所谓具备作为文坛大家的那种扛鼎笔力。刘埙说他的这些文章还“不粹”，实在是很中肯的批评。

另一种是学习先秦策士们常用的类比法进行推论。如《说用》《说宫》便属此类。《说宫》论述的是国家对官员的选拔和任用。文章分两段，第一段先说在现实生活中，人们所居处的宫室堂奥，需要诸多能工巧匠来修建。但如果选择不当，使用的是笨拙的工匠和一些嗜利之徒，结果必然是“为之穷岁月，耗材与力，至竭而已耳”。第二段便以此来类比国家机构的建设与管理，必须认真地选择许多有能力而又贤德的官员，否则反而会坏事：“今夫天下之为公也，人主之所安而有也，州县有司之为室堂隅奥也，万机之为材木也，人主之所以不能自治也，其势必付之人。付之而当且颛，则辑矣。付之而当否未前定，又一一束缚之，其异于戾匠人也亡矣。有圣且贤，肯枉道而就之乎？不肯，则易而他使。使圣且贤则犹是也，又易而他使，则得庸者邪者而从之，与之日夜力为之，至尽败万事而已耳。秦之亡其宫也，以此。”这段话有的词语不那么晓畅平易，如“当且颛”，是说用的虽是工匠但却是很平庸的工匠。“戾”是不顺当，“戾匠人”是指连绳墨刀尺都用得不熟练的工匠。所谓“戾匠人也亡矣”，是说连这种不熟练的工匠都没有。我们在上文中说过，这种不足，是曾巩早期文章的弱点。但这篇文章在推论方法的运用上，却是很得了先秦诸子和稍后的战国纵横家文章类比推理的精髓的。

从流传下来的曾巩早期作品看，这类文章占的比重比较大。但不容忽视的是，他在这期间也有论述比较展开、语言非常流畅的作品。如《国体辨》《邪正辨》《议茶》《议酒》《议钱上、下》《议仓》《为治论》等篇，最少的也有五六百字，多者甚至在千字以上。这些文章也是一事一议，也是层次迭转，但每一个小层次的论述却显得远比上举《说学》《说夷》《论习》各篇要舒缓从容得多。以《邪正辨》为例。这篇文章论述的中心是如何辨别邪与正。文章落笔立论：“正者一，邪者十，乌知正者之为正、邪者之为邪欤？曰：考其实焉尔。”然后按如何“辨正”与“辨邪”分两层展开论述：

言者曰："某正人也。"必考焉，其言与行果正也，犹曰无乃其迹然欤？必也本其情，情果正也，斯正人也。曰"某邪人也。"必考焉，其言与行果邪也，亦曰无乃其迹然欤？必也本其情，情果邪也，斯邪人也。必本其情者为之，迹亦可以必信也。迹之未可以信者，有无之，有似之，有构之者也。以正人焉，俟之勿疑之也，有问之必辨焉，不阴受之也。以邪人焉，处之勿迩之也，有助之必辨焉，不阴受之也。审邪正之术循是也，不失矣。

显然，从"言者曰"至"斯邪人也"为第一层，从"必本其情者为之"至第二句"不阴受之也"为第二层。最后的"审邪正之术循是也，不失矣"一句，是归结上面两层的议论而得出的结论。这个结论回应开头的立论，使这一节论述显得首尾照应、包蕴密致。这里尤为值得注意的是第二层。这一层的论述将前面"辨正"和"辨邪"的对比论述推进了一步，细致地说到辨别中一些很复杂的情况当如何去处理，不但论述更深入、更细致，在行文的语气上也显得更为舒缓从容，增强了上一层的论述效果。而这是在《说学》《说夷》《论习》那类文章中我们所感觉不到的。

然而问题还不止于此。在这一段之后，文章突然风生水起，拓开一笔，以一句"抑未尽于是也"，引出了洋洋洒洒的两大段议论。先正说：

抑未尽于是也。孰谓未尽？任与责之之谓也。正者曰："天下未治也。"以天下之事考之，见未治焉，安得不任之以救其未治也？邪者曰："已治矣。"则思曰：我之天下未治也。正者曰："用是策可以治。"以先王之道、人之情考之，见可以治焉，安得不用其策邪？邪者曰："彼策也，不可用。"则思曰：我考之可用也，必也待其终而质其效。不戾于其始也有赏，戾则有咎。未至于其终而质其效，赏与咎无所委焉。不苟然而易也，任与责之之术如是也。故正者得尽其道，邪者不得其间于冥冥之间，于计也素定，于信用也不轻以蔽，于号令也一，于赏罚也明，于治也几矣。考之其实尔，此之谓也。

再反说：

不知正者之为正，邪者之为邪，岂异焉？不此之尚而已。言者曰："某正人也，某邪人也。"因亦曰："某正人也，某邪人也。"于其言与行则未之考也。苟考焉，则亦其迹而已矣，或无之，或似与构之者也，于其情则未之考也。以正人俟之，或疑焉，有间之者则阴受之，不之辨也。以邪人处之，或迩焉，有助之者则阴受之，不之辨也。正者曰："天下未治也。"邪者曰："已治也。"邪者胜正者十常八九。以天下之事考之耶？则未尝也。任正者之策，邪者曰："可置。"则必置之。以先王之道、人之情考之，待其终而质其效，正者赏与咎耶？则未尝也，其于是非用舍苟焉而已也。夫然，故正者不得尽其道，邪者得间之于冥冥之间，于计无必定也，于信用轻以蔽也，于号令也二，于赏罚也不明，于治也疏矣。正与邪，两尊焉，一日而有败，乌有职其责者欤？

这两段议论只就篇幅来说，足有第一段的三倍。更主要的是些这议论又进而从几个方面，将对正邪进行审辨的复杂性分析得条分缕析。经过这样对比分析之后，文章最后归结到如何审辨大贤大佞问题上，以感叹的口气收束全篇，显得感慨低回，予人以一种烟波不尽的强烈感受。

如果我们将这篇文章与前面全文征引的几篇做一对比，很容易看出，它既有那些文章所体现的取法秦汉的特点，又远比那些文章更富于变化。它的层次依旧很清楚，论述中也多用设问和反问句，也多用对比的方法和排比句式来表现论述的层次感。但委婉回环，结构要纡徐婉曲得多，文气也徐缓从容得多，对问题的阐发也具体细致得多。他后期文章的某些特点，在这些文章中，已有所显现了。

这种特点，在他的书信中表现得还要突出一些。这最典型的，莫过于庆历元年，他第一次赴京参加科考，去求见欧阳修时，写的那篇《上欧阳学士第一书》，及此后几年间相继写的《上欧阳学士第二书》《上欧阳舍人书》《上蔡学士书》《上范资政书》《上欧蔡书》等。后代古文家对这些文章评价尽管不一，如清人何焯认为这些文章都属少作，"语太烦絮，患在不能峻洁，少作之不可观如此。”“文弱而碎，其论事又格格不吐，此少作故也。”[①] 但平心而论，这些文章较之于上文提到的那些议论文字，篇幅实在是要展开得多，文气也要舒缓得多。所以，茅坤评《上欧阳学士第二书》说：“子固感欧公之知，又欲欧公并览。睹其所自期待处，蕴思缀语，种种斟酌。”[②] 清人张伯行评《上欧阳学士第二书》说：“师生道义之爱，娓娓动人。中间写道中所见，忽然生出烟波，笔墨之妙，何其淋漓无际也。”又评《上蔡学士书》说：“欧公与两司谏书，一激其进谏，一责其不谏。其词气奋发慷慨，此则深恐谏官不得时时进见，使庸人邪人之说得行其间，其防微杜渐之意，至深远也，原与两司谏书不同。其文词缠绵劲折，又是曾公本色。”评《上欧蔡书》说：“文字曲曲折折，愈劲愈达，如水之穿峡而出，不知其所以然，而适与之相赴，能言人所不能言之意，亦是能言人人所欲言之意。”[③]

那么，欧阳修又何以会欣赏他这样的文章呢？这首先一点，是这些文字和当时流行于文坛的西昆体文章完全不一样。西昆体的文章在内容上很空洞，在文字上很艳丽。而曾巩这些文章所表达的，则全是对国家社稷安危的认真思考，是“明圣人之心于百世之上”“明圣人之心于百世之下”[④] 的慷慨意气；在语言上则一改西昆体的堆砌典故、词彩华靡，展示的是类同于秦汉古文的古朴敦厚、平易流畅的特点，读来确实有一种令人耳目一新的感受。其次，这类文章虽然也受到了柳开、石介等古奥艰涩文风的影响，但只是在模仿古人语言风格时分寸把握不够准确所致，和当时那些奇险怪癖的“太学体”还是不一样的。这样两方面的特点结合在一起，也就使曾巩的文章体现出了一种虽然不很成熟，但却是比较健康的文风。而这既是唐代古文优秀传统的延续，又是当时文坛上一批有意于改革的古文家们所崇尚与追求的文风。这种文风，对改变当时文坛风气来说，无疑是提供了很好的范例。第三，是这类文章有“决疏以导之”的基础。这就是如在《国体辨》《邪正辨》和给欧阳修、蔡襄、范仲淹诸书信中透露出来的婉曲纡徐、缠绵劲折的特点。而这正是一

① 何焯：《义门读书记》卷 42，中华书局 1987 年版。
② 茅坤：《唐宋八大家文钞》卷 98，四库全书本。
③ 张伯行：《唐宋八大家文钞》卷 12，《丛书集成初编》。
④ 曾巩：《上欧阳学士第一书》，《元丰类稿》卷 15，四库全书本。

个有才气的作家在艺术上最后有可能取得成功的潜质与前提。欧阳修正是从他早期的这些文章中，很准确地看出了他的长处和弱点，采取了既肯定又进而积极疏导的方法来矫正。

第三节　“纡徐而不烦，简奥而不晦”

——曾巩后期古文的风格

曾巩对欧阳修的指点是非常诚恳地接受并身体力行了的。他的古文艺术水平也因而得到了大幅度的提高。这种演变大致上发生在他落榜南归之后，到嘉祐二年进士及第之前。这首先是他对自身儒学修养的增强。我在拙著《曾巩评传》中说过，躬耕陇亩时期，既是他德行操守的自我磨炼时期，也是他儒学与文学素养迅速增厚时期。他十分严格地遵循着欧阳修的教导，“广其学而坚其守”。他记述自己在南轩之中的读书情况说：“六艺百家史氏之籍，笺疏之书，与夫论美刺非、感微记远、山鑱冢刻、浮夸诡异之文章，下至兵权、历法、星官、药工、山农、野圃、方言、地记、佛老所传，吾悉得于此。皆伏羲已来，下更秦汉至今，圣人贤者魁杰之材，殚岁月，惫精思，日夜各推所长，分辨万事之说，其于天地万物，小大之际，修身理人，国家天下治乱安危存亡之致，无不毕载。处与吾俱，可当所谓益者之友非邪？吾窥圣人指意所出，以去疑解蔽，贤人智者所称事引类，始终之槩以自广，养吾心以忠，约守而恕行之。其过也改，趋之以勇，而至之以不止，此吾之所以求于内者。”[①]“广其学”使他加深了对儒学精髓的理解，也开阔了视野，是广益见闻、增强底蕴的必由之路；“坚其守”又使他的修身养性无不以“圣人贤者魁杰之材”为典范。这使他在杂取百家时有明确的准则，也对他心理气质的形成产生了深刻的影响。二者融合在一起，最终不但在他的处世态度中体现了出来，也在他文章风格的形成中体现了出来。其次，便是在文章写作中，如欧阳修所指示的“少开廓其文，勿用造语及摸拟前人”，“孟、韩文虽高，不必似之也，

---

① 曾巩：《南轩记》，《元丰类稿》卷12，四库全书本。

取其自然耳”。[①] 逐渐地摆脱对秦汉及唐代散文亦步亦趋的仿效，充分发挥自己的艺术个性，并用深厚的学养去充实自己的文章。正是沿着这一轨迹，曾巩“渐敛收横澜”，逐渐地收敛了早期那种“昆仑倾黄河，渺漫盈百川”的气势，革除了粗豪奔放的弱点，最后形成了雍容典雅、古奥精密的独特的艺术风格。《宋史》本传说他“立言于欧阳修、王安石间，纡徐而不烦，简奥而不晦，卓然自成一家”[②]，指的就是他最后日渐定型的这种新的艺术风格。和欧阳修比，他很得了欧阳修纡徐婉曲、从容不迫的长处，但他不具备欧阳修感慨低回、摇曳多姿的情韵与风神，而是代之以平正典雅、渊懿温厚，在纡徐之中，透出来极丰厚的内在底蕴。和王安石比，他更多地得了王安石文章的峻洁的一面，但又比王安石要典雅、要丰谀，既温厚平正，又遒劲矫变。这两方面的特点融合在一起，使他的文章，读来就像是跟随着一位褒衣博带的儒者，走马于千山万壑之间，百步九折，触处皆春，而又简古明洁、矫健刚劲，确实是“卓然自成一家”。后世的古文家甚至还认为他“能与欧、王并驱，而争先于苏氏”[③]。

当然，这个变化也不是一蹴而就的，其中经历了一个比较长的渐磨陶冶的过程。在这个演变过程中，一方面是文章在艺术上越来越成熟，一方面是早年的一些弱点还时有流露。如上文所提到的那篇《上欧蔡书》。这篇文章作于庆历五年，即他第一次见到欧阳修之后的第五年。文章收在《圣宋文选》及金代临汾刻本《南丰曾子固先生集》中。这篇文章确如张伯行所说，是“曲曲折折，愈劲愈达”，但仔细品味，却又觉得自“虽然，亦未尝不忧一日有于冥冥之中、议论之际而行谤者”以下三段斥责小人、表白自己志向的文字，依旧显露出慓骜奔放、不复检束的特点。这后半篇文章婉曲纡徐的余味较前半部分就要淡薄得多。他的《与孙司封书》，是为在侬智高叛乱中守节而死的邕州司户孔宗旦辨诬的，虽然也写得周匝详明，千回百转，和《说学》《说夷》《论习》诸篇耸异，但如果以之与西汉邹阳的《狱中与梁王书》、司马迁的《报任安书》《屈原贾生列传》、杨恽《与孙会宗书》等做一比较，便很容

① 曾巩：《与王介甫第一书》，《元丰类稿》卷16，四库全书本。

② 托克托：《宋史·曾巩传》，《宋史》卷319，四库全书本。

③ 方苞评《战国策目录序》语。转引自高步瀛《唐宋文举要》卷7，上海古籍出版社1999年版。

易感到其刻意模仿前人的痕迹，而感慨遥寄却又有所不及。他的《拟岘台记》在取景和描写方法上，则脱胎于柳宗元的山水游记如《始得西山宴游记》《桂州裴中丞作訾家洲亭记》等。此外，在一些文章中，有时还会流露出笔力不足的弱点。如在《与抚州知州书》《上范资政书》中，他想用婉曲纡徐的笔法，来表达心中难言之隐，但由于在文字驾驭上功力还不够，结果显得不那么畅达明快。所以茅坤在评点《上范资政书》时，便很觉婉惜地说："此书曾公既自幸为范文正公所知，窃欲出其门，又恐文正公或贱其人，故为纡徐曲折之言，以自通于其门，而行文不免苍莽沉晦，如扬帆者之入大海，而茫乎其无畔已。若韩昌黎所投执政书，其言多悲慨；欧公所投执政书，其言多婉曲；苏氏父子投执政书，其言多旷达而激昂。较之子固，醒人眼目，特倍精爽。"[1]这期间还有一些文章在风格上和其他作家非常相近，如《醒心亭记》的情灵摇荡类似于欧阳修，《思政堂记》的清峭遒劲近乎于王安石。如果就单篇文章而论，这都可称得上是比较好的作品。但就其整体风格的形成而言，这反而是一种缺乏自己的艺术个性的表现，体现不出作家所应该有的独自的艺术风采，是其艺术风格还未定型的反映。然而，这又是作家在走向成熟过程中无论如何也绕不过去的一个阶段。曾巩也正是在这种渐磨陶冶中，转益多师，多方取法，并不断实践，最后如同欧阳修所预言的："东冥知所归，识路到不难。"终于形成了自己间乎于欧阳修、王安石之间的独特的艺术风格。

这中间可被认作是奠定其后期风格基础的作品，是作于庆历八年的《墨池记》：

临川之城东，有地隐然而高，以临于溪，曰新城。新城之上，有池洼然而方以长，曰王羲之之墨池者，荀伯子《临川记》云也。羲之尝慕张芝临池学书，池水尽黑，此为其故迹，岂信然邪？方羲之之不可强以仕，而尝极东方，出沧海，以娱其意于山水之间，岂有徜徉肆恣而又尝自休于此邪？羲之之书晚乃善，则其所能，盖亦以精力自致者，非天成也。然后世未有能及者，

① 茅坤：《唐宋八大家文钞》卷98，四库全书本。

岂其学不如彼邪？则学固岂可以少哉！况欲深造道德者邪？

墨池之上，今为州学舍。教授王君盛恐其不章也，书“晋王右军墨池”之六字于楹间以揭之，又告于巩曰：“愿有记。”推王君之心，岂爱人之善，虽一能不以废，而因以及乎其迹邪？其亦欲推其事以勉其学者邪？夫人之有一能而使后人尚之如此，况仁人庄士之遗风余思被于来世者如何哉！

庆历八年九月十二日曾巩记。

墨池是抚州临川城东一处胜迹，相传是东晋著名书法家王羲之临池学书之处。王羲之钦慕张芝的狂草，曾在《与人书》中说：“张芝临池学书，池水尽黑。使人耽之若是，未必后之也。”[①] 后来南朝刘宋的学者荀伯子作《临川记》，却将“临池学书，池水尽黑”一事说成是王羲之，并进而附会于临川城东的这一方小池，将其说成是王羲之苦练书法之处。此处也因之称作墨池。宋代，墨池之上为抚州州学的所在地，教授王盛为鼓励学子专力向学，特地写了“晋王右军墨池”六个字榜于楹间，并来请曾巩作记。曾巩对这一传闻是持怀疑态度的。如果按他早期文章的写法来推测，他完全可以就这一传闻的真实性去展开议论。但他没有这样做。学养日渐深厚的曾巩，已开始收敛起早年的盛气，冷静地思考事物所隐含的更为深层的含义。他觉得这种不合事实的传闻之所以会为社会所广泛认同，甚至还有如州学教授王盛这样的有识之士去彰表，很重要的原因，是“临池学书，池水尽黑”本身隐含了一个很深刻的人生哲理，一个人在事业上的成就，是取决于“以精力自致”，而“非天成”的。从这个角度讲，王羲之的学书法，荀伯子之记传闻，州学教授王盛之旌榜墨池，其深层的含义，都在于称扬这种刻苦学习、锲而不舍的求知的精神，并想借这一胜迹与传闻，鼓励后辈专力向学，去成就自己的事业。更有意思的是，曾巩的思索还没有停留在这样一个较浅的层面，而是进一部推及于这种精神在一个人自身道德修养中的价值与作用。这就使其意义显得不同于一般的了。这篇《墨池记》的立意便放到了这一基点上。这种

① 《晋书·王羲之传》，《晋书》卷 80，四库全书本。

在题材内涵发掘中所持的冷静态度和深入思考，显然是“广其学而坚其守”所涵养的结果。文章于是也便以六经之学为指归，以致一股庄重博厚之气流动于字里行间。而这也正是曾巩后期文章最主要的特点之一。

其次，是这篇文章在艺术表达上较这期间其他作品更加成熟。既然荀伯子的记载有误，而后人又以讹传讹，那么对这问题做适当的辨析也是必要的。但全文立论的重点既然不在此，文章也就不应在这上面过多地纠缠。这种分寸的把握便很能考验作家的艺术功力。曾巩先交待了墨池的地理位置、形状及得名缘由，用一种推测的口吻对历史传闻的可靠性提出质疑，形成文章的第一个波澜。然后沿着王羲之苦练书法而下，顺势推开，切入题旨，指出王羲之的书法造诣并非天成，而是悉心揣摩、勤学苦练的结果。而后世之所以未有能企及者，原因就在于后人缺乏他那种专注刻苦的精神。这就自然地引出一个常规常理：“则学固岂可少哉！”这个结论简洁精警、顺理成章。特别值得注意的是，他没有就此打住，接下去一笔折转，引申到人的道德修养功夫上，发掘出其中所隐含的更为深刻的道理：“况欲深造道德者邪？”既矫健峭拔，又显得娴熟轻巧。这种笔法，在欧阳修的文章中是很难找到的，而恰恰是他前期文章中很近于王安石的那种特点的反映。这是文章的第二个波澜。这样几经纡回之后，文章之所论，就渐次地接近于求记者的本意了。因为墨池之上，正是现今的州学舍，而兴学的目的，正是要为社会、为国家培养人才，这类人才又必须是以儒家的学说和道德理念为标准。于是文章又再次顺势而下，引出下一节文字，说明作记的缘由，王盛所以题字于楹间以彰显王羲之的刻苦学书的精神，是要借此以劝勉后学努力加强道德修养，并为此而向自己索记。自己推究王盛的苦心，十分感慨，于是欣然命笔，也同样以此期望于后学。但最后这层意思又不直接说出，而是改用感叹和赞赏的语调来表达，形成全文的第三个波澜。全文虽然不足四百字，却纡回百折，婉曲从容，中间又云霞百变，简洁而又劲质。借用一连串的设问句，用推心置腹的口吻层层推进地说理，既委婉诚挚，又透彻亲切。在结构上明显地有欧阳修文章纡徐婉曲的特点，但欧文情灵摇荡，曾巩不长于此。为了避免因婉曲而带来的冗沓，他又借王安石的矫劲峭拔来弥补，从而形成了自己“纡徐而不烦，简奥而不晦”的独特风格。

曾巩这段探索与磨炼的过程，前后经过了二十年左右的时间。校书史馆时，可认为是其风格的定型期。这种风格上的成熟，使他的文章显示出下面几个方面的特点。

第一，纡徐婉曲，包蕴密致。清代桐城派的大家姚鼐曾将古文风格分作阳刚和阴柔两大类，并将欧阳修和曾巩都归于“阴柔”的一类：“宋朝欧阳修、曾公之文，其才皆偏于柔之美者也。欧公能取异己者之长而时济之，曾公能避所短而不犯。”①姚鼐这个说法是正确的。大凡偏于阴柔的作品，在结构上多表现为婉曲密致的特点。这是因为“婉曲”使文章在文气上易于显得柔美，而“密致”又会使它在“柔”中保留着矫健劲折的内在气质，而不至于拖沓。这样的文章往往从容不迫、舒展和缓、层次迭转、绵密幽深。不论是用于记述纷繁复杂的社会生活、人情物态也罢，还是用于剖析精细入微的事理情感也罢，都是很易于驾驭、驱遣自如的。曾巩的文章以叙事说理见长，和他所采用的这种结构形式有很密切的关系。他的《先大夫集后序》，是他为祖父曾致尧的文集写的一篇跋尾。曾致尧是位刚正廉洁的官吏，喜欢“勇言当世之得失”，“上书语斥大臣尤切，故卒以龃龉终”。②他的文集所辑录的，都是这类内容切实、言辞犀利的文章。文集本身的特点，和曾致尧的坎坷经历，都很容易使跋文的语言意气慷慨、笔势奔放。更何况曾巩还是为自己先人的文集作序！但这篇文章却写得相当的委婉含蓄。文章用夹叙夹议的方法，介绍了曾致尧的品格，在介绍中不时地加入自己的感慨与评价。曾致尧对朝政和大臣们的批评非常激切，所以得不到重用。这其间显然是和皇帝不能采用他的意见有直接的关系。但出于传统礼教所谓不能以下犯上的规矩，对此是不能明说的。曾巩便一方面反复称赞祖父的直言忠谏，同时也称赞天子圣明，优容纳谏，并由是而生发出感慨，说自己每次读祖父的文章，都不由得抚卷长叹：“呜呼！公之尽忠，天子之受尽言，何必古人？此非《传》之所谓‘主

① 姚鼐：《复鲁絜非书》，刘季高点校《惜抱轩诗文集》卷6，上海古籍出版社1992年版。
② 曾巩：《先大夫集后序》，《元丰类稿》卷12，四库全书本。

圣臣直’者乎？何其盛也！何其盛也！”[①] 既然“主圣臣直”“优容纳谏”,而忠谏正直之臣却又得不到重用，最后是“以龃龉终”，这不正是一种辛辣的讽刺与嘲笑么？唐代的王勃曾仰天浩叹：“时运不齐，命途多舛。冯唐易老，李广难封。屈贾谊于长沙，非无圣主;窜梁鸿于海曲，岂乏明时？”[②] 曾致尧的遭遇何尝又不是如此？但曾巩没有像王勃那样长歌当哭式地去渲泄内心的不平，而是在婉曲纡徐的行文中委婉含蓄地传达出一种浓重的悲哀，使人不能不为这种是非颠倒、忠奸不辨的黑暗现实而扼腕叹息。这种藏锋不露、婉转含蓄的笔法，更耐人寻味，更有感染人和说服人的力量。而这是他早期文章所不具备的特征。人们都很欣赏欧阳修的《与高司谏书》，称赞他能将内容极为激烈的文章，写得那样从容闲适、无艰难劳苦之态。其实，曾巩在这些方面是深得欧阳修文章的长处，而同时又增添了一层古雅醇厚的色彩的。

再来看他的《战国策目录序》。这是曾巩校书史馆时,在整理完刘向的《战国策》一书后写的一篇文章。刘向在《战国策叙录》中说：“战国之时，君德浅薄，为之谋策者，不得不因势而为资，据时而为（划），故其谋扶急持倾，为一切之权。虽不可以临教化，兵革救急之势也。皆高才秀士，度时君之所能行，出奇策异智，转危为安，运亡为存，亦可喜，皆可观。”[③] 曾巩不赞成刘向的看法，这篇文章便以此为中心展开议论，先以很简洁的笔墨，介绍了整理此书的经过，和刘向对《战国策》的评价，明确指出，刘向的观点是“惑于流俗”之论。接下去是全文的中心，也是议论的着重点，即讨论战国策士往来说合纵连横的是非得失。又先以孔、孟为例，正面说明“法者所以适变也，不必尽同；道者所以立本也，不可不一”的道理。从文章写作技巧的角度来说，这显然是为了确立一个衡量是非的准则。而准则一经确立，便进而引战国策士之言行作为与之对照，说明他们因为有悖于先王之意，所以“为世之大祸”，那些听信了他们说词的诸侯最后也和他们一道杀身灭国。两相对照之后，文章顺势而下，得出结论：“惟先王之道，因时适变，为法不同，

---

① 曾巩：《先大夫集后序》,《元丰类稿》卷 12，四库全书本。

② 王勃：《滕王阁诗序》,《王子安集》卷 5，四库全书本。

③ 刘向：《战国策自序》，吴师道《战国策校注》卷首，四库全书本。

而考之无疵，用之无弊，故古之圣贤未有以此而易彼也。”这是对前面文字的收束。如果是在曾巩早期的文章中，行文至此也就结束了。但这篇文章写到这里，却突然借一个设问句再拓开一层，说明这样的书何以还要去校勘，“或曰：邪说之害正也，宜放而绝之。则此书之不泯其可乎？”这是行文的一个新的波澜，文章进而说明，“放而绝之”不一定要用极端的手段去毁弃它，最好的方法是“明其说于天下，使当世之人皆知其说之不可从，然后以禁则齐；使后世之人皆知其说之不可为，然后以戒则明。岂必灭其籍哉！”他认为：“放而绝之，莫善于是。”又举出孟子对诸子之说“著而非之”为佐证，以证明自己这一主张的正确性。最后还顺便补上一笔，从史料价值的角度，进一步说明此书“固不得而废”，作为全文的最后收束。应该说，他对刘向的批评充斥着儒家学说的偏见，这是不可取的。但有两点，却是不能不予以肯定的。其一，是他这篇文章所提出的“法者所以适变也，不必尽同；道者所以立本也，不可不一”的观点，是他力主政治变革的思想的反映。这在当时是有进步意义的。其二，是这种纡徐婉曲的结构、朴茂深厚的蕴藉，层层回护、足之再足的笔法，说明他的古文写作技巧已经是完全成熟了。

第二，熔式经诰，儒雅博厚。在唐宋八大古文家中，曾巩文章的儒学气味可说是最浓厚的。这和他“广其学而坚其守”的自我陶冶过程有密切的关系。从初识欧阳修开始，他便声称自己将以“明圣人之心”为己任。他此后的个人修养、政治观念和文学创作，也均以此为准则。随着学养的增厚和个人道德修养的增强，昔时那“齿发壮、意气锐”的曾巩，已成为了一位沉稳而忠厚的长者。当初那种挥斥方遒、指点江山的慷慨意气，已渐次地为冷静深沉的思索所替代。对社稷安危的建言建策和对社会政治的激烈批评，在此后的许多文章中，也变为了对一系列政治主张的细致缜密的阐发。他将六经的精髓深深地融入了自己的文章里，以之作为判别是非、阐发政治理想的依据与本源。他的文章也因此而变得朴茂渊懿、天机和畅，但其饱满的政治热情和勃勃雄心又没见减退，而是作为丰厚的底蕴，潜藏于文章之内而流动于字里行间，给人以一种深远的历史绵延感，一种不由你不折服的感人的力量。

这种底蕴在曾巩文章中主要表现为两个方面。一是对儒家经典所记载的典章制度和礼仪规范十分熟悉，二是在阐释自己的政治主张或表达某种诉求时，往往引经据典，从儒家经典中找出来确凿的依据。而这两者在其文章写作中又常常能很自然完美地结合在一起。

《宜黄县县学记》是最能体现这种特点的一篇文章。在中国封建社会中，国家倡导兴学的目的，原本就是为实施社会教化培养人才。所以，作学记就必须着力阐明这一办学宗旨。而这又最能考验作家的儒学修养。所以，晚清的古文家林纾说："学记一体，最不易为，王临川、曾子固极长此种。二人皆通经，根柢至厚，故言皆成理。"[①]而曾巩的《宜黄县县学记》又以博厚见称。桐城派古文家姚鼐说："《宜黄》《筠州》二记，论学之旨皆精甚。然《宜黄》随笔曲注，而浑雄博厚之气郁然纸上，故最为曾文之盛者。"[②]他们之所以这样说，就在于这种文气是以深厚的儒学底蕴为基础的。这又特别体现在起首一节中。曾巩详细地叙述了古代学校的教学内容、这些内容各自的作用及相互之间的关系、设立这些教学内容所要达到的培养目标等等，最后归结到立学的重要作用上，指出"盖凡人之起居饮食、动作之小事，至于修身为国家天下之大体，皆自学出，而无斯须去于教也"[③]。倘若不是对儒学经义有深刻的了解，要想将古代学制介绍得如此具体细致，分析得如此透彻，对其作用阐发得如此深刻，显然是不可能的。更何况不是市肆簿籍式的将这些内容一一罗列，而是如姚鼐说的"随笔曲注"，这就要求作家先要对古代学制有全面透彻的理解与把握，烂熟于心，随笔写出，文章才会真正达到雄浑博厚、古色苍然的境地。曾巩正是常常在这样的地方显示出了他深厚的儒学修养，和作为古文大家的艺术功力。后世的评论家们也常常以此来区别他和别的文章大家的风格特点。如茅坤便说："子固记学，所论学之制，与其所以成就人才处，非深于经术者不能，韩、欧、三苏所不及处。"[④]张伯行说他"论学制详备处，有源有委。至言士之所以成材，则在驯之以自然而待之以积久，

① 林纾：《春觉斋论文·流别论》，人民文学出版社 1959 年版。
② 姚鼐：《古文辞类纂》卷 56，四部备要本。
③ 曾巩：《宜黄县县学记》，《元丰类稿》卷 17，四库全书本。
④ 茅坤：《唐宋八大家文钞》卷 103，四库全书本。

真鹿门所谓深于经术者”[①]。他们都一致肯定了曾巩文章的这一特点。

再看他的《礼阁新仪目录序》。古代确立礼制，目的在于治国，以建立一个“父子有亲，兄弟有爱，夫妇有别，君臣有义，长幼有序，朋友有信，宾客有礼”[②]的和谐社会。《左传》昭公二十六年记载有晏婴对齐景公说的一段话:“礼之可以为国也久矣，与天地并。”[③]曾巩在校书史馆期间，整理完《礼阁新仪》之后，作了这篇目录序，全文的立论便以前人这一认识为基础。文章在简单地叙述了其书的校勘情况后，明确地指出：“夫礼者，其本在于养人之性，而其用在于言动视听之间。使人之言动视听一于礼，则安有放其邪心而穷于外物哉？不放其邪心、不穷于外物，则祸乱可息，而财用可充。其立意微，其为法远矣。”这段话，不只是阐明了礼治的作用，还进一步说明了礼所以能致治，关键在于它能“养人之性”，而不在乎外在的仪式。文章接下去进而说：

然而古今之变不同，而俗之便习亦异，则法制度数，其久而不能无弊者，势固然也。故为礼者，其始莫不宜于当世，而其后多失而难遵，亦其理然也。失则必改制以求其当，故羲、农以来，至于三代，礼未尝同也。后世去三代盖千有余岁，其所遭之变、所习之便不同，固已远矣。

有了这个事实为依据，文章便放开笔墨，紧紧地围绕着“古今之变不同，而俗之便习亦异，则法制度数，其久而不能无弊”展开议论，鲜明地提出自己的观点:“由是观之，古今之变不同，而俗之便习亦异，则亦屡变其法以宜之，何必一一以追先王之迹哉！其要在于养民之性、防民之欲者，本末先后能合乎先王之意而已。此制作之方也。”[④]这明显是借题发挥，以鼓吹其政治变法的主张。这在当时，简直是惊世骇俗之论。从某种意义上说，对变法的必要性和合理性的阐释，他比王安石还更充分、更透彻。但因为他所依凭的，是

① 张伯行：《唐宋八大家文钞》卷15，《丛书集成初编》。
② 卫湜：《礼记集说》卷32，四库全书本。
③ 《春秋左传注疏》卷52，四库全书本。
④ 曾巩：《礼阁新仪目录序》，《元丰类稿》卷11，四库全书本。

儒家学说的精髓，所以，这篇宏论，足可使反政治变革者无法反驳。这明显地是深厚的儒学根柢在其中起了重要作用。这种文章使后世的古文家们非常佩服。张伯行便评论说："孔子曰：'殷因于夏礼，所损益可知也。周因于殷礼，所损益可知也。'南丰谓能合先王之意，即因之说；谓不必追先王之迹，即所损益之说。而养民之性、防民之欲二语，尤为一大篇关键。盖圣人有已见天下之动，而观其会通，以行其典礼，于此可得其大凡矣。"①

这种特点甚至还体现在他的书启之中。他的《福州上执政书》，是为辞免福州太守任移官内地，以便就近奉养白首之老母而写的。文章依据儒家"忠""孝"的理论，细致地阐叙自己先忠于国事，也期望能奉养老母的意愿。落笔便引《诗经》的记载为依据，指出在上古之时的养士之法，是"必本其情而叙其勤"。因此，"上之所以接下，未尝不恐失其养父母之心；下之所以事上，有养父母之心未尝不以告也"。文章征引经义，随引随释，络绎写来，极其郑重地归到请求归养高堂的意图上来。转入第二层，又进而娓娓地诉说自己十年之中，转徙五郡，以致无一日能奉养老母的曲衷。自己年已六十，而老母八十有八，寓食京师。自己任职闽越，弟弟曾布又守南越，"白首之母子，所以义不可以苟安，恩不可以苟止者也"②，因而想在靠近京师的地方求请一便郡任职。但当时闽中盗贼未靖，故不敢上表，延至今日，动乱平息，政平事简，才得以机会上书君相，陈述曲衷。全篇都是以六经经义为依据，将自己的一腔忠孝、满腹愁结，表达得淋漓尽致。茅坤在评点时，十分赞赏这种方法与笔力，说："子固以宦游闽，徼不得养母，本《风》《雅》以为陈情之案。而其反复咏叹，蔼然盛世之音。此子固之文所以上拟刘向，而非近代所及也。"③这篇书上呈不久，他就得到批准移官内地，其中原因固然很多，但这篇文章因底蕴丰厚而产生的感人力量，恐怕也是不可忽略的一个方面。

第三，峻而不庸、洁而不秽。张伯行说："南丰先生之文，原本六经，出入于司马迁、班固之书，视欧阳庐陵几欲轶而过之，苏氏父子远不如也。

---

① 张伯行：《唐宋八大家文钞》卷14，《丛书集成初编》。

② 曾巩：《福州上执政书》，《元丰类稿》卷16，四库全书本。

③ 茅坤：《唐宋八大家文钞》卷98，四库全书本。

然当时知之者亦少。朱子喜读其文，特为南丰作年谱，尝称其文字确实，又以为比欧阳更峻洁。夫文不确实，则不足以发挥事理；不峻洁，则其体裁繁蔓，字句瑕累，亦不足以成文矣。南丰之文深于经，而濯磨乎《史》《汉》。深于经，故确实而无游谈；濯磨乎《史》《汉》，故峻而不庸，洁而不秽。"[①]说曾文远高出三苏甚至要超过欧阳修，这显然过于溢美。但说朱熹认为曾文"峻洁"，却是合乎实际的。朱熹这话，不在其所作《年谱序》和《后序》中，而见于《朱子语类》卷一百三十九，是在品评欧、曾、三苏和李觏的文章时说的。张伯行这段话对欧、曾、三苏的评价，和朱熹的原话意思是一样的。

所谓"峻洁"，是指文章特别清爽而刚健。这原本是对文章的普遍性要求，但对曾巩这样风格的作家来说，则有着更特殊的意义。我们在前面说过，曾巩的文章是以纡徐婉曲、儒雅平正而见称的。这种特点把握不好，也会带来一些负面的作用，那就是松散与繁缛，六朝至唐初的许多史传著作便有这种毛病，以致受到有见识的史学家的批评。这以后，如何避免这种不足也便成了史学家与文学家共同关注的问题，"雅而洁"成为了他们共同的追求。欧阳修就提出了"简而有法"[②]的主张。这一是要语言简洁，二是严于剪裁。曾巩在这方面也是受了欧阳修很大影响的。他后期的文章，语句非常简洁，就整篇而言，丰约适度，剪裁精当。吕祖谦和刘埙都看出了这一点。吕祖谦评点他的《送赵宏序》说："句虽少，意极多，文势曲折极有味，峻洁有力。"[③]刘埙说："先儒言，欧公之文纡余曲折，说尽事情。南丰继之，加以谨严，字字有法度。"[④]

这种"峻而不庸，洁而不秽"的特点，其实比他后期文章的其他特点形成得要早。这大概和他在传记文写作方面受司马迁和班固的影响很大有关。他有一篇《秃秃记》，是写于庆历三年，即他第一次赴试认识欧阳修的后两年的。当时，曾巩的朋友抚州司法参军张彦博在改造住所时，从墙脚下掘出一具小儿骸骨，引出来一桩发生在十三年前的亲子谋杀案。张彦博审理了这一案件，

① 张伯行：《唐宋八大家文钞·曾文引》，《丛书集成初编》。
② 欧阳修：《论尹师鲁墓志》，《文忠集》卷73，四库全书本。
③ 吕祖谦：《古文关键》卷下，四库全书本。
④ 刘埙：《南丰先生学问》，《隐居通议》卷14，四库全书本。

并将小孩骸骨改葬于城外，又请曾巩写了这篇“记”，刻之于石，纳之于穴。

这篇文章记述的，便是这一令人发指的亲子谋杀案的始末。前嘉州司法参军孙齐，先娶杜氏，留置家乡高密。后又骗娶周氏，带往任所，生了个儿子秃秃。卸任之后，周氏发觉受骗，讼之于官。孙齐用钱财疏通官府，暂时平息了这场风波。后来，当周氏再次提出解除婚姻关系时，孙齐发誓，许诺休弃结发妻子杜氏。未过多久，孙齐又结识了娼妓陈氏，并纳为妾，于是又想遗弃周氏。他调任抚州司法参军时，使人窃取秃秃，和杜氏、陈氏一同载至抚州。周氏发觉后，寻至抚州，并冲破诸多阻挠，四出控告，终得官府受理。孙齐为逃避罪责，先是将秃秃藏匿，最后亲扼其喉，陈氏倒提其足，置于水瓮中闷死，然后买通衙役，藏尸于寝室墙下，直至为张彦博所掘出，冤案才得以大白于天下。这一事件中，孙齐的婚姻关系颇为复杂，事件演变过程也很曲折。曾巩在记述时，择要而记，以秃秃被害为叙述中心，扣住主要环节，逐一地记述了孙齐骗婚、遗妻、窃子、赖婚、杀人、藏尸等劣迹，将事件始末写得条理清晰，简洁而又生动。孙齐复杂的婚姻关系，是这一悲剧产生的主要原因，能否将这些关系介绍清楚，是这篇文章写作的关键。曾巩先明确秃秃和孙齐的父子关系，再以精细的笔墨，先后有序地介绍孙齐三房妻妾的娶纳过程。其中，又以他和周氏之间的感情纠葛为叙述的着重点，将秃秃的被害缘由说得非常明白。对人物的具体描绘也一样。为了刻画孙齐这样一个禽兽不如的下层官吏的形象，文章选取他一些极为典型的言与行进行描绘，将他的卑鄙与残忍，写得毫发毕露。如写他骗娶周氏及骗局暴露后的表现：“先娶杜氏，留高密。更给娶周氏，与抵蜀。罢归，周氏恚齐给，告县，齐赀谢得释。授歙州休宁县尉，与杜氏俱迎之官。再期，得告归，周氏复恚，求绝。齐急，曰：‘为若出杜氏！’祝发以誓，周氏可之。”又如当周氏追至抚州欲进其住所时，他气急败坏地将周氏拖至堂下的走廊上，拿出一份假契约，将周氏诬为家中奴仆：“若佣也，何敢尔！”在整篇文章中，孙齐的语言只有这两句，却声口毕肖。这种简洁精警的描写，将一个薄情寡义、狡诈凶残的流氓无赖的形象，写得呼之欲出了。而最为精当的，还是写他谋杀自己亲生儿子的残忍与暴虐：“周氏引产子为据。齐惧子见事得，即送匿旁方政舍。

又惧，则收以归，搤其咽下，不死。陈氏从旁引儿足，倒持之，抑其首瓫水中，乃死。秃秃也！召役者邓旺，穿寝后垣下为坎，深四尺，瘗其中，生五岁云。”前后不足八十字，却将整个谋杀过程写得历历在目。描述中，不时地插入一些感叹的语句，如“秃秃也”，如“生五岁云”。话不多，句子也不长，却使叙述和描写极富感情色彩，作者对秃秃这一无辜的小生命的同情，对孙齐的憎恨，乃至孙齐禽兽不如的品性，陈氏作为孙齐帮凶的歹毒面目，都在简洁而又平实的叙述中，得到了鲜明的表现。

又如后期的《送傅向老令瑞安序》：

向老傅氏，山阴人。与其兄元老读书知道理，其所为文辞可喜。太夫人春秋高，而其家故贫。然向老昆弟尤自守，不苟取而妄交。太夫人亦忘其贫。余得之山阴，爱其自处之重，而见其进而未止也，特心与之。

向老用举者令温之瑞安，将奉其太夫人以往。予谓向老学古，其为令当知所先后，然古之道盖无所用于今，则向老之所守亦难合矣。故为之言，庶夫有知予为不妄者，能以此而易彼也。

茅坤评论说 :“仅百余言，而构思措辞，种种入彀，中有简而文、淡而不厌者。”① 张伯行也说:“一小序耳，而向老平生的学古志道，藉以尽传，令人可歌可咏。南丰之文不苟作如此。”②

第四，平易晓畅，精确生动。追求语言的平易精确，说到底，是唐宋古文家们针对骈体文语言的华靡雕琢而进行的一场革命。韩愈和他弟子中的一些人，虽然也强调“文从字顺各识职”③，但他们对“尚奇”的追求，却从另一个角度造成了语句上的奇峭甚至拗口，以致欧阳修都嘲笑这类文章是“穷荒搜幽入有无,一语诘曲百盘纡。孰云己出不剽袭？句断欲学《盘庚》书”④。而真正使文章语言彻底走向自然平易的，还是宋人。欧、曾、王、三苏都是

① 茅坤 :《唐宋八大家文钞》卷 102，四库全书本。
② 张伯行 :《唐宋八大家文钞》卷 14，《丛书集成初编》。
③ 韩愈 :《南阳樊绍述墓志铭》，魏仲举编《五百家注昌黎文集》卷 34，四库全书本。
④ 欧阳修 :《绛守居园池》，《文忠集》卷 2，四库全书本。

这方面的代表人物。

曾巩在史馆任职期间，苏轼曾推荐蜀中的两位秀才黎生和安生来拜见他。他写了一篇很有名的文章《赠黎安二生序》。其中在说及自己的迂阔时，文章写道：

顷之，黎生补江陵府司法参军，将行，请予言以为赠。余曰："余之知生，既得之于心矣，乃将以言相求于外邪？"黎生曰："生与安生之学于斯文，里之人皆笑以为迂阔。今求子之言，盖将解惑于里人。"余闻之，自顾而笑。夫世之迂阔，孰有甚于予乎？知信乎古，而不知合乎世；知志乎道，而不知同乎俗。此余所以困于今而不自知也。世之迂阔，孰有甚于予乎？今生之迂，特以文不近俗，迂之小者耳，患为笑于里之人。若余之迂，大矣！使生持吾言而归，且重得罪，庸讵止于笑乎？然则，若余之于生将何言哉？谓余之迂为善，则其患若此；谓为不善，则有以合乎世必违乎古，有以同乎俗必离乎道矣。生其无急于解里人之惑，则于是焉，必能择而取之。遂书以赠二生，并示苏君，以为何如也？

这里所批评的，是当时社会对文学复古的抵触与嘲笑，又由事而及于人，及于时，借机发泄了自己的满腹牢骚，紧紧地扣住"迂阔"二字，曲曲地引导黎安二生去正确对待错误的社会舆论和社会风气。谈笑自若，开口见心。文章所使用的，全然是近乎口语的文言，措词的平易确实让人惊叹，文字中还带着一种幽默与风趣，将意思表达得极为晓畅明白。

平易自然是宋文的本色，也是北宋这几位古文大家文章的共同特点。但在平易的基础上，他们又各有自己的特点。只就江西三家而论。欧阳修的文章以其多富情韵内美，所以特别喜好用反问、设问和感叹句，文章读来就觉得情灵摇荡，别有一种风神气韵。王安石文章下语矫劲、转折峭拔，所以文气急迫，多用短句，特别精警。曾巩间乎欧、王之间，精于布置，字字有法度。他十分注意语言的层次感，以及句式的选择和词语的配置，因而表情达意非常精确，只用不多的几句话，就能清晰生动地将事物的特点和人物的情感表现出来。如他从福州召判太常寺，在赴京途中忽然得到改知明州的消息时，上的《移明州乞至京迎侍赴任状》，文中陈述白首母子冀望相聚的隐衷那一段文字：

伏念臣已奔驰在路，屈指计日，望至亲侧。窃计臣老母之心，闻臣而来，倚门之望，固已深切。今母子垂欲相见，而臣忽他改差遣。晨昏之恋，既未得伸；迫急之诚，惟知涕泗。且臣母子各已白首，臣母近岁多病，臣弟布又知桂州，私门之内，长子二人，皆违左右。而臣于兄弟之内，又最居长。犬马之志，岂敢苟安？况今所得明州，足可迎侍。臣不敢别有陈乞，欲望出自圣恩，特赐矜悯，许臣径马暂至京师，迎侍老母赴任，不敢别有住滞。

这段文字始终扣住白首母子垂欲相见自己却忽改他任一事反复诉说，文字既简洁，意思又很显豁。尤其是“伏念臣已奔驰在路，屈指计日，望至亲侧。窃计臣老母之心，闻臣而来，倚门之望，固已深切。今母子垂欲相见，而臣忽他改差遣，晨昏之恋，既未得伸；迫急之诚，惟知涕泗”这几句，确实把满腹隐痛甚至愤怒写得感人至深。

这种用语精确的特点，在一些写景叙事的文章中也表现得很突出。如《道山亭记》中写福建山川险阻的一段文字：

其路在闽者，陆出则阸于两山之间，山相属无间断，累数驿乃一得平地，小为县，大为州，然其四顾亦山也。其途或逆坂如缘絙，或垂崖如一发，或侧径钩出于不测之溪，上皆石芒峭发，择然后可投步。负戴者虽其土人，犹侧足然后能进，非其土人，罕不踬也。其溪行，则水皆自高泻下，石错出其间，如林立，如士骑满野，千里下上，不见首尾。水行其隙间，或衡缩蟉糅，或逆走旁射，其状若蚓结，若虫镂。其旋若轮，其激若矢。舟溯沿者，投便利、失毫分辄破溺。虽其土长川居之人，非生而习水事者，不敢以舟楫自任也。其水陆之险如此。

这类文字，很类似《水经注》及唐人的山水游记的笔法，多借生动形象的比喻，来模写具体的景物。其描写的精细，用语的准确，状物的形象，层次的清晰，行文的从容潇洒，都很得前人山水游记文字的精髓而全然不见其模仿的痕迹了。给人的印象，是将闽中山川景物先融于胸中，然后孰先孰后、孰粗孰细、孰详孰略，逐次吐出，将闽中山行水涉所遇艰难险阻写得如在目前。这大概和他赴任福州的经历有很大的关系。清代的沈德潜在评点这篇文章时，赞叹说："前水陆二段，何减韩、柳！"[①]

除精确之外，曾巩文章的语言还非常讲究层次感，这也是避免因平易而浅俗的技巧之一。他将这种层次感和全文纡徐婉曲、包蕴密致的结构结合在一起，因内容表达的需要而选用不同的句式，有时逐次推演，连缀而下；有时正反相形，用两段对偶的文字形成对比，而两段中具体的语句又大体相同；有时先总说，后分说；有时先分说，后总说；有时又取总分总的形式。但不管哪种，又都很注意前勾后连，层层递进，一气贯注。如《分宁县云峰院记》，尽管他对佛教持排斥的态度，但他还是肯定了云峰院道常长老的品格及所作为，对改变分宁的民情风俗所起的榜样与示范作用。所以围绕着分宁人"勤生而啬施，薄义而喜争"的特点，分四个层次逐一讲述分宁的风土人情，然后一句收总，归到"难治"二字上。再拓开一层，讲述道常的品格对改变这种种不良风气的模范作用，收束全文。

在曾巩的文章中，这些艺术特点是完美地融合在一起的。他在欧阳修的疏导下，经过自己艰苦的努力和长期的磨练，将文章写到了得心应手、出神入化的程度，终于在古文领域成了大家，而受到后人的尊敬。

第四节　"遗恨何人比海棠"

——曾巩的诗歌创作

曾巩另一项重要的文学成就，是他的诗歌。自北宋以来，就有一个说法，

① 沈德潜:《唐宋八大家文读本》卷 28，转引自李震编《曾巩资料汇编》，中华书局 2009 年版。

说他不能诗，不懂诗。这其实是一个误解甚至可说是讹传。这个说法，最初很可能是来自秦观和陈师道的记闻。秦观是在谈论人的才能各有短长时说及于此的："秦少游云：'人才各有分限。杜子美诗冠古今，而无韵者殆不可读。曾子固以文名天下，而有韵者辄不工。此未易以理推之也。"[①] 陈师道《后山诗话》也说："世语云：苏明允不能诗，欧阳永叔不能赋，曾子固短于韵语，黄鲁直短于散语，苏子瞻词如诗，秦少游诗如词，韩诗如《秋怀》《别元协律》《南溪始泛》皆佳作也，鲍昭（照）之诗华而不弱，陶渊明之诗切于事情，但不文耳。"[②] 应该说，这些话大致上还是比较客观的。而且，他们也还只是说曾巩"不工诗"，并不是说他"不能诗"。但因为他们都是曾巩的学生，此论一出，遂成了天下口实，意思被人窜改，甚至无限地夸大了。惠洪《冷斋夜话》便记载了号称江西才子的刘（一作彭）渊材在一次聚会上的宏论："渊材迂阔好怪……又尝曰：'吾平生无所恨，所恨者五事耳。'人问其故，渊材敛目不言，久之，曰：'吾论不入时听，恐汝曹轻易之。'问者力请说。乃答曰：'第一恨鲥鱼多骨，第二恨金橘太酸，第三恨莼菜性冷，第四恨海棠无香，第五恨曾子固不能作诗。'闻者大笑，而渊材瞠目曰：'诸子果轻易吾论也。'"[③] 惠洪和刘渊材都是江西新昌（今宜丰）人，而且后来还一同被卷入张商英、郭天信的案子，他的这一记载应该说是完全可信的。作为所谓狂生或才子一类人物，好放言高论，诙谐戏谑，自可另当他论。如果是作为对一个作家或对其某一方面成就的定评，则显见得是不恰当的。但所谓"常恨子固不能诗"的讹传，却也因此而流传至今天。

刘渊材这说法，以其轻狂，自南宋以来，就不断地受到人们的批评。比如陆游便说："文章光焰伏不起，甚者自谓宗晚唐。欧曾不生二苏死，我欲痛哭天茫茫。"[④] 刘克庄则举出曾巩的《明妃曲》《哭尹师鲁》《丁元珍挽辞》《北归》等诗为例，一一评点，最后质问说："谁谓子固不能诗耶？"[⑤] 南宋还

---

① 胡仔：《苕溪渔隐丛话前集》卷 9，四库全书本。
② 陈师道：《诗话》，《后山集》卷 23，四库全书本。
③ 惠洪：《刘渊材迂阔好怪》，《冷斋夜话》卷 9，四库全书本。
④ 陆游：《追感往事》之四，《剑南诗稿》卷 45，四库全书本。
⑤ 刘克庄：《后村诗话》卷 3，四库全书本。

有一位诗人曹彦约，更表示自己是“诗才清不羡沧浪，曾向欧曾接瓣香”。[①]三十年前，我在拙著《曾巩评传》中曾误将“沧浪”解作严羽，其实是出自《楚辞》之《渔父》：“渔父莞尔而笑，鼓枻而去，歌曰：沧浪之水清兮，可以濯吾缨。”[②]这些观念，固然反映着诗人们各自的审美情趣，这一点我们可置而不论，但他们将欧、曾并论，这却是值得注意的。对曾诗的肯定伴随着对刘渊材的批评，一直延伸到清代。清代作家姚莹在他的论诗绝句六十首中有一首论及曾巩：“文掩诗名曾子固，论才合以亚欧王。《元丰类稿》从头读，遗恨何人比海棠？”[③]这实际上可被认作是对曾巩诗歌的定论。

曾巩的诗歌，《元丰类稿》收有四百二十七首，又有《水西亭书事》一首，见收于清代顾崧龄刊刻的《南丰先生元丰类稿》。此外，金代临汾刻本《南丰曾子固先生集》卷一至卷三辑录有不见于别本的诗歌二十九首，南宋黄大舆编的《梅苑》中收有他的词一首，康熙《抚州府志》收录有他的诗三首，光绪续修的《乌石山志》收有《饮薛老亭晚归》一首。这些诗陈杏珍、晁继周先生整理《曾巩集》时都收录了。另外，程千帆、吴新雷先生合著《两宋文学史》还介绍了载录于雍正《江浦县志》和光绪《江浦埤乘》的一首《咏虞姬》。这样，现已发现的曾巩流传下来的诗歌便有四百六十四首。

曾巩的诗歌创作，大致上可以他通判越州为界线分为前后两个阶段。前期诗歌以五、七言古体为最多，也有少部分歌行和杂体诗。后期则绝大多数为律诗和绝句。清代的潘德舆评论他的诗风特点与成就说：“昔人恨曾子固不能诗，然其五七言古，甚排宕有气。近体佳句，如‘流水寒更淡，虚窗深自明’‘宿幌白云影，入窗流水声’‘一径入松下，两峰横马前’‘壶觞对京口，笑语入扬州’‘时见崖下雨，多从衣上云’，颇得陶、谢家法。七言如‘泺水飞绡来野岸，鹊山浮黛入晴天’‘一尊风月身无事，千里耕桑岁有秋’‘微破宿云犹度雁，欲深烟柳已藏鸦’‘一川风露荷花晓，六月蓬瀛燕坐凉’‘娟娟野菊经秋淡，漠漠江潮带雨浑’‘入陂野水冬来浅，对树诸峰雪后寒’。又七

① 曹彦约：《谭仁季以二诗见贻走笔次韵》之二，《昌谷集》卷 2，四库全书本。
② 王逸：《楚辞章句》卷 7，四库全书本。
③ 姚莹：《后湘诗集》卷 9，道光十三年刻本。

言绝句如‘乱条犹未变初黄，倚得东风势便狂。解把飞花蒙日月，不知天地有清霜。’‘红纱笼竹过斜桥，复观翚飞入斗杓。人在画船犹未睡，满堤明月一溪潮。’‘云帆十幅顺风行，卧听随船白浪声。好在西湖波上月，酒醒还对纸窗明。’皆清新婉约,得诗人之风旨。谓其不能诗者妄矣。”[①]潘德舆也是在辨析所谓“子固不能诗”的说法时，讲的这番话的。其中所举的一些诗句也不属近体诗作，但他关于曾巩古、近体诗风的评论却是很正确的。

曾巩前期诗歌“排宕有气”的特点，和北宋前中期诗文革新运动中的复古倾向有关。为了扫荡由唐末五代递传而来的颓放轻靡诗风，革除宋初西昆体和九僧体的流弊，宋初的诗文革新者们倡导复古，他们沿着历史的惯性，先是选择了关心社会现实、平易浅近的元、白体作为学习的榜样。欧阳修步上文坛后，和他倡导学韩愈的古文同步，在诗歌领域也标举韩愈的诗歌，用赋体的铺排手法，讲究气格，着力创造一种雅健劲质而又平易疏畅的诗风。终于将唐末五代的靡艳诗风扫荡干净，也促使了西昆体、九僧体迅速走向了衰落。曾巩无论在古文还是在诗歌创作领域，都顺应了这一历史潮流。他前期的诗歌也成了北宋诗歌革新运动的“和声”，带有极为鲜明的时代特点。清人何乔新看出了这一点，评价说:“韩公没已久，诗道日陵夷。岂识浑雅作?徒逞妖媚词。有如苔砌蛩，竟夕鸣声悲。又如娼家妇，粉黛饰陋姿。寥寥数百载，夫子起绍之。一扫西昆陋，力追骚雅遗。”[②]他不提欧阳修，而将北宋诗歌革新的领袖地位归于曾巩，这当然是不妥当的。但他说曾巩的诗歌“一扫西昆陋，力追骚雅遗”，这却是合乎实际的。

这在曾巩前期诗歌中大致表现为两个方面：一是有着丰富的关心社会现实的内容，二是在表达上多取铺排的手法。

我们先看它的社会内容。西昆体华丽而空洞，九僧体的题材则非常狭窄。宋初的文学革新派则努力使诗歌回归骚雅的传统，让诗歌回到表现社会现实生活的正确道路上来。曾巩的诗歌顺应了这一发展倾向。

---

① 潘德舆：《养一斋诗话》卷 4，郭绍虞选编、富寿荪点校《清诗话续编》，上海古籍出版社 1983 年版。

② 何乔新：《读曾南丰诗》，《椒邱文集》卷 21，四库全书本。

这一是反映民生的疾苦。大概是自己经历过太多的磨难，甚至曾躬耕陇亩的缘故，曾巩对下层人民的生活有着很真切的了解与感受。他有一首《追租》，写的是在九夏酷旱、赤地千里的大灾之年，颗粒无收的农民不但没有得到官府的赈灾救助，反而遭到追收租税的衙门差役的鞭打："内外奔气势，上下穷割剥""奈何呻吟诉，卒受鞭捶却"。面对这种惨不忍睹的现实，曾巩沉痛而又愤怒地写道：

宁论救憔悴，反与争合龠。问胡应驱迫，久已罹匮涸。计须卖强壮，势不存尫弱。去岁已如此，愁呼遍郊郭。饥羸乞分寸，斯须死笞缚？法令尚修明，此理可惊愕。公卿饱天禄，耳目知民瘼。忍令疮痍内，每肆诛求虐。但忧值空虚，宁无挺犁镢。暴吏体宜除，浮费义可削。①

和杜甫的"三吏三别"、《自京赴奉先县咏怀五百字》，白居易的《卖炭翁》《观刈麦》，柳宗元的《捕蛇者说》相比，这样的诗篇所体现的批判现实的精神是一点也不逊色的。

这种特点到他诗风发生转变以后，也依旧保留在他的诗中。熙宁八年九、十月间，他从襄州沿长江东下去洪州赴任，途中写了"安州十首"，其中便写到当时湖北一带连年的旱情，和灾民或死或逃以致村落空虚的惨状：

楚泽荒凉白露根，盈虚无处问乾坤。虫虫旱气连年有，寂寂遗人几户存？盗贼恐多从此始，经纶空健与谁论？诸公日议云台上，忍使忧民独至尊？②

"虫"音"太"。"虫虫"，热气蒸腾。《诗经·云汉》："旱既大甚，蕴隆虫虫。"他目睹楚地连年的大旱，四野荒凉，心中十分焦灼，也对台辅诸公的无能极其不满。

与民生疾苦相关的，是对国家边备方略的批评。如《胡使》：

① 曾巩：《追租》，《元丰类稿》卷4，四库全书本。
② 曾巩：《楚泽》，《元丰类稿》卷6，四库全书本。

南粟鳞鳞多送北，北兵林林长备胡。胡使一来大梁下，塞头弯弓士如无。折冲素恃将与相，大策合副艰难须。还来里闾索穷下，斗食尺衣皆北输。中原相观叹失色，胡马日肥妖气粗。九州四海尽帝有，何不用胡藩北隅？①

又如《边将》的“当今羌夷久猖獗，兵如疽痈理须决。堂堂诸公把旄钺，硕策神韬困羁绁”②；如《叹嗟》的“天弓不肯射胡星，欃枪久已躔朱鸟”③，等等，都反映出他对现实政治的关心和批评，对连年边患的担忧与不安。

其次，是对历史兴废的反思与慨叹。曾巩对历史典籍有很深的研究，在感慨时政日非的同时，他常常借历史兴废的教训来告诫赵宋王朝的上层统治集团，要居安思危。如《读五代史》：

唐衰匪一日，远自开元中。尚传十四帝，始告历数穷。由来根本强，暴戾岂易攻？嗟哉梁周间，卒莫相始终。兴无累世德，灭若烛向风。当时积薪上，曾宁废歌钟？④

曾巩诗歌表现社会现实内容的第三个方面，是抒发自己平生的遭际和感慨。这类内容尽管不是直接揭露社会的黑暗，但也从不同的侧面折射出了社会的面貌，如科举制度的不合理、社会人情的险恶、刚正不阿者的不见重用于朝廷等等。在这个社会里，“扬扬敛臣贵，烨烨兵官宠”⑤，“机巧满朝论势利，疮痍连室叹饥寒”⑥，“道旁白日忽再出，囊中黄金如有神”⑦，科举的不顺利和家庭生活的困顿，让他萌发出极其强烈的怀才不遇的失落感，他借意气风发、

① 曾巩：《胡使》，《元丰类稿》卷 1，四库全书本。
② 曾巩：《边将》，《元丰类稿》卷 4，四库全书本。
③ 曾巩：《叹嗟》，《元丰类稿》卷 1，四库全书本。
④ 曾巩：《读五代史》，《元丰类稿》卷 3，四库全书本。
⑤ 曾巩：《青云亭闲望》，《元丰类稿》卷 1，四库全书本。
⑥ 曾巩：《读孟子》，金临汾刻本《南丰曾子固先生集》卷 3。
⑦ 曾巩：《黄金》，《元丰类稿》卷 1，四库全书本。

期望翱翔蓝天的猛鹗自比，发出“酒酣始闻壮士叹，丈夫试用何时遭”[1]的扣问；借“江湖苦遭俗眼慢”的橙子自况，发出“谁能出口献天子，一致大树临沧波”[2]的长叹。仕途的蹭蹬，疾病的折磨，也曾给他带来过蓬山远隔、魏阙难及的幻灭感，但青少年时期确立的政治理想，又一直鼓励着他不停地去奋斗、去抗争、去争取报国的机遇、去建立足可彪炳青史的功业。这些当然只是他个人的人生感受，但因为是来自于他困于穷乡僻壤、沉埋于社会最底层时的种种遭遇，所以也从更深的层面反映出了当时的社会现实，代表着底层人民的痛苦心声。这对改变宋初的诗风，也是有意义的。

曾巩前期诗歌在艺术手法上也体现出明显的追求雅健劲质的特点。刘埙评论他的诗说：“宋人诗体多尚赋而比与兴寡，先生之诗亦然。故惟当以赋体观之，即无憾矣。”[3]这实际上是欧阳修所倡导的从学韩愈诗歌入手来改变宋初柔弱诗风的手法。后来宋诗的散文化、议论化也由此而来。我们来看看曾巩的两首《咏雪》诗：

北风萧萧鸣且歇，短日悠悠生复灭。朝含沧海满天云，暮断行人千里雪。初通壑谷气先冷，渐蔽郊原路疑绝。并包华夷德岂薄？改造乾坤事尤谲。驱除已与尘滓隔，濯溉终令枯槁悦。相持始信竹柏劲，易败可嗟萑苇折。条垂巧缀如自爱，眢井随形呀且缺。飞檐巘巘驾长浪，巨壁林林倚精铁。弊衣或有鼾犹冻，荒宴谁能耳偏热？壮夫抚剑生锐气，志士扃门养高节。已开襟胸绝烦愦，更足沟塍慰空竭。虽无酒醴发嘲笑？亦有诗谣恣搜抉。新阳仿佛送镵凿，旧径参差分曲折。留当屐齿印崖石，徙倚长松看寥泬。

严严层冰塞川泽，汹汹北风鸣木石。黄云半夜满千里，大雪平明深一尺。两仪混合去纤间，万类韬藏绝尘迹。蛟龙岌起抱冈峦，江海横奔控阡陌。野林缥缈苦难状，庭树鲜妍疑可摘。开门更觉山市静，散帙偏宜纸窗白。精光

① 曾巩：《一鹗》，《元丰类稿》卷1，四库全书本。
② 曾巩：《橙子》，《元丰类稿》卷1，四库全书本。
③ 刘埙：《曾南丰》，《隐居通议》卷7，四库全书本。

荡射遍岩谷，气象峥嵘见松柏。少年登望就台观，壮士衡凌向沙碛。饥鼯嗥卧伏牙爪，猎隼飞挈矜羽翮。茅檐客聚满幽缶，桑径人行没双屐。高堂暖热厌罗绮，环堵萧条尚絺绤。何当仰见白日照？坐看先从沙际释。渐涵沟畎兆丰富，洗濯闾阎消瘴疫。便乖东北生气起，自驾疲牛理硗瘠。

这两首诗用的都是赋的铺排的手法，起首着力喧染大雪凝聚时的种种景象，写出天地之间的肃杀与严酷的气氛。再铺开写大雪的初起直至漫天而至时的雄浑景象：迷漫宇宙，复盖原野。岗峦、山林、阡陌、庭院，都笼罩在这搅天风雪之中，自然界的各种事物都因大雪的摧折呈现出千奇百怪的形态。最后写人类在这浩渺迷茫的天地之间的活动，写各色人等面对这一派壮丽无比的景色内心的不同反映。差不多是将大雪从蕴酿到消融的整个过程都很清楚地描绘出来了。

诗贵精粹，而精粹又往往要得力于诗歌形象的生动传神和语言的精练含蓄，这就离不开比兴的手法，专一地用赋体的铺排就不容易做到这一点。但因为铺排要借用大量的比喻和联想来状物写景，因而也易于使诗篇显得气象瑰丽、造语豪壮，这在扫荡靡艳和雕琢诗风的斗争中，就特别有影响力。潘德舆说他的古体诗“甚排宕有气”，指的应该就是这种笔力。早在元代，诗评家方回也看出了这一点，评论说：“子固诗一扫昆体，所谓饾饤刻划咸无之，平实清健，自成一家。”①这样说，当然只是从其前期诗歌的主导方面来看的。其实，曾巩前期诗歌中也有比兴的成分。刘埙说：“唐诗之清丽空圆者，比与兴为之也。宋诗之典实闳重者，赋为之也。然先生之诗，亦有不皆出于赋者，如古体有《麻姑山》一首、《送南城尉罗君》者，甚似太白《蜀道难》，其中未尝无比兴也。”②而这类因用比兴以致清丽空圆的诗句，在通判越州之后，则是俯拾即是的了。

通判越州之后，曾巩的诗歌发生了重大的转变。用潘德舆的话来说，便是他的近体诗“皆清新婉约，得诗人之风旨”。而实际上，这种特点在他后

① 方回：《瀛奎律髓》卷16，四库全书本。
② 刘埙：《曾南丰》，《隐居通议》卷7。

期的古体诗中也有同样的表现。到移知福州时，他的新的诗风便已变得相对稳定而且成熟了。《元丰类稿》中所收诗作，近体诗共二百三十七首，比古体诗多出四十六篇。而且百分之九十是作于通判越州之后，古体诗作于这以后的却是寥寥无几的了。这种转变，原因是多方面的。首先是他的先辈们对他的影响。曾致尧留下的诗不多，但许多诗句都清丽可喜。如“江南杨柳春，日暖地无尘。渡口惊新雨，夜来生白萍。晴沙鸣乳雁，芳草醉游人。向晚前山路，谁家赛水神？”[①]“水深花影地莓苔，春色烘人若不开。走报鸰原无别事，远将歌管酒壶来。”[②]如《题刘居士江楼》中的句子“春风花对岸，夜月水当轩。帘卷青山入，窗开白浪翻”[③]等。在中国古代诗歌中，这当然算不上上品，但清新明快，兴意溢于言表。曾易占没有留下诗作，但有一件事也多少可以让我们透见到一些他的审美取向。吴曾《能改斋漫录》记载说，他庆历七年奉诏北上路过洪州时，曾将蔡襄的一首诗题写在洪州樵舍镇的旅社墙壁上：“今朝才是雪泥干，日薄云移又作寒。家山千里何时到？溪上梅花正好看。”当时正是七、八月间，题写这首诗自然使人不解。后来他行至南京（今河南商丘）暴病而亡，曾巩扶灵南归，年边才至樵舍，正值风雪大作，水瘦山寒，于是便有了所谓曾易占旅舍题壁竟成谶言的说法。这种猜测的科学性如何我们可置而不论，但蔡襄这首诗也属于婉约清丽一类却是无疑的。当然，不是所有家族中祖辈的审美趣味都一定会影响后代。但曾巩祖父、父亲在诗歌上的这种取向，我们在他的诗歌中还是明显地可以感觉得到的。其次，是当时文坛的影响。我们在前面说过，实际上在嘉祐二年曾巩及第之前，西昆体、九僧体的诗风就已经明显地衰败了。嘉祐二年科试中欧阳修所打击的，主要还是因矫正西昆体而引出的艰涩怪癖的太学体。曾巩前期诗歌既然是当时诗文革新潮流下的产物，而当诗歌领域的革新任务逐渐完成的时候，所有这一运动的参加者其创作中原本就存在的个性因素，也便自然地会向不同的方向发展。曾巩也在这样一个大背景下，开始了自己的转变，使自己的诗风

---

① 曾致尧：《题东林寺壁》，张豫章：《四朝诗》卷 35，转引自李震《曾巩资料汇编》上卷，中华书局 2009 年版。

② 曾致尧：《崇觉寺》，曾燠：《江西诗征》卷 5，嘉庆九年赏雨茅屋刻本。

③ 曾致尧：《题刘居士江楼》，曾燠：《江西诗征》卷 5，嘉庆九年赏雨茅屋刻本。

日渐变得清新婉约、流丽明快。第三，是因生活环境的变化而带来的心境的变化。通判越州，后又移知齐州，在远离政治斗争旋涡的吴越和东秦，曾巩一方面饱受着山水风物的陶冶，又为长期蕴含于胸中的政治理想在治所的实现而深感自豪。他流连光景，往来徘徊，感物吟叹，诗兴勃发，促进了诗风带根本性的转变。十二年外任的第一站是古越州，会稽的秀丽山水，自东晋以来，就曾使无数墨客骚人忘情于此，并留下过许多脍炙人口的诗篇。曾巩也一样。他很快为这方天地中的山水风光和民情风俗所陶醉。他用无比欢快的笔墨，描写那英姿飒爽的赛船健儿和笑语欢歌的浣衣少女："着红少年里中出，百金市上裁轻罗。插花步步行看影，手中掉旗唱吴歌。""轻舟短楫此溪人，相邀水上亦湔裙。家住横塘散时晚，分明笑语隔溪闻。"他纵情歌唱吴越水乡的明媚春光："蒲芽荇蔓自相依，踯躅夭桃开满枝。求群白鸟映沙去，接翼黄鹂穿树飞。"[①] 这使他的心境发生了很大的变化。他竟然和年轻人一样天天去寻花赏花，甚至插花而归："花开日日去看花，迟日犹嫌影易斜。莫问会稽山外事，且将歌管醉流霞。""花开日日插花归，酒盏歌喉处处随。不是心闲无此乐，莫教门外俗人知。"待到谷雨春晚、繁花落尽，他还兴犹未已："年年谷雨愁春晚，况是江湖两鬓华。欲载一樽乘兴去，不知何处有残花？"[②] 移知齐州之后，尽管对复杂的人事关系他还有抱怨："平生拙人事，出走临东藩。"[③] 但他在这里却充分展现了他的政治才能。后来，他在《齐州杂诗序》中说："余之疲驽来为是州，除其奸强而振其弛坏，去其疾苦而抚其善良。未期，囹圄多空而枹鼓几熄，岁又连熟，州以无事，故得与士大夫及四方之宾客，以其暇日，时游后园。或长轩峣榭，登览之观，属思千里；或芙蕖芰荷，湖波渺然，纵舟上下。虽病不饮酒，而间为小诗，以娱情写物，亦拙者之适也。"[④] 他胸中时时涌现出一种喜悦和自豪感："太守自吟还自笑，归时乘月尚

① 曾巩：《南湖行二首》，《元丰类稿》卷 5，四库全书本。
② 曾巩：《会稽绝句三首》，《元丰类稿》卷 6，四库全书本。
③ 曾巩：《西湖二月二十日》，《元丰类稿》卷 5，四库全书本。
④ 曾巩：《齐州杂诗序》，《元丰类稿》卷 13，四库全书本。

留连。”[①]“总是济南为郡乐，更将诗兴属何人？”[②]在齐州两年，他写了七十多首诗，而且大部分是律诗和绝句。他用诗歌歌唱治所的繁荣和安定：“囷仓穰穰逢康岁，闾里恂恂有古风。瞯氏宿奸投海外，伏生新学起山东。”[③]“四境带牛无事日，两衙封印自由身。”[④]“印奁封罢阁铃闲，喜有秋毫免素餐。市粟易求仓廪实，邑龙无警里闾安。”[⑤]“薄材何幸拥朱轩，窃食东州已一年。陇上雨余看麦秀，桑间日永问蚕眠。”[⑥]移知襄州之后，随着对天涯漂泊生活的厌倦情绪日益加重，他的诗歌在清婉的基调上，又增加了一层无可奈何的苦涩味和惆怅感。如在福州期间写的《城南二首》：“雨过横塘水满堤，乱山高下路东西。一番桃李花开尽，惟有青青草色齐。”“水满横塘雨过时，一番红影杂花飞。送春无限情惆怅，身在天涯未得归。”[⑦]《寒食》：“一麾漂泊在天涯，寒食园林不见花。惟有市亭沽酒客，俚歌声到日西斜。”[⑧]《乱山》：“乱山深处转山多，此地栖身奈远何？莫问吾亲在何处，举头东岸是新罗。”[⑨]这种痛苦哀婉的心声流露在诗中，更增强了他后期诗歌清丽深婉的情趣。

曾巩后期诗歌的深婉，大致表现为三个方面。

一是诗歌题材更多地转向对山水风物的描绘。刘埙说他“深于经术，得其理趣，而流连光景，吟风弄月，非其好也”[⑩]。这主要还是就他前期诗歌而言的。事实上，无论前期还是后期，都有流连光景的诗句或诗篇。但相比较而言，后期描写山水风物的作品明显多于前期。这显然和他心情的变化及任所的山水风物的特点有关。越州风光的明丽灵秀，齐州大明湖风景的古朴敦厚，都在相当程度上加深了他对山水风物的喜爱。而相对于困处京师时的苦闷与压抑，他在越州和齐州的心境要好得多。他于是也能用一种全新的眼光

① 曾巩：《鹊山亭》，《元丰类稿》卷7，四库全书本。
② 曾巩：《郡斋即事二首》，《元丰类稿》卷6，四库全书本。
③ 自注：“时大奸周高投海岛，而学校讲说《尚书》。”
④ 曾巩：《郡斋即事二首》，《元丰类稿》卷6，四库全书本。
⑤ 曾巩：《冬夜即事》，《元丰类稿》卷7，四库全书本。
⑥ 曾巩：《到郡一年》，《元丰类稿》卷7，四库全书本。
⑦ 曾巩：《城南二首》，《元丰类稿》卷8，四库全书本。
⑧ 曾巩：《寒食》，《元丰类稿》卷8，四库全书本。
⑨ 曾巩：《乱山》，《元丰类稿》卷8，四库全书本。
⑩ 刘埙：《曾南丰》，《隐居通议》卷7，四库全书本。

去观察事物，去寻找自然世界及自己日常生活中的美好的情景、美好的感受。此后辗转襄州、洪州、福州、明州、亳州，尽管他往往为天涯漂泊而苦闷，诗歌创作也相应地有所减少，但去各处赴任时，途中所见山水风光也还常常会勾引起他的诗情、诗兴。他也依旧时时会借助诗歌来表现自己的情怀。但这种表达不再像前期那样带着愤懑和强烈的怨怼情绪，而是充满着无奈和苦痛。

二是在怀古诗中寄寓深沉的感慨。曾巩后期诗歌中也有一些怀古诗，但和前期这类诗有明显的不同。他在这些诗中，表现的不是穷途潦倒的愤懑与悲吟，也不是怀才不遇的牢骚和浩叹。他诗歌中原先那种桀骜不驯的品格并没有本质上的变化，但感慨遥寄、悲越苍凉，往往在沉郁低回中，透出来一种婉曲清新的情韵。如《彭城道中》："百步洪声潦退初，白沙新岸凑舟车。一时屠钓英雄尽，千载山河战伐馀。楚汉旧歌流俚耳，韩彭遗壁冠丘墟。可怜马上纵横策，只在邳桥一卷书。"[①]彭城原是春秋时宋国的故邑，后来项羽也曾建都于此，并在这里击败过刘邦。在楚汉相争的紧要关头，汉将韩信和彭越都曾按兵不动。刘邦采用张良的计策，给韩、彭分茅裂土，封韩信为齐王、彭越为梁王，让他们自认为是为夺取自己的封地而战，终于调动了他们的兵力，共败项羽，建立了西汉王朝四百余年的基业，而韩信和彭越在汉初天下粗定之后，也相继为刘邦所翦除。百步洪则是彭城一处著名的河道，水势汹险。其附近的荒丘之上，宋时还留有韩、彭旧城的废墟。曾巩路过此处，面对着千年战乱之后依旧伫立在荒丘之上的断壁残垣，深深地感受到历史的兴废竟然是那样的不可捉摸。他觉得，倘若不是这荒野丘墟上还残留着历史的陈迹，眼前这舟车往来的人们，又有谁还记得起这里曾发生过的那些惊心动魄的战争，那些改变了历史进程的事件与人物？韩信也好，彭越也好，他们的命运最后都被别人摆布了，这自然是可悲的。但进而想，协助刘邦摆布别人、建立王朝的张良何尝不也是如此？"可怜马上纵横策，只在邳桥一卷书"！张良的谋略，也只是来自于他在下邳桥上从"黄石公"那儿得到的一卷兵书。那么，究竟是谁在冥冥之中左右着历史的发展呢？他似乎从这错综复杂的历史深处朦胧地感受到，人生

① 曾巩：《彭城道中》，《元丰类稿》卷 8，四库全书本。

的道路和事业的成败其实是那样的难以把握和论定。这是否引发了他对自身天涯漂泊的感喟和对当前政治变革的迷茫？他没有说，但诗中那种哀婉的情调却让人从这种思古之幽情背后，深感到他心中的无奈与悲凉。在襄州，他也写了一些怀古诗，如《孔明》："称吴称魏已纷纷，渭水西边独汉臣。平日将军不三顾，寻常田里带经人。"[①]他是否是以诸葛亮自况，我们不好妄自揣测，但这首诗至少揭示了这样一个道理，那就是一个人的价值，他一生所能取得的成就和建立的功业，其实往往不全取决于自己，而是社会环境，是统治者能否授之以权柄，能否给他一个足以让他施展才华、足可导演出威武雄壮戏剧的舞台。孔明是幸运的，所以千载之下，他的际遇都为人所艳羡。而自己就没有那么幸运了，"一川钟呗淮南月，万里帆樯海外风。老去衣衿尘土在，只将心目羡冥鸿"[②]，"世外麒麟谁可系？云中鸿雁本高翔。白头多病襄阳守，展卷临风欲自强"[③]。这些诗中流露的是一种无可奈何的悲哀和老境的凄凉感。这种抒发，在相当程度上增强了他后期诗歌的深婉清丽的情趣。

三是移情入景的深婉寄托。托物言志，借景抒情，是诗歌创作中常用的手法。这种方法在曾巩前期和后期的诗中都被广泛地使用，但相比较而言，前期多直率和外露，而后期则要深婉得多。我们在第三章曾提到他在齐州时写的那首《忆越中梅》就是一个很好的例子："浣沙亭北小山梅，兰渚移来手自栽。今日旧林冰雪地，冷香幽艳向谁开？"[④]他怀念的是在越州时亲手移植的一株小梅花树，但寄托的无疑是自己不随流俗、洁身自好的高尚情怀。这种抒发与寄托，和他的心情有非常密切的关系。在越州和齐州任上，他的心情，相对来说要欢愉一些，所以诗歌中也更多地洋溢着比较欢快的情调。如《凝香斋》："每觉西斋景最幽，不知官是古诸侯。一尊风月身无事，千里耕桑岁有秋。云水醒心鸣好鸟，玉沙清耳漱寒流。沉烟细细临黄卷，疑在香炉最上头。"[⑤]又如《西湖纳凉》："问吾何处避炎蒸？十倾西湖照眼明。鱼戏

① 曾巩：《孔明》，《元丰类稿》卷6，四库全书本。
② 曾巩：《甘露寺多景楼》，《元丰类稿》卷7，四库全书本。
③ 曾巩：《孙少述示近诗兼仰高致》，《元丰类稿》卷7，四库全书本。
④ 曾巩：《忆越中梅》，《元丰类稿》卷6，四库全书本。
⑤ 曾巩：《凝香斋》，《元丰类稿》卷7，四库全书本。

一篙新浪满，鸟啼千步绿荫成。虹腰隐隐松桥出，鹢首峨峨画舫行。最喜晚凉风月好，紫荷香里听泉声。”[①] 但这种欢愉又往往是片刻的、短暂的，在怀古诗中流露出来的那种怅惘与苦痛，同样也时时体现在他写景抒情的诗作中。他似乎总是处在一种想欢愉而又不得尽兴的状态中，所以诗中往往浸透着一种啼笑难分的况味。而正是这种啼笑难分的况味，在相当大的程度上增强了他后期诗歌婉曲清丽的特点。如《郡楼》："满眼青山更上楼，偶携闲客此闲游。飞花不尽随风起，野水无边带雨流。怀旧有情惟社燕，忘机相得更沙鸥。黄金驷马皆尘土，莫诉当欢酒百瓯。”[②] 这其实是一种自我宽解，流露出的并不是忘情的欢愉，而是内心凄苦的情怀，融入了诗人政治理想的幻灭感和老境的凄凉感。这种特点到他知福州之后的诗作中，表现得越来越突出。上文提到的《乱山》《城南二首》等都是如此。再如《杜鹃》："杜鹃花上杜鹃啼，自有归心似见机。人各有求难意合，何须勤苦劝人归？”[③] 天涯漂泊，骨肉分离，当年“欲挽白日之西颓”的慷慨意气已消磨殆尽，他对官场没完没了的倾轧已是极度的厌倦。他只是期望有一天，能归养高堂，白头母子得以团聚。然而就连这一点小小的心愿都无法实现。听着杜鹃鸟“不如归去”的啼鸣，他内心泛起的，还是那种苦涩味和惆怅感。情惟其真，所以特别哀婉动人。

总之，曾巩不但能诗，不少诗还写得相当好。“但取当时能托意，不论何代有知音”[④]。他写《明妃曲》时，慨叹的是王昭君。但如果借用来评价他自己的诗歌，又何尝不是如此？正因为他也是“感于哀乐，缘事而发”[⑤]，他的诗歌有着丰厚的社会内容，有着真实的情感，在风格上又平淡古朴、清新婉约，这使他的诗歌创作继承和发扬了骚雅的优秀传统，顺应了宋代诗文革新的历史潮流，成为了宋代进步文学潮流的一个组成部分。所谓“子固不能诗”的说法，显然是不符合他的创作实际的。

---

① 曾巩：《西湖纳凉》，《元丰类稿》卷 7，四库全书本。
② 曾巩：《郡楼》，《元丰类稿》卷 7，四库全书本。
③ 曾巩：《杜鹃》，金临汾刻本《南丰曾子固先生集》卷 3。
④ 曾巩：《明妃曲》，《元丰类稿》卷 4，四库全书本。
⑤ 班固：《汉书 · 艺文志》，《汉书》卷 30。

第六章

盛世文坛竞风流

——曾巩与北宋文坛

第一节 “谁能出口献天子”

——曾巩与庆历名臣

曾巩的一生，与北宋政界和文坛许多重要人物有过重要的交往。他们中的不少人，既是他步入政界和文坛的引路人和拔举者，又是他政治上、文学上的战友和同志。而另一些人则是他的仰慕者和文坛新秀。他们共同创造了北宋文坛的鼎盛局面。

在入仕之前，曾巩与之交往最密切的，主要是庆历革新中的一批名臣，如范仲淹、蔡襄、杜衍、欧阳修等。这种交往，毋容讳言，有请求他们援引，以便借助科举入仕的意图在内。这也很可能是唐代行卷遗风对宋初文坛的影响的反映，是当时社会比较普遍的现象，是一种历史的惯性。但有一点，却是不能忽视的，那就是雄心勃勃、意气风发的青年曾巩，在社会政治走向上和他们有共同的认识与主张。曾巩和欧阳修的关系，我们留待下一节专门来讨论，这里先讨论他和范仲淹等其他人物的交往。

曾巩交往的这一批庆历名臣中，第一位重要人物是范仲淹。范仲淹(989—

1052),字希文,苏州吴县(今江苏苏州市)人。宋真宗大中祥符八年(1015)年进士,针对宰相吕夷简的专政,曾上书进行批评,得到尹洙、欧阳修的支持,被指为朋党,罢知饶州(今江西鄱阳县)。西夏李元昊反,范仲淹被起用为延州知州,因守边有方,进参知政事。庆历三年(1043),在宋仁宗支持下,团结欧阳修、富弼、蔡襄等一批年轻政治家,推行了北宋第一次较大规模的政治改革运动,但由于当时朝廷之中所谓的朋党之争日益激烈,而变法又规模阔大,新法本身考虑又不够周密,加上推行时操之过急等等原因,在反对派的强硬抵制和阴谋策划下,这批革新者全都被卷入了党争的旋涡,政治革新很快就遭到失败,范仲淹再次被贬。

曾巩和范仲淹结识的具体过程,史无载记。但从他作于庆历五年(1045)前后的《上范资政书》《答范资政书》所言的情况来分析,应该是在庆历元年曾巩首次赴京应试期间,而且是在旅途之中匆匆相会的。范仲淹一见之后,便想将曾巩收置于自己门下。对此曾巩非常感激,写了《上范资政书》表示谢意。信中说:“阁下尝履天下之任矣,事之有天下非之、君子非之而阁下独曰是者,天下是之、君子是之而阁下独曰非者。及其既也,君子皆自以为不及,天下亦曰范公之守是也,则阁下之于道何如哉?当其至于事之几微,而讲之以《易》之变化,其岂有不尽者邪?夫贤乎天下者,天下之所慕也,况若巩者哉!故愿闻议论之详,而观所以应于万事者之无穷,庶几自寤,以得其所难得者,此巩之心也。然阁下之位,可谓贵矣。士之愿附者,可谓众矣。使巩也不自别于其间,岂独非巩之志哉?亦阁下之所贱也,故巩不敢为之。不意阁下欲收之而教焉,而辱召之。巩虽自守,岂敢固于一邪?故进于门下,而因自叙其所愿与所志,以献左右,伏惟赐省察焉。”①这事可能是因曾巩南归、范仲淹又调任延州而没有结果。但一年之后,范仲淹还托人给他送来了书信和绢,这事让他感动不已,于是又写了《答范资政书》,在书中说:“巩启:王寺丞至,蒙赐手书及绢等。伏以阁下贤德之盛,而所施为在于天下,巩虽不熟于门,然于阁下之事或可以知。若巩之鄙,窃伏草茅,阁

① 曾巩:《上范资政书》,《元丰类稿》卷15,四库全书本。

下于羁旅之中，一见而已。今巩有所自得者，尚未可以致阁下之知，况巩学不足以明先圣之意、识古今之变，材不足以任中人之事，行不足以无媿悔于心，而流落寄寓，无田畴屋庐匹夫之业，有奉养嫁送百事之役，非可责思虑之精、诏道德之进也。是皆无以致阁下之知者。而拜别期年之间，相去数千里之远，不意阁下犹记其人，而不为年辈爵德之间，有以存之。此盖阁下乐得天下之英才，异于世俗之常见。而如巩者，亦不欲弃之，故以及此，幸甚幸甚。”[①] 范仲淹和曾巩往来的信函，没见流传下来，所以他们首次见面的确切时间和地址，不好妄断。《朱子语类》中有一段话：“因论李泰伯曰：当时国家治，时节好，所论皆劲正如此。曾南丰携欧公书往余杭见范文正。文正云：‘欧九得书（按：应是“得欧九书”之误），令将钱与公。今已桩得甚处钱留公矣。’亦欲少款，适闻李先生来，欲出郊迓之云云。”[②] 有学者据此推断曾巩首次见范仲淹是在杭州，时间可能是在范仲淹知杭州的皇祐元年或二年。这说法我以为是值得商榷的。曾巩去杭州见过范仲淹，而且可能正巧李觏也去见范仲淹，这不是没有可能。从内容看，曾巩当时还要人接济，说明这事当在他未及第之前。但以此就推断这是他们的首次相见，则似乎不妥。至少，将一方大员在其任所解作“羁旅之中”，无论如何是说不通的。不过，曾巩对庆历革新所持的积极态度，显然受了范仲淹等的影响，而这种影响，又显然和他们这段交往有关，这一点，则是毫无疑问的。

其次是蔡襄。蔡襄（1012—1067），字君谟，兴化军仙游（今福建仙游县）人。宋仁宗天圣八年（1030）进士，为西京留守推官、馆阁校勘，范仲淹因上书批评吕夷简被贬饶州，余靖上书论救，尹洙请求与范仲淹同贬，欧阳修写了那篇有名的《与高司谏书》抨击谏官高若讷在朝中这场大论争中不置一词，由是被指为朋党，三人和范仲淹一同被贬。蔡襄作《四贤一不肖》诗，一时间京师人士争相传写，鬻书者市之得厚利。正好有契丹使者来开封，买之以归，张贴于幽州馆舍。庆历三年，宋仁宗起用范仲淹推行政治改革，擢用余靖、欧阳修及王素为谏官，蔡襄又以诗贺。三人均荐蔡襄，仁宗命蔡襄知谏院。

---

① 曾巩：《答范资政书》，《元丰类稿》卷16，四库全书本。

② 《朱子语类》卷129，四库全书本。

曾巩和蔡襄的交往，我们现在看到的，是在蔡襄知谏院时开始的，他写的《上蔡学士书》，信中说："庆历四年五月日，南丰曾巩谨再拜上书谏院学士执事。"但按一般规矩来说，在此之前，应该还是有人荐引，而且这个人很可能还是欧阳修。这封信大致谈了三件事：一是对蔡襄为谏官表示祝贺，并论及谏官的职责和当时朝廷选拔欧阳修、余靖、蔡襄等为谏官的正确性。二是呈上了自己的一些作品，这当然也有期望得到蔡襄荐举的意图在内。三是举荐刚进士及第的王安石，希望能得到蔡襄的拔举。信中说："巩生于远，阨于无衣食以事亲，今又将集于乡学。当圣贤之时，不得抵京师而一言，故敢布于执事，并书所作通论杂文一编以献。伏惟执事，庄士也，不拒人之言者也。愿赐观览，以其意少施焉。巩之友王安石者，文甚古，行称其文。虽已得科名，然居今知安石者尚少也，彼诚自重，不愿知于人。然如此人，古今不常有。如今时所急，虽无常人千万不害也，顾如安石，此不可失也。执事傥进于朝廷，其有补于天下。亦书其所为文一编进左右，庶知巩之非妄也。"[①] 这些话，他在给欧阳修的信中也说过。但因为庆历革新很快就失败了，范仲淹、欧阳修等被逐出朝廷，用反对派人物王拱辰的话来说，庆历新政的一班人物被他们"一举网尽"了。[②] 蔡襄以就近养老为由，求请出知福州。曾巩对朝中这一重大的政治变故既震惊而又愤慨，写了一封《上欧蔡书》分别寄给欧阳修和蔡襄。信中先是引《唐书》和《贞观政要》为据，着重阐释谏官的重要作用，接着概述了欧、蔡等在朝中的贡献："致今日之治，居贞观之上。"然后以非常愤懑的口吻，谴责反对派的卑劣，这便是我们在第二章中曾征引过的那段话。曾巩用非常激烈的口气，痛斥他们"乘女子之隙，造非常之谤，而欲加之天下之大贤，不顾四方人议论，不畏天地鬼神之临己，公然欺诬，骇天下之耳目"[③]，表示对欧、蔡的支持与声援。在这些交往中，蔡襄应该是给他回了信的，但可惜这些信没见流传下来。不过，从曾巩的《答蔡正言》中可以看出，在回信中，蔡襄对他也是奖誉有加的。曾巩说："五月中，伏奉所赐手教，奖

---

① 曾巩：《上蔡学士书》，《元丰类稿》卷 15，四库全书本。

② 托克托：《宋史·苏舜钦传》，《宋史》卷 442，四库全书本。

③ 曾巩：《上欧蔡书》，清顾崧龄刻本《南丰先生元丰类稿·集外文》。

爱重叠，且日策之不已，必至乎世马之所不能至者。某材性下下，不能任此，实恐期之太过，不知其为愧且惧也。”从信中所说的“执事自言在闽，于身无不如意”[①]一句看，这时蔡襄应该是在福州知府任上了。此后，蔡襄还曾调回朝廷任职，但可能是史料散佚的缘故，现在能找到的他们后来交往的证据非常之少。这篇《答蔡正言书》,收在金代临汾刻本《南丰曾子固先生集》里，顾崧龄在集录他的集外文时也没能看到。另外，就是我们在前面提到的金程宇先生辑得的《与密学别纸启》，至于曾巩后来离开太平州任所，蔡襄是否帮了忙，因缺乏材料证据，无法确定。

曾巩和庆历名臣中交往较深的还有杜衍。杜衍也是庆历政坛的重要人物，在范仲淹推行庆历新政时，他也位至宰辅了。在王拱辰等策划的“一举网尽”新政人物的事件中，宋仁宗在反对派的压力下，想罢去范仲淹、富弼宰相之职，杜衍是一力为范仲淹、富弼申辩的。但因为这一事件中被王拱辰攻击的两个主要人物之一的苏舜钦就是杜衍的女婿，而且是范仲淹所保荐的人才，所以杜衍也被牵扯于其中。虽然反对派没有证据将他列入朋党之内，但最后他还是以尚书左丞出知兖州，又于庆历七年以太子少师致仕，退居南京（今河南商丘市）养老。当时正好曾巩奉父北上，经过南京。曾巩第一次拜见杜衍，就在这年九月。《元丰类稿》中辑录有他给杜衍的三封书信，其中《上杜相公书》开头便说:“庆历七年九月日，南丰曾巩再拜上书致政相公阁下。”[②]这封信尽管自诉不是为了干名蹈利，但还是有请求杜衍为之援引的意思在内。不过，他大概没有意识到他将在此处遭受父亲病亡的大灾难，所以信中还是阐述了对宰相在朝政中的重要作用的看法，委婉地表示了求见的意愿。杜衍应该是接见了他，因为在好些年以后，他在《谢杜相公书》中便追忆了当曾易占在南京染病暴亡时，杜衍给他的许多帮助：“伏念昔者，方巩之得祸罚于河滨，去其家四千里之远，南向而望，迅河大淮，埭堰湖江，天下之险，为其阻阨。而以孤独之身，抱不测之疾，茕茕路隅，无攀缘之亲，一见之旧，以为之托。又无至行，上之可以感人利势，下之可以动俗。惟先人之医药，与凡丧之所急，

① 曾巩：《答蔡正言》，金临汾刻本《南丰曾子固先生集》卷15。

② 曾巩：《上杜相公书》,《元丰类稿》卷15，四库全书本。

不知所以为赖。而旅榇之重大，惧无以归者。明公独于此时，闵闵勤勤，营救护视，亲屈车骑，临于河上。使其方先人之病，得一意于左右，而医药之有与谋。至其既孤，无外事之夺其哀，而毫发之私，无有不如其欲，莫大之丧，得以卒致而南。其为存全之恩，过越之义如此。”[①]这封信不记年月，但大致可以推断是在他耕读乡间，而尚未及第之前。而另一封《与杜相公书》则言明是在拜别杜衍、护送父亲的灵柩南归后的第九年："巩启：巩多难而贫且贱，学与众违，而言行少合于世。公卿大臣之门，无可藉以进，而亦不敢辄有意于求闻。阁下致位天子而归，始独得望舄履于门下。阁下以旧相之重，元老之尊，而猥自抑损，加礼于草茅之中，孤茕之际。然去门下以来，九岁于此，初不敢为书以进。”[②]以此推算，应是在至和三年（1056），这年改元为嘉祐元年，第二年他便进士及第了。也就在这年二月，杜衍去世。《元丰类稿》中辑有一首诗《上杜相公》："水为舟楫旱为霖，社稷生民注意深。岂谓便辞黄阁议，翻然求就紫芝吟。始终好古儒林士，进退忧时国老心。只为功名随日远，不令空被管弦音。”[③]此外，金代临汾刻本《南丰曾子固先生集》中也辑有《上杜相三首》，其第一首："天扶昌代得忠良，坐以材谋镇庙堂。万里声名开学校，四方根本劝农桑。从容贤路通江海，慷慨公心贯雪霜。谦让黑辕归太早，空令终古爱余芳。”[④]这些诗，都不明年月，但从内容来推测，应该都是写于他庆历七年拜识杜衍或其后的。

曾巩和上述庆历名臣的交往，比较多的还是在政治与求仕方面。他不断地用书信表达自己对他们的钦慕与尊敬，阐述自己对庆历革新所涉及的一系列重大政治问题的看法，表示自己对这一革新运动的热情支持，同时也希望能得到他们的教诲和援引。所以，从保存下来的史料看，这些交往中，并没有涉及文学创作方面的内容。真正涉及文学创作并对他有影响的，除欧阳修之外，就只有梅尧臣。严格来说，梅尧臣还称不上是庆历革新的名臣。因为，在范仲淹因上书批评吕夷简而被贬，一直到后来回朝推行庆历革新再度被贬，

① 曾巩：《谢杜相公书》，《元丰类稿》卷16，四库全书本。
② 曾巩：《与杜相公书》，《元丰类稿》卷16，四库全书本。
③ 曾巩：《上杜相公》，《元丰类稿》卷6，四库全书本。
④ 曾巩：《上杜相三首》，金临汾刻本《南丰曾子固先生集》卷3。

梅尧臣都是沉埋州县，担任一些品级极低的下层小吏，而没有机会施展其才华。不过，在当时的文坛上，他的影响却是很大的，和欧阳修并称“欧梅”；在欧、范等人的屡次被贬中，他也是站在革新派一边的，卑微的社会地位，决定了他和曾巩一样，只能用诗文给欧阳修和范仲淹他们寄去自己的慰勉和鼓励。梅尧臣到朝中等待任命是在曾巩及第的前一年即嘉祐元年。第二年，便协助欧阳修主持了嘉祐二年的科试，任编排详定官。苏轼兄弟、曾巩及其弟弟妹夫一门六人，便是在这次科考中进士及第的。

曾巩和梅尧臣开始交往，应该很早。梅尧臣《宛陵集》中有一首诗《得曾巩秀才所附滁州欧阳永叔书答意》，诗篇开头说：“客从淮上来，往问故人信。袖衔藤纸书，题字远已认。”又说到收到信时的天气：“南方岁苦热，生蝗复饥馑。”[①] 这应该是庆历七年（1047）八九月间，曾巩至滁州探望欧阳修之后，继续奉父北上而又未到汴京之前，他们应是在旅途之中错过了。欧阳修托曾巩带去了给梅尧臣的信，因为当时梅尧臣正解除许州签书判官之任，返回京师。这封信欧阳修原本是托曾巩带到京师去给他的。但到南京时，曾易占病故，曾巩只得中途折转，扶灵南下。这封信很可能是托别人带到京师去给梅尧臣的。他们的第一次相见，应是八年或九年之后。梅尧臣有《逢曾子固》一诗记述了他们相见时的情况：“前出秦淮来，船尾偶搀燕。遽传曾子固，愿欲一相见。顺风吹长帆，举手但慕羡。杨子东园头，下马情眷眷。昔始知子文，今始识子面。吐辞亦何严，白昼忽飞霰。我病不饮酒，烹茶又非善。冷坐对寒流，萧然未知倦。”[②] 朱东润先生《梅尧臣集编年校注》将此诗系于至和二年（1055），当时梅尧臣服丧期满，自宣城（今安徽宣城市）返回京城，在真州的东园和赴京应试的曾巩兄弟相遇。如果按这个说法，那么曾氏兄弟赴京应试时间便提前了两年。第二年春天，曾牟作了一首《早春》诗，梅尧臣则作了《新韵曾子进早春》，诗中有句“黄河分派应来早，白首归朝意自恬”[③]。可见这时他已经在朝中任职了。大概也就在这前后，曾氏兄弟也到了

① 《宛陵集》卷三十，四库全书本。
② 梅尧臣：《逢曾子固》，《宛陵集》卷 45，四库全书本。
③ 梅尧臣：《新韵曾子进早春》，《宛陵集》卷 49。四库全书本。

京师。入夏之后，梅尧臣还曾邀请曾巩和其他朋友到自己家中聚会，一同观赏堂前的石榴花，作了一首《和楚屯田同曾子固陆子履观予堂前石榴花》记叙此事。就在这年科试中，梅尧臣读到苏轼的卷子，特别喜欢，推荐给欧阳修，欧阳修误以为是曾巩的文章，为避嫌而故意抑为第二，及至拆卷，才知是苏轼。曾巩及第之后，欧阳修准备在家宴请曾巩，担心梅尧臣会先接受别人邀请，特地事前致信梅尧臣，希望他“见顾闲话”。[①] 这次科试中，曾巩的妹夫王无咎也同时及第。王无咎，字补之，在京师时，曾将自己的十篇文章送呈梅尧臣，梅尧臣在回信中对他和曾巩、二苏等人的文章都给予了很高的评价：“况今榜中有兄弟父子雄才奥学，若曾子固、苏轼之徒，又不可拟议，是过于唐元和之人绝甚。元和时，韩退之耳。退之于今可以当吾永叔，其李翱、皇甫湜、柳子厚，未能当吾永叔之门人也。足下亦在其门人之列。仆生于是时，得遍识而遍观其进退道德，亦以乐也。又游从于其间，为幸何如！”[②] 曾巩兄弟和苏氏兄弟在及第后都各自返乡，梅尧臣又作了《送曾子固苏轼》一诗。诗中说：“屈宋出于楚，王马出于蜀。荀扬亦二国，自接大儒躅。各去百数年，高下非近局。钩陈豹尾科，登俊何炳缛？楚蜀得曾苏，超然皆绝足。父子兄弟间，光辉自联属。”[③] 曾巩赴太平州司法参军任之后，梅尧臣也很为他沉埋下吏而感到惋惜，接连写了好几首诗以示劝勉，其中《重送曾子固》说：“楚泽多年一卧龙，新春雷雨起鳞踪。谁知天上争腾跃，偶落池中杂唫喁。且自摧藏随浪去，何当驾驭使云从？刘累只说古来有，暂屈泥蟠莫便慵。”[④] 其眷爱之深，可见一斑。

要说明的是，曾巩与之交往的这些庆历名臣，也是当时文坛上的名人。范仲淹仅以其《岳阳楼记》一文就足以名垂千古。蔡襄是著名的四大书法家之一，在诗文方面也很有成就。杜衍也很能文，只不过政治上的名声掩盖了他文学上的成就而已。至于梅尧臣，则是宋代前期诗文改革中一位极为重要

---

① 欧阳修：《与梅圣俞书》，《文忠集》卷 149，四库全书本。

② 梅尧臣：《答王甫之书》，《国朝二百家名贤文粹》卷 107，转引自李震编《曾巩资料汇编》，中华书局 2009 年版。

③ 梅尧臣：《送曾子固苏轼》，《宛陵集》卷 53，四库全书本。

④ 梅尧臣：《重送曾子固》，《宛陵集》卷 53，四库全书本。

的人物。曾巩早期诗歌之所以能顺应时代潮流，会成为宋初乃至前期诗文革新的组成部分，除直接受欧阳修的影响之外，和梅尧臣的交往，也是不可忽略的因素。

第二节　“言繇公诲　行繇公率”

——曾巩与欧阳修

庆历名臣中对曾巩影响最大的是欧阳修。欧阳修，字永叔，江西庐陵（今江西吉安市）人，既是庆历革新的重要人物，又是北宋诗文革新运动的领袖。作为江西乡贤，曾巩对欧阳修早有耳闻，而且十分仰慕。在《上欧阳学士第一书》中，曾巩便言及过对欧阳修的崇仰过程：“巩自成童，闻执事之名。及长，得执事之文章，口诵而心记之。观其根极理要，拨正邪僻，掎挈当世，张皇大中，其深纯温厚与孟子、韩吏部之书为相唱和，无半言片辞踳驳于其间，真六经之羽翼、道义之师祖也。既有志于学，于时事，万亦识其一焉。则又闻执事之行事，不顾流俗之态，卓然以体道扶教为己务。”[①] 所以，庆历元年他第一次赴京应试，便稿其文数十万言游于太学，同时投书拜见欧阳修。欧阳修读了他的文章，又见其人，深深地为他的才华和人品所震骇，同时也很敏锐地感觉到了他文章所存在的不足，决心从根本上予以疏导。这次科试，延至庆历二年才举行，曾巩落第，他深感惋惜，也因此增强了自己推动科举改革的决心。曾巩南归，他特地作了一篇赠序进行安慰，并勉励他广其学、坚其守。还写了《与余襄公书》给远在南方的余靖称赞曾巩：“广文曾生，文识可骇。云尝学于君子，略能道动静。因其行，聊书此为问。”[②] 曾巩南归之后，又写了《上欧阳学士第二书》，一是对欧阳修表示感谢：“某之获幸于左右，非有一日之素，宾客之谈，率然自进于门下，而执事不以众人待之，坐而与之言，未尝不以前古圣人之至德要道可行于当今之世者，使

① 曾巩：《上欧阳学士第一书》，《元丰类稿》卷 15，四库全书本。
② 欧阳修：《与余襄公书》，《文忠集》卷 147，四库全书本。

巩熏蒸渐渍，忽不自知其益而及于中庸之门户，受赐甚大，且感且喜。”二是将南归途中所见灾民背井离乡、流离失所的惨状报告给欧阳修。三是表示自己决不会辜负欧公的期望，将思广其学、增强修养，以报答欧公知遇之恩：“所深念者，执事每曰：‘过吾门者百千人，独于得生为喜。’及行之日，又赠序引，不以规而以赏识其愚，又嗟叹其去。此巩得之于众人，尚宜感知己之深，恳恻不忘，况大贤长者，海内所师表，其言一出，四方以卜其人之轻重。某乃得是，是宜感戴欣幸，倍万于寻常可知也。然此实皆圣贤之志业，非自知其才能与力能当之者，不宜受此。此巩既夤缘幸知少之所学，有分寸合于圣贤之道，既而又敢不自力于进修哉？日夜刻苦，不敢有愧于古人之道，是亦为报之心也。”[①] 其后，又写了《上欧阳舍人书》，书中着力阐述了他对当前国家所面临的政治形势的看法：“舍人先生：当世之急有三。一曰急听贤之为事，二曰急裕民之为事，三曰急力行之为事。”[②] 同时，向欧阳修推荐王安石。稍后，又写了《再与欧阳舍人书》，再次推荐王安石，同时又推荐了王回和王向兄弟。但这期间，因庆历革新失败，欧阳修被贬往了滁州。愤怒之余，曾巩写了我们在上文中提到的那篇《上欧蔡书》，对一班卑鄙小人进行了严厉的谴责。欧阳修去滁州后，曾巩和欧阳修的联系更为紧密。这期间，曾巩还曾致信给欧阳修，请他为祖父曾致尧撰写墓志铭，欧阳修很高兴地应允了。但对曾巩提供的自己家族的史料有所怀疑，于庆历六年写了《与曾巩论氏族书》回复，在信中便提及自己被贬滁州后曾巩和他联系的情况：“修白：贬所僻远，不与人通。辱遣专人惠书甚勤，岂胜媿也。”[③] 曾巩是在这年秋天收到欧阳修的回信和为曾致尧写的墓志铭的，但到庆历七年才回信表示感谢，这就是我们在前面谈到的那篇比较集中地反映了他的文学思想的《寄欧阳舍人书》。此外，庆历六年也进行过一次科试。但曾巩因为重病而错过了。欧阳修写了封信宽慰他：“某启：虽久不相见，而屡辱书及示新文，甚慰瞻企。今岁科场偶滞遐举，蓄德养志，愈期远到，此鄙劣之望也。某此幸自如，

① 曾巩：《上欧阳学士第二书》，《元丰类稿》卷 15，四库全书本。
② 曾巩：《上欧阳舍人书》，《元丰类稿》卷 15，四库全书本。
③ 欧阳修：《与曾巩论氏族书》，《文忠集》卷 47，四库全书本。

山州少朋友之游，日逾昏塞，加之老退，于旧学已为废失，而韩子所谓终于小人之归乎？因风，不惜远垂见教。未良会间，自重自重。”[①] 这一年，欧阳修的儿子欧阳发去滁州探望父亲，特地取道南丰去看望了曾巩。曾巩十分高兴，临别时，写了一首诗相赠。诗中表达了对欧阳发的感激：“病卧不出门，非关避尘土。深秋影虽清，孤怀共谁语？辱子问吾庐，辉如就宾庑。”又对欧阳发能去滁州看望父亲，表示发自内心的羡慕：“羡子筋骨轻，归飞得其所。从今梦无南，随子渡江橹。”[②]第二年，曾易占意外地得到朝廷的诏令赴京候任，曾巩奉父北上，中途去了滁州看望欧阳修，师生在一起相处了二十余日。曾巩又致书王安石，邀他一起到滁州来相会。王安石未能成行，他又将欧阳修对王安石文章的意见转告给了王安石。这就是见收在《元丰类稿》中的《与王介甫第一书》。曾巩离开滁州时，欧阳修还写了一封信给梅尧臣，托曾巩带到京师去给梅尧臣，这自然也有引荐的意图在内。但因曾易占行至南京（今河南商丘市）暴亡，曾巩折转南下，这封信未能直接交到梅尧臣手中。这里还有一封举荐信也需讨论，这便是《与杜正献公书七》，这是欧阳修写给杜衍的一封引荐信，在欧阳修《文忠集》中，标注为“庆历某年”，全文为：“某顿首：山僻少便，阙于修问。伏惟台候万福。进士曾巩者，好古为文，知道理，不类乡闾少年举子所为，近年文稍与，疑后进中如此人者不过一二，阁下志乐天下之英材，如巩者进于门下，宜不遗之。恐未知其实，故敢以告，伏惟矜察。”[③] 这里说的“进士曾巩”中的“进士”二字很可能有误。因为曾巩是十余年后的嘉祐二年才及进士第的，而杜衍也在他及第的这年去世，当时欧阳修已在朝中，自然无所谓“山僻少便，阙于修问”的了。所以，我以为这封信也很有可能是作于曾巩离开滁州时，而且，曾巩北上到南京之后去拜见杜衍，也很可能就是持的这封引荐信去的。

曾巩这次南归之后，在南方待了十年。这十年间，曾巩和欧阳修来往的书信没有保存下来。这期间欧阳修已离开滁州，官职也几经变换。至和元年

---

① 曾巩：《与曾舍人》，《文忠集》卷 150，四库全书本。

② 曾巩：《送欧阳员外归觐滁州舍人》，《元丰类稿》卷 3，四库全书本。

③ 欧阳修：《与杜正献公书》，《文忠集》卷 145，四库全书本。

（1054），欧阳修在《与渑池徐宰书》中，说及他参照曾巩对五代历史的看法，修改《五代史》的事。到嘉祐元年（1056），欧阳再度回朝，梅尧臣也到朝中任职。嘉祐二年科试，欧阳修知贡举，梅尧臣为编排详定官。曾巩与弟曾牟、曾布，从弟曾阜，妹夫王无咎、王彦深六人同时及第。欧阳修在家宴请曾巩，请梅尧臣作陪。及第后，曾巩被派到太平州任司法参军，据邵博《闻见后录》说，欧阳修和王安石曾多次致信太平州太守张伯玉，举荐曾巩，但张伯玉未予理睬。曾巩因为和上司不合，非常压郁。金程宇先生从《永乐大典》残卷中辑出的《与内翰给事别纸启》，按时间推断，应该是作于嘉祐五年。欧阳修在这年春天曾托曾布带给了曾巩一封信，曾巩这封《与内翰给事别纸启》是他写给欧阳修的回信。信中所谓“流落之迹，只欲退藏”，应该会使欧阳修非常难受。嘉祐六年，欧阳修上了《举章望之曾巩王回等充馆职状》举荐曾巩等，文中说：“太平州司法参军曾巩，自为进士，已有时名。其所为文章，流布远迩，志节高爽，自守不回。”“其章望之、曾巩、王回，臣今保举，堪充馆阁职任，欲望圣慈特赐甄擢，如后不如举状，臣甘当同罪。”[①]曾巩由是得以进入史馆，这既为他后来在政坛上的发展提供了一个进身的阶梯，也为他古文走向最后成熟提供了一个绝佳的创作环境。治平元年，朝廷爆发“濮议之争”，欧阳修受到王珪、吕诲、彭思永等人的激烈攻击，甚至为他们造的恶毒谣言所中伤。曾巩因为品级较低，没有资格就这事发表意见，所以没有参与朝廷上层的激烈争论。但他写了一篇《为人后议》，引经据典，为欧阳修辨诬。治平四年，蒋之奇、彭思永乘英宗去世、神宗初即帝位之机，重提二十三年前保守派诬陷欧阳修的谣言，以帷箔之私，弹劾欧阳修。这事虽被神宗查清并严惩了蒋之奇和彭思永，但欧阳修还是坚持辞去了参知政事，于这年三月出知亳州。欧阳修去亳州赴任之前，先去了颍州（今安徽阜阳）做实地考察，为自己致仕之后选一个居处。颍州各方面的条件令他非常满意。这时已是夏天，天气太热，他给曾巩写了一封信，告知相关情况，并请曾巩向打听他情况的朋友，转达因天热无法多写信的谦意，同时嘱咐曾巩“惟慎夏自爱”[②]。神宗熙宁四

① 欧阳修：《举章望之曾巩王回等充馆职状》，《文忠集》卷 112，四库全书本。
② 欧阳修：《与曾舍人书》，《文忠集》卷 150，四库全书本。

年（1071）六月，欧阳修在多次求请之后，终于得到恩准，以太子少师致仕，七月归颍州养老。这时曾巩已移知齐州，写了《寄致仕欧阳少师》一诗，诗中说："四海文章伯，三朝社稷臣。功名垂竹帛，风义动簪绅。此道推先觉，诸儒出后尘。忘机心皎皎，乐善意谆谆。大略才超古，昌言勇绝人。抗怀轻绂冕，沥恳谢陶钧。耕稼归莘野，畋渔返渭滨。"[①] 又另有一封信《与欧阳少师别纸启（一）》[②]，同时寄去了他为"濮议之争"写的那篇《为人后议》。欧阳修给他回了信。到这年秋冬之际，曾巩治理齐州已很见成效，他写了一封信给欧阳修。这封信也见之于金程宇先生所辑录的十三篇佚文中。信中说："某之疲驽，乃见处于烦剧也。以此初少休暇，为之粗修纪纲，检制奸猾。近日已来，颇似简静，日断狱讼，不过一、二事而已。殊觉优游，实为鄙拙之幸。"[③] 他想去往颍州，和欧阳修一起享受退休后优游自在的生活，但碍于职守，不敢向朝廷提出请求。欧阳修给他回了信。大概这期间曾巩还曾生了一场病，这消息也传到了欧阳修处。欧阳修在回信中说："某自归里舍，以杜门罕接人事，少便奉书。中间尝见运盐王郎中，得问动静，兼承传诲。近又闻曾少违和，急足至，辱书，喜遂已康裕。甚慰甚慰。……见谕乞颍，且止，亦佳。此时尤宜安静为得理也。"[④] 第二年，欧阳修便去世了。曾巩长歌当哭，写了《祭欧阳少师文》。祭文中说："闻讣失声，眦泪横溢。愍冥不敏，早蒙振祓。言繇公诲，行繇公率。戴德不酬，怀情独郁。西望輀车，莫持绋绋。维公荦荦，德义撰述。为后世法，终天不没。托辞叙心，曷究仿佛。"[⑤]

综观曾巩和欧阳修的全部交往，说欧阳修是曾巩的"伯乐"，是毫无疑义的。曾巩从欧阳修那里所受的影响大致有三个方面。

第一是思想品德的修养。这又来源于对增强儒学根柢的高度重视。曾巩第一次投书求见欧阳修，就直呼欧阳修为"大贤"，称赞他的文章"与孟子、

---

① 曾巩：《寄致仕欧阳少师》，《元丰类稿》卷 6。

② 金程宇：《新发现〈永乐大典〉残卷中的曾巩佚文》，《学术月刊》2004 年第 9 期。

③ 曾巩：《与欧阳少师别纸启（二）》，金程宇《新发现〈永乐大典〉残卷中的曾巩佚文》，《学术月刊》2004 年第 9 期。

④ 欧阳修：《答曾舍人》，《文忠集》卷 150，四库全书本。

⑤ 曾巩：《祭欧阳少师文》，《元丰类稿》卷 38，四库全书本。

韩吏部之书相唱和”，“真六经之羽翼、道义之师祖”，表示要像欧阳修一样“明圣人之心于百世之上，明圣人之心于百世之下”。[①] 欧阳修在给曾巩的赠序中,也称赞他“思广其学而坚其守”[②] 的决心。曾巩因病而未能参加庆历六年的科试，欧阳修在信中安慰并勉励他“蓄德养志，愈期远到”，说这是自己“鄙劣之望”。[③] 长期以来，一些学者常常将曾巩写给范仲淹和欧阳修等的信中那些谈道论性的文字，看作是他对范、欧的阿谀奉承之辞。这其实是一种很深的误解。首先，就儒家的传统观念来说，“大上有立德，其次有立功，其次有立言”[④]，立德是最为重要的。王安石第一次见欧阳修，欧阳修喜爱之余，作了《赠王介甫》一诗，诗中说：“翰林风月三千首，吏部文章二百年。老去自怜心尚在，后来谁与子争先？”[⑤] 王安石在酬答诗中则表示：“欲传道义心犹在，强学文章力已穷。他日若能窥孟子，终身何敢望韩公？”[⑥] 他这样说，不是对欧阳修将他许作李白和韩愈不满，而是表示要去追求儒家最高的道德修养目标。曾巩其实也一样，是以“明圣人之心”为己任的。此外，这种追求还和宋初的社会政治风气有关。赵宋王朝鸿业初开，李唐王朝覆亡及五代十国割据留给宋人的震撼还远没有过去。而在传统儒家那里，历来都是把天下的大乱，归咎于作为封建政权统治基础的儒家学说地位的动摇，宋初“半部《论语》治天下”的文官政治，又大大地加深了他们重建一座金碧辉煌的儒学大厦的强烈意愿。恢复道统，以巩固新兴的封建政权，也便成了文人们一种自觉的精神追求。和政治上的这种需求有关，在文学上，重建一种健康向上的文风，以适应表现新兴王朝鸿业初开的盛世气象，也就势所必然了。而加强文人自我的道德修养，则是这种健康文风建设中至关重要的因素。曾巩以“蓄道德而能文章”作为优秀作家的标准，正是来源于这种社会需求。所以，将曾巩对欧阳修、范仲淹的赞许简单地视作因求援引而写的奉承文字，

① 曾巩：《上欧阳学士第一书》，《元丰类稿》卷 15，四库全书本。
② 欧阳修：《送曾巩秀才序》，《文忠集》卷 42，四库全书本。
③ 欧阳修：《与曾舍人书》，《文忠集》卷 150，四库全书本。
④ 《左传·襄公二十四年》，《春秋左传注疏》卷 35，四库全书本。
⑤ 欧阳修：《赠王介甫》，《文忠集》卷 57，四库全书本。
⑥ 王安石：《奉酬永叔见赠》，《临川文集》卷 22，四库全书本。

是一种很肤浅的认识。

第二，是政治上的援引。还在曾巩及第之前，欧阳修就引荐他结识了范仲淹、梅尧臣、杜衍、余靖等庆历名臣。这都为提高他在政界和文坛的知名度做了相当坚实的铺垫。这种援引，更体现在他后来的求仕道路上。实在说，如果没有欧阳修嘉祐二年的知贡举，没有他对科举考试的大刀阔斧的改革，曾巩恐怕还真得如他咏诸葛亮的诗中所说的“平日将军不三顾，寻常田里带经人”①，一辈子都得在陇亩之中度过了。如果没有欧阳修的一力荐举，他也还得在太平州小吏一类的下层职务上“折节奔走，悉力于米盐之末务”②，而不可能有校书史馆的机遇。尽管后来欧阳修被迫离开朝廷，曾巩从此彻底地失去了朝中权臣的支持，一如苏轼所说：“翁今自憔悴，子去亦宜然。”③但校书史馆的经历，毕竟成就了他散文创作的又一段辉煌，而且也成了他后来在仕途上进一步发展的一个重要的阶梯。

第三，便是文学上的疏导。关于这一点，我们在前面已经说得很详细了。这里要特别说明的，是以下两点。其一，是这种疏导大致来说分前后两个阶段。从庆历元年曾巩首次见欧阳修开始，到庆历七年在滁州两人再次相会为第一阶段。这一阶段的疏导主要在“广其学而坚其守”，增强其儒学修养方面。这是从根本上增厚其文章内在底蕴、摧抑其慓鸷奔放的盛气的最好方法。第二阶段则是从滁州相会开始，欧阳修的疏导似乎更侧重于篇章结构的开廓、语言的焠炼和自身特点的培养等方面。曾巩在给王安石的信中说的“少开廓其文，勿用造语及摸拟前人”，“孟、韩文虽高，不必似之也，取其自然耳”。④虽然是转达欧阳修对王安石文章的意见，但曾巩自己从中悟到的东西似乎还更多一些。这些，都从根本上为他后来“立言于欧阳修、王安石间，纡徐而不烦，简奥而不晦，卓然自成一家”奠定了基础。这种疏导，除了我们在前面说到过的结构上的纡徐婉曲和内涵上的底蕴深厚之外，还有一点很重要的是文章注重于情韵的表达。宋代的李涂论欧阳修说：“此老文字，遇感慨处

① 曾巩：《孔明》，《元丰类稿》卷 6，四库全书本。
② 曾巩：《与王深甫书》，《元丰类稿》卷 16，四库全书本。
③ 苏轼：《送曾子固倅越得燕字》，《东坡全集》卷 2，四库全书本。
④ 曾巩：《与王介甫第一书》，《元丰类稿》卷 16，四库全书本。

便精神。"[1] 对曾巩，历来在评价时，都以为他醇于儒而不讲究情韵内美。其实，这也是一种比较肤浅的看法。说他不长于此，不及欧阳修文章那样情灵摇荡、感慨遥寄，还大致合乎实际。但以为他完全不注重情韵，则大不然。他的文章，之所以不像理学家文章那样板滞、那样类同于语录体的散缓零碎，而和其余大家一样，极具审美价值，原因就在这里。欧阳修《新五代史》的序论和论赞，历来都被认为是欧文中最有代表性的文字。曾巩的一些文章也是如此。如《殿中丞监扬州税徐君墓志铭》。唐末大乱，天下进入五代十国的分裂时期，杨行密占有淮南，海州人徐温因辅佐有功，其后人也得以荫封，荣华富贵，世莫能比。但没过多少年，后唐灭亡，徐氏家族也随之败落。曾巩这篇墓志铭，没有按墓志铭通常的格式先叙述墓主的姓名、官职、爵里等内容，再叙述其生平事迹，而是直接叙述这段历史变故，最后附以铭辞。文章在叙述完徐氏家族的盛衰之变后，接着议论说：

方徐氏之先，与杨氏俱起东南，收其土地而有之。遭行密子弱，徐氏实任其国。至昪，遂代吴。而徐氏子孙，亦皆据士民之上，有王公之势，于其一时富贵之际，岂非盛哉！百年之后，其世凌迟，至于徐君，遂死而无以葬，葬于异姓之孙。盛衰之变，何其速也！然自前世，无不皆若此。富贵之不可以久恃，亦何必异也？而世之不安其命者，方枉义挈挈以觊幸其偶得之者，又惴惴恐失之，是真可以常处也哉？

由家族的盛衰而论及历史的兴废，在感慨低回的咏叹中，淋漓尽致地抒发自己面对人世间的沧桑变化而引起的深刻思考，缠绵悱恻，情韵浓郁，而又笔力矫劲。如果以之与欧阳修《新五代史》中那些序论文字相比，是一点也不逊色的。而正是这种底蕴深厚、婉曲纡徐、缠绵劲折、简洁流畅的文字，使他的文章广为世人所称赞。他也因此而得以挤身于"唐宋八大家"之列。

---

① 李涂：《文章精义》，四库全书本。

第三节　“太阿犹恨失龙泉”

——曾巩与王安石

曾巩交游中的另一位重要人物，是王安石。他们两人之间的来往情况及政见分歧，我们在前面已多所涉及，本节拟在此基础上做一些补充叙述。

曾、王两家其实是姻亲。这中间有两个家族是起了纽带作用的。第一个是金溪吴氏。金溪与临川和南丰均为邻邑，在抚州和建昌地区，金溪吴氏也是一个文化底蕴极其深厚的家族。欧阳修常将之与曾巩并提的吴生(吴孝宗)，就是这个家族的人。王安石有一篇《河东县太君曾氏墓志铭》，说及过曾、王、吴三家之间的关系。文中说：“尚书都官员外郎临川吴君讳某之夫人、河东太君南丰曾氏尚书吏部郎中赠右谏议大夫讳某之子。”“年七十四，终于寝。有子四人：芮，秘书丞；蕡，亳州录事参军；其次蕃、蒙，曾出也。皆进士……某实夫人之外孙。”[①] 这位“吴君”即金溪人吴敏，宋太宗淳化三年(992)进士，官尚书都官员外郎。“河东县太君曾氏”为其继室，是曾致尧之女、曾巩的姑母。曾巩的生母吴氏也是金溪吴氏之女。王安石《曾公夫人吴氏墓志铭》：“夫人吴氏，太常博士南丰曾君之配，世家临川，二十四归曾氏，三十有五以病终。子男三：巩、牟、宰。女一。”[②] 曾巩为王安石的父亲王益作的墓志铭中，也说及这层关系。文中说：“王氏其先太原人，世久迁徙，而今家抚州之临川。公讳益，字舜良……以疾卒于官，享年四十六。母谢氏，封永安县君。娶徐氏。又娶吴氏，封长寿县君。子男七人：曰安仁、曰安道、曰安石、曰安国、曰安世、曰安礼、曰安上。女一人，嫁张氏。”[③] 这里说的吴氏，即吴畋的女。吴畋，吴敏之弟。王安石的母亲称曾巩的姑姑为伯母，所以王安石在《河东县太君曾氏墓志铭》中说“某实夫人之外孙”。再往后，王安石又娶了吴芮的女儿为妻，所以，除了外孙这层关系之外，王安石其实还是曾氏夫人的孙女婿。曾王两家又有直接的姻亲关系，曾巩的三妹嫁给了王安石的弟弟王安

① 王安石：《河东县太君曾氏墓志铭》，《临川文集》卷100，四库全书本。

② 王安石：《曾公夫人吴氏墓志铭》，《临川文集》卷100，四库全书本。

③ 曾巩：《尚书都官员外郎王公墓志铭》，《元丰类稿》卷44，四库全书本。

国。王安国，字平甫。曾巩《祭王平甫文》说："念昔相逢，我壮子稚。间托婚姻，相期道义。"[①]另一个家族是江都（今江苏扬州）朱氏。朱氏家族的朱明之为王安石的妹夫。朱明之，字昌叔，皇祐元年进士，官至大理少卿，而曾巩的继母朱氏夫人则是朱明之的堂姐。曾易占的墓志铭出自王安石之手，朱氏夫人的墓志则出自其弟王安礼之手。此文王安礼《王魏公集》失收，见录于南丰曾氏收藏的《续修曾文定公族谱》。

曾巩和王安石在少年时期其实没有交往，这大概和王安石长期随父在外有关。但祖辈和父辈之间这种错综复杂的姻亲关系，无疑使他们之间存在一种先天性的亲密情感。庆历元年他们在京城相遇之后，在相当长的一段时间内，两人的关系几乎是亲密无间的。

这从两个方面可以得到印证。

首先是两人互为对方的先人作墓志铭。墓志的写作从来都是一件非常严肃、庄重的事，用曾巩的话来说，便是"其辞之作，所以使死者无有所憾，生者得致其严"，"苟托之非人，则书之非公与是，则不足以行世而传后"。[②]曾致尧的神道碑铭是曾巩请欧阳修写的，而其墓志铭和其妻黄氏的墓志铭则是请王安石写的。此外，曾易占的墓志铭、曾巩生母吴氏的墓志铭，甚至《河东县太君曾氏墓志铭》等，也都是出自于王安石的手笔。而王安石祖母、父亲王益、母亲吴氏的墓志铭则都是曾巩所作，这种相互请托次数的密集，足见两家和两人关系的密切。而他们又都是当时文坛的名家，其社会影响之大，可想而知。

其次是诗书往来，互为勉励与声援。曾巩落第南归时，受到一些人的讥讽与嘲笑，甚至还有恶毒的谣言和恶意的谤伤。王安石写了《赠曾子固》《答子固南丰道中所寄》《答王景山书》《答段逢书》等诗文为之辨诬。《答子固南丰道中所寄》说："吾子命世豪，术学穷无闲。直意慕圣人，不问闵与颜。彼昏何为者？诬构来嘤嘤。"表示自己十分敬佩曾巩："爱子所守卓，忧予不能攀。永矢从子游，合如扉上镮。"还邀请曾巩去淮南："相期东北游，致馆

① 曾巩：《祭王平甫文》，《元丰类稿》卷 38，四库全书本。
② 曾巩：《寄欧阳舍人书》，《元丰类稿》卷 16，四库全书本。

淮之湾。”[①] 但曾巩因家事羁绊而未能成行。庆历三年，王安石回乡探望祖母，在临川待了三个多月。这期间两人相聚，十分相得。曾巩在京应试时，不知是什么原因。没有和其兄曾晔住在一起，这事为一些人所诟病。王安石大概也觉得不妥，对他进行了委婉的批评和劝告，曾巩也很虚心地接受了。曾巩后来追忆这次相聚说："维时南风熏，木叶晃繁碧。颓云走石濑，逆坂上文艖。欣闻被檄来，穷阎驻镳轼。促榻叩其言，咸池播纯绎。行身抗渊损，及物窥龙稷。绸缪指疵病，攻砭甚针石。浅沚有停沙，亦可洗珠璧。论忧或共嚬，遇惬每同蛰。”[②] 此前，曾巩曾写过一篇题为《怀友》的文章。此文《元丰类稿》和金临汾刻本《南丰曾子固先生集》《圣宋文选》《南丰文粹》等都失收，见辑于吴曾《能改斋漫录》中。文中说，自己自小就好学，但因为没有遇到理想的朋友，所以虽然勤奋，却一直未达于圣人之道。直到遇见了王安石，才遇到了一位能使自己"望中庸之域，其可以策而及之"[③] 的朋友。王安石返回扬州时，作了一篇《同学一首别子固》送给曾巩，文中就提到这篇《怀友》，并谈到向淮南的朋友孙侔推荐曾巩一事，并称赞两人都是"贤人"。

王安石回淮南后，社会上对曾巩的谤伤还一直未曾停息。王安石的朋友王景山，是位见闻未广而又很武断的人，他认为欧阳修、尹洙、蔡襄很会写文章，很是崇敬。但他其实对江南文士并不真正了解，便武断地认为江南士大夫"无能文者"，并举了曾巩和李觏为例，写信给王安石说了这一看法。王安石回信说："足下又以江南士大夫为无能文者，而李泰伯、曾子固豪士，某与纳焉。江南士大夫良多，度足下不遍识，安知无有道与艺闭匿不自见于世者乎？特以二君概之，亦不可也。况如某者，岂足道哉？恐伤足下之信，而又重某之无状，不敢当而有也。孔子曰：'十室之邑，必有忠信如丘者。'圣人之言如此，唯足下思之而已。"[④] 此外，就是我们在前面提到过的对段逢诋毁曾巩言论的严辞批驳。王安石说："惠书以所闻诋巩行无纤完，其居家

① 王安石：《答子固南丰道中所寄》，《临川文集》卷13，四库全书本。

② 曾巩：《寄王介卿》，《元丰类稿》卷2，四库全书本。

③ 曾巩：《怀友》，转录自吴曾《能改斋漫录》卷14，四库全书本。

④ 王安石：《答王景山书》，四库全书本《临川文集》卷77"足下又以江南士大夫为无能文者"一句脱"无"字，此据上海人民出版社点校本《王文公文集》补。

亲友惴畏焉，怪某无文字规巩，见谓‘有党’。果哉足下之言也？巩固不然。巩文学论议，在某交游中不见可敌。其心勇于适道，殆不可以刑祸利禄动也。父在困厄中，左右就养无亏行，家事铢发以上皆亲之，父亦爱之甚，尝曰：‘吾宗敝，所赖者此儿耳。’此某之所见也。若足下所闻，非某之所见也。”对曾巩避兄而居一事，王安石也在文中做了解释，指出其中另有原因，劝人们不要去做捕风捉影的猜测。并且说，曾巩当时的做法可能确实有些不妥，自己回乡探亲时，也批评过他了，“巩闻之则瞿然”，并多次表示了改过的诚意。王安石认为，这种不掩盖过失、不固执己见的品德，正是曾巩贤德的证明。信的最后还十分尖锐地规劝段逢应“自重”，“毋轻议巩”。①

曾巩对王安石也如此。还在庆历二年王安石进士及第、而曾巩落榜时，曾巩就多次向欧阳修、蔡襄举荐王安石，在举荐信中，甚至给出了这样高的评价：“如此人，古今不常有。如今时所急，虽无常人千万不害也，顾如安石，不可失也。先生傥言焉进之于朝廷，其有补于天下。”② 皇祐五年，朝廷征召王安石入京为集贤校理。王安石没有接受征召，接连上了两篇《辞集贤校理状》进行推辞。又写了《上欧阳永叔书》，申诉家有婚嫁丧葬诸事不宜就任馆职之意。这原本也是很正常的事，但却有人诬诋他是政治诓诈。曾巩写了《答袁陟书》为王安石辨诬，信中说：“辱书说介甫事，或有以为矫者，而叹自信独立之难，因以教巩，以谓不仕未为非得计者……然介甫者，彼其心固有所自得，世以为矫不矫，彼必不顾之，不足论也。”③ 大概是相距遥远的缘故，曾巩不清楚王安石辞不赴馆职的确切原因，但基于自己对王安石的了解，他对这些流言蜚语根本就不相信，所以会这样义正辞严地回击这些人对王安石的毁谤，以维护朋友的名誉。嘉祐五年，王安石入京为三司度支判官，在宋仁宗的支持下，开始推行变法。但即便是一些小小的措施，也遭到了强烈的抵制，一时间舆论汹汹，朝野哗然。他将自己的担心写信告诉了曾巩。曾巩接信后，立即写了《与王介甫第二书》，表示对变法的支持，并为变法设计

---

① 王安石：《答段逢书》，《临川文集》卷 75，四库全书本。
② 曾巩：《上欧阳舍人书》，《元丰类稿》卷 15，四库全书本。
③ 曾巩：《答袁陟书》，《元丰类稿》卷 16，四库全书本。

了一份“路线图”:“先之以教化而待之以久”,指出王安石现在正处于一个“最能取于人以为善”的有利地位，建议王安石“务于达人言而广视听”，[①]不要操之过急，要考虑周密，详细的意见，待见面后再陈述。

可惜的是，他们在变法路线和策略上的分歧，最后成了曾巩自求外任、远走东瓯的原因之一。这个过程，我们在前面已经说过了，此处不予赘述。这里要讨论的，是曾巩的自求外任，责任是否全在王安石？以及曾巩的转徙七州，是否是曾、王关系的终结？此外，就是如何看待曾巩十二年外任回朝后对新法和王安石的评价？

先说第一个问题。毋容讳言，和王安石的政见分歧，是曾巩自求外任的重要原因。但如果我们综合其他材料来做一个全面的考察，便会发现，其中的情况要复杂得多。苏轼在曾巩离京去越州赴任时写的那首送别诗中，所以会将他的出走和欧阳修的外任联系在一起，说“翁今自憔悴，子去亦宜然”，“但苦世论隘，聒耳如蜩蝉”，[②]并且借贾谊和乐毅的被人谗毁来暗示曾巩的外任是有人中伤所致，这不是没有根据的。我们在前面说到的杨绘的进谗就是明显的证据。杨绘弹劾曾公亮时，就直言不讳地说，曾公亮用曾巩为史官是为了报私恩,致使神宗取消了委任曾巩知史馆的计划。这可以见之于《宋史·杨绘传》的记载：“曾巩为史官，绘争曰：‘公亮持国，名器视如己物。向者公亮官越，占民田，为郡守绳治。时巩父易占亦官越，深庇之。用巩，私也。’帝为寝其命。”[③]从根本上讲,曾巩是王安石变法主张的坚决支持者。这一点，也就决定了他必然会招致反对派的忌恨。但在具体的变法路线和策略上与王安石的分歧，又使他不得意于变法一派。而欧阳修此时又远离了朝廷，处于两难之中的曾巩,在朝中完全失去了权臣的庇护。在这样的情势下,自求外任，应该说是一个既不得已而又不失为明智的选择。曾巩离京外任，馆阁同僚曾为其饯行，王安石的态度如何呢？《临川文集》中有两首诗，题为《寄曾子固二首》：

---

① 曾巩：《与王介甫第二书》,《元丰类稿》卷 16，四库全书本。
② 苏轼：《送曾子固倅越得燕字》,《东坡全集》卷 2，四库全书本。
③ 托克托：《宋史·杨绘传》,《宋史》卷 322，四库全书本。

严严中天阁，霭霭层云树。为子望江南，蔽亏无行路。平生湖海士，心迹非无素。老矣不自知，低回如有慕。伤怀西风起，心与河汉注。哀鸿相随飞，去我终不顾。

崔嵬天门山，江水绕其下。寒渠已胶舟，欲往岂无马？时恩缪拘缀，私养难乞假。低回适为此，含忧何时写？吾能好谅直，世或非诡诈。安得有一廛，相随问耕者。[①]

20世纪80年代以来的曾巩研究中，这两首诗常常被认为是曾巩首次赴试不第离京南归时，王安石写的送行诗。这很可能是一种误解。其实，李壁《王荆公诗注》关于这两首诗的写作年代就已有考辨。李壁据第一首的首句“严严中天阁，霭霭层云树”推测，第一首应是王安石在馆阁时所作；又据后一首的“崔嵬天门山，江水绕其下”推测，第二首应作于曾巩未仕之前游学明州时，因为天门山在明州。李壁注第一首诗说：“疑此诗公在馆中时作也。‘严严中天阁’为指秘阁而言。”又注第二首说：“《九域志》：明州东门山，《汉·地理志》所谓天门山也。”“子固以元丰元年十二月差知明州，未几改亳。兼公时在钟山，此诗必子固未第游学至明时。”[②] 仔细研读原诗，我倒是觉得，李壁的看法既有一定的道理，但又仍值得商榷。首先，李壁以为两诗非作于同时是对的。合在一起，只是编辑上的问题。其次，李壁以“严严中天阁，霭霭层云树”两句推断与馆阁有关，也是有道理的。但不是说王安石自己，我理解应是指曾巩。因为曾巩离开史馆去任越州通判是在熙宁二年秋天，这时王安石已任参知政事，而且他从来就没有在馆阁任职过。所以这首诗我以为应是为曾巩出走东瓯而作的。如果这个推测正确，那么，这首诗应是表达了王安石当时极其复杂而沉重的心情的。事情闹到这个地步，王安石也是很不愿意看到的，“为子望江南，蔽亏无行路”，“哀鸿相随飞，去我终不顾”。至于第二首所说的天门山应是指安徽当涂的东西梁山，即李白诗“天门中断楚

① 王安石：《寄曾子固二首》，《临川文集》卷6，四库全书本。
② 李壁：《王荆公诗注》卷6，四库全书本。

江开,碧水东流至此回”[①]所说的那个天门山。后来陆游作《入蜀记》在第二卷中写过当涂东西梁山时，就举到过李白《望天门山》和王安石的这首诗。据此推论，这第二首就应是作于曾巩在太平州任上时。只不过后人编《临川文集》时误编在一起了。

其次，是曾巩通判越州以后曾、王的交往。这一问题，我们在前面的叙述中也旁及到了。总体来说，这期间，曾巩和王安石的关系是比较微妙的。从一些诗文来看,曾巩在外任期间,和王安石还一直保持着联系,但相对来说，远没有早年那样亲密无间了。现存文献资料中，没有保留他们为此事来往的书信。不过,《临川文集》中有《偶成二首》却是值得认真讨论的。诗说:“渐老偏谙世上情，已知吾事独难行。脱身负米将求志，戮力求田岂为名？高论颇随衰俗废，壮怀难值故人倾。相逢始觉宽愁病，搔首还添白发生。”“怀抱难开醉易醒，晓歌悲壮动秋城。年光断送朱颜去，世事栽培白发生。三亩未成幽处宅，一身还逐众人行。可怜蜗角能多少？独与区区触事争。”[②]这两首诗,在李壁《王荆公诗注》中是分开编排的,其卷三十一虽题为《偶成二首》,其实只辑录了第二首，第一首则编在补遗之内。李壁没有考辨这两首诗确切的写作时间，但从所谓“渐老偏谙世上情，已知吾事独难行”“高论颇随衰俗废”“三亩未成幽处宅，一身还逐众人行”等诗句来推断，我以为应该是在第一次罢相之后，他已经强烈地预感到变法很难继续下去，但短期内又似乎还不能停止，所以还得随潮流而动。有意思的是，他后来将这两首诗的诗意合二而一，作了一首《寄曾子固》:“斗粟犹惭报礼轻，敢嗟吾道独难行。脱身负米将求志，戮力乘田岂为名？高论几为衰俗废，壮怀难值故人倾。荒城回首山川隔，更觉秋风白发生。”[③]在变法受挫、谤议纷然的情势下，在压抑的心态中，他很想和曾巩见面，一吐怀抱，宽解愁闷。这应该是反映出了他期望和解的诚意。

熙宁九年，王雱病故。老年丧子，这在社会人情来说，都是值得同情的

① 李白:《望天门山》,《李太白文集》卷18，四库全书本。
② 王安石:《偶成二首》,《临川文集》卷20，四库全书本。
③ 王安石:《寄曾子固》,《临川文集》卷24，四库全书本。

事。但守旧派却弹冠相庆，并造出许多恶毒的谣言来攻击王安石。这中间最恶毒的是下面几则笔记所记录的内容。一是邵伯温《闻见录》中的两则："元泽（王雱字元泽）性险恶，凡荆公所为不近人情事，皆雱所教。……一日盛暑，荆公与（程）伯淳对语，雱囚头跣足，手携妇人冠以出，问荆公曰：'所言何事？'荆公曰：'以新法数为人沮，与程君议。'雱箕踞以坐，大言曰：'枭韩琦、富弼之头于市，则新法行矣。'荆公遽曰：'儿误矣。'伯淳正色曰：'方与参政论国事，子弟不可预，姑退。'雱不乐去。伯淳自此与荆公不合。""荆公在钟山，尝恍惚见雱荷铁枷杻如重囚。荆公遂施所居半山园为寺，以荐其福。"[①] 另一是《孙公谈圃》所录："张靖言：荆公在金陵，未病前一岁，白日见一人上堂再拜，乃故群牧吏，其死也已久矣。荆公惊问何故来？吏曰：'蒙相公恩，以待制（王雱）故来。'荆公怆然，问雱安在？吏曰：'见今未结绝了。如要见，可于某夕幕庑下，切勿惊呼，唯可令一亲信者在侧。'荆公如其言。顷之，见一紫袍博带据案而坐，乃故吏也。狱卒数人，枷一囚自大门而入，身具桎梏，曳病足立廷下，血污地。呻吟之声，殆不可闻，乃雱也。雱对吏云：'告早结绝。'良久而灭。荆公几失声而哭。"[②] 这些诬蔑之辞有的固然是出于王安石去世以后，但无可怀疑，它们都是从当时流传下来的。曾巩没有卷入这些无耻的倾轧和诬蔑之中。他写了一篇《祭王元泽文》，表示哀悼。这篇文章不见于《元丰类稿》，收录在金代临汾刻印的《南丰曾子固先生集》中。文中有三处提到王安石，都是以"相君"尊称之。对王安石的老年丧子，表示了真切的同情："相君白首，陨泪悲创。归公朝夕，曰予天丧。"[③]

这种交往一直持续到他们的晚年。我们在前面说到的曾纡《南游记旧》中，关于曾巩病卧金陵、生命垂危时，王安石为之延医治疗，且日造其卧，探望和安慰一事就是明证。曾纡是曾布的儿子，这则史料有相当的可靠性。所以，旧说他们"始合终睽""凶终隙末"是不符合实际的。以此推论，曾巩临终时就在曾巩身边的王安石，不可能没有丧吊文字，但现存史料中却找不到，

① 邵伯温：《闻见录》卷 11，四库全书本。
② 刘延世：《孙公谈圃》卷中，四库全书本。
③ 曾巩：《祭王元泽文》，金临汾刻本《南丰曾子固先生集》卷 34。

这很可能与当时的政治气候有关系。《临川文集》为后人所辑录而非出自己手，余漏散佚甚多，这一点，余嘉锡先生《四库提要辨证》已论述得很详细。而曾氏家族方面未见集录，则可能和当时的政治氛围有关。曾巩去世时，宋神宗和王安石虽然都还在世，但也都是风烛残年了。整个政局虽然还没出现太大的动荡，但以后的基本走向应该是可以感觉出来了。曾巩去世后的几年内，朝廷上下便开始蕴酿着对变法运动进行大规模的清算。他死后不足两年，神宗驾崩，哲宗即位，司马光拜相，"更先朝法度，去安石之党，士多讳变所从"[①]，朝野上下，笼罩着浓重的大清洗的政治气氛。第二年四月，王安石也在忧愤中去世了。张舜民在《哀王荆公》的四首诗中，非常真实地描述了王安石去世时的哀吊状况："门前无爵罢张罗，玄酒生刍亦不多。恸哭一声唯有弟，故时宾客合如何？"又说："乡闾匍匐苟相哀，得路青云更肯来？""今日江湖从学者，人人讳道是门生。"面对这种世态炎凉，张舜民甚至很愤慨地说："若使风光解流转，莫将桃李等闲栽。"[②]张舜民此说不是耸人听闻，上引《宋史·陆佃传》的记载也可印证。在这样一种政治氛围下，作为曾深深卷入熙宁变法的曾氏家族，不可能不承受着沉重的政治压力。这是因为曾巩和曾布原本就是变法革新的积极参与者和支持者，守旧派要清算他们是完全可以找到借口的。但另一方面，他们和王安石又有分歧，后来甚至受到变法派的打击和排挤，不得不辗转州郡，沉埋下僚。这又有可能使他们成为守旧派笼络的对象。大体上说，他们是处在一种两可的微妙境地里。我们稍微梳理一下留存下来的关于曾巩的哀吊文字，只有沈辽、林希、苏辙、释道潜、孔武仲、陈师道和秦观等不多的几个人。所有这些人官阶品级都不高，而且之所以参与哀吊，还可能和他们与曾氏家族的交谊有关。沈辽是曾巩的好友，曾受知于王安石，常以诗与苏轼、曾巩、黄庭坚等相唱和，是当时著名的书法家之一，1970年南丰曾巩墓出土《曾巩墓志铭》，就是他书丹的。林希和曾巩是儿女亲家，曾巩长子曾绾娶林希女为妻。上世纪七十年代以前，一直说曾巩墓志作者叫孙固。但出土墓志证明，曾巩墓志就是林希写的。苏辙所以有哀吊文字，

① 托克托：《宋史·陆佃传》，《宋史》卷343，四库全书本。
② 张舜民：《哀王荆公》，《画墁集》卷4，四库全书本。

除他和曾巩是朋友之外，更为主要的原因，恐怕也是出于苏、曾两家的姻亲关系。苏辙和曾肇也是儿女亲家，曾肇次子曾纵娶了苏辙的第五个女儿为妻。释道潜是僧人，也是曾巩、苏轼的朋友，作为当时著名的诗僧，他和政治没有太大的关联。孔武仲父亲和曾巩是世交，孔氏兄弟曾师事曾巩。曾巩知齐州，孔武仲任齐州州学教授。所以孔武仲应是曾巩的门生故吏一类。至于陈师道和秦观，也曾师事曾巩，属门生晚辈。如果我们从这个角度来看待这些哀吊者，便更容易看出曾巩的丧葬场面是非常冷落的。在这种情势下，曾氏后人或门生后学在整理其文集时，有意隐去了王安石的哀吊文字，也是完全有可能的。

其三，是如何看待曾巩回朝后对王安石和新法的评价。陈师道《后山谈丛》中记录了曾巩和宋神宗的一段对话："子曾子初见神宗，上问曰：'卿与王安石布衣之旧，安石何如？'对曰：'安石文学行义不减扬雄，然吝，所以不及古人。'曰：'安石轻富贵，非吝也。'对曰'非此之谓。安于有为，吝于改过。'上颔之。"邵博《邵氏闻见后录》也有类似记载。这则材料后来被《宋史》所采用，写入了《曾巩传》中。但曾巩自己在《移沧州过阙上殿札子》中，又称赞神宗"有出于数千载之大志，变易因循，号令必信。使海内观听，莫不奋起；群下遵职，以后为羞。可谓有能行之效。今斟酌损益、革敝兴坏、制作法度之事，日以大备。非因陋就寡、拘牵常见之世所能及也。继一祖四宗之绪，推而大之，可谓至矣。"[①] 在20世纪80年代以来的曾巩研究中，学界有人认为，前一则记闻纯属谣传，是司马光等反对变法的一派对曾巩和王安石的恶意毁谤。而后者则是曾巩为了求得神宗的欢心，以便能回朝任职而写的阿谀之辞。

这些看法我以为是很值得商榷的。深层地来看，这两则材料都反映了同一个问题，就是晚年的曾巩对王安石推行的这场变法的具体估价。首先我们来看第一则材料。陈师道是曾巩的学生，这则记录应该不会有误。再仔细品味曾巩的话，他其实没有贬低王安石的意思在内，所谓"文学行义不减扬雄"，其实是很明白地包含了对其品德的充分肯定在内的。至于"吝于改过""所

① 曾巩：《移沧州过阙上殿札子》，《元丰类稿》卷30，四库全书本。

以不及古人”，也只是一个比较客观的评价而已。无论如何都是得不出曾巩贬抑王安石或反对派贬抑曾、王的结论的。第二则材料虽有上呈给皇帝的奏疏，因而不免于说些客气话的因素在内，但从根本上讲，还是反映出曾巩的真实态度。他并不全盘否定新法乃至整个变法革新运动。他还是主张在这基础上，实事求是地纠正新法推行过程中的失误，将变法运动继续进行下去。而他对变法的肯定，其实也是对王安石的肯定。这和阿谀奉承或在朝言朝不能等同。事实上，他在《福州上执政书》等文章中，就多次说过类似的话。如“伏惟吾君，有出于数千载之大志，方兴先王之治，以上继三代。吾相于时，皆同德合谋，则所以待天下之士者岂异于古”[①]？这里所说的“吾相”未必是指王安石，但对熙宁变法的评价，与《移沧州过阙上殿札子》则是完全一致的。《二程外书》有一段话，现今所有曾巩研究论文、论著和资料汇编都没有注意到。原文说：“王介甫与曾子固巩善，役法之变，皆曾参酌之。晚年亦相睽。伊川常言：今日之祸，亦是元祐做成。以子瞻定役法，凡曰元丰者皆用意更改。当时若使子固定，必无损益者。又是他党中，自可杜绝后人议也。因其睽，必能变之。况又元经他手，当知所裁度也。此坐元祐术故也。”[②]二程对王安石变法也是持批评态度的，但这段话却是说得很客观的。

曾、王之间，除政治上的这些是是非非、分分合合之外，还有一个方面是文学上的交往。前面我们已介绍过他转达欧阳修对王安石文章的意见与评价，此处不复赘述。曾文的峻洁古奥也多少受了王安石的影响，曾巩早期文章和王安石原本就有相似之处，这大概与当时文坛形势有关。庆历元年，曾、王定交，曾巩初读王安石之文，便为之倾倒：“始得读君文，大匠谢刀尺。”“寥寥孟韩后，斯文大难得。嗟予见之晚，反复不能释。”[③]作为慷慨任气的少年朋友，又都欲行古道于天下，都企望在风云际会的政治舞台上有大的建树，他们想借助文章来阐述自己的政治见解和主张，文章中鼓荡着一股博辩凌厉的盛气，闪耀着难以掩抑的赫赫光焰，是合乎情理的。他们互相欣赏，互为

① 曾巩：《福州上执政书》，《元丰类稿》卷16，四库全书本。
② 朱熹：《二程外书》卷12，四库全书本。
③ 曾巩：《寄王介甫》，《元丰类稿》卷2，四库全书本。

推崇，也是很正常的。王安石后来的文章较之早期要舒缓从容，但总体上讲，这种盛气还是保持到了晚年。曾巩则在欧阳修的疏导下，在外表上收敛起了这种灼人的光焰，但这不等同于完全抛弃，而是潜气于内，这终于成为了调理因熔式经诰、方轨儒门而带来的散缓拖沓的有效因素，使文章在纡徐婉曲中，显得矫健劲折。既融入了王安石文章古奥峻洁的长处，又扬弃了他的过于斩截与峭拔，在阴柔之中保持了某种程度上的阳刚的特点。这种改造与融合，是很成功的。

第四节 “屈宋出于楚　王马出于蜀”

——曾巩兄弟与三苏父子

在北宋科举史上，嘉祐二年注定是要以人材济济而被载入史册的。其所选拔的政治人才且不论，单就文学而言，这一榜就选拔出了“唐宋八大家”的三大家。这除了令主考官欧阳修喜悦异常之外，作为协助欧阳修主持这次科考的梅尧臣也是很高兴的，特地写了一首诗《送曾子固苏轼》，在诗中由衷地赞叹说：“屈宋出于楚，王马出于蜀。荀扬亦二国，自接大儒躅。各去百数年，高下非近局。钧陈豹尾科，登俊何炳缛？楚蜀得曾苏，超然皆绝足。父子兄弟间,光辉自联属。古何相辽阔？今何相迩续？”[①] 曾巩和三苏的相识是在考试之前还是之后，史无载记，但曾巩和苏氏兄弟作为同榜进士，又有欧阳修和梅尧臣这层关系，也从此而结下了很深的情谊。

三苏中，曾巩和苏洵的交往，现见史料中没有记载。但他们曾见过面是可以肯定的。至庆历七年为止，苏洵曾参加过三次科举考试，都没有取得功名，此后便一直希望通过朝中重臣举荐，以别的方式进入仕途。但这条路他走得很不顺利，一直到晚年，朝廷才给了他一个非国家正式编制的职务“秘书省试校书郎”，后来得韩琦的帮助，“扶正”了一下，任命为霸州文安县主簿，留在京城修《礼书》。英宗治平三年（1066）四月卒于京师。苏轼兄弟

① 梅尧臣：《送曾子固苏轼》,《宛陵集》卷53，四库全书本。

扶灵回乡安葬，并请欧阳修为作墓志铭，曾巩为作哀辞。曾巩在哀辞中说："明允，姓苏氏，讳洵，眉州眉山人也。始举进士，又举茂才异等，皆不中。归，焚其所为文，闭户读书，居五六年，所有既富矣，乃始复为文，盖少或百字，多或千言，其指事析理、引物托喻，侈能尽之约，远能见之近，大能使之微，小能使之著，烦能不乱，肆能不流。其雄壮俊伟，若决江河而下也；其辉光明白，若引星辰而上也。其略如是。""嘉祐初，始与其二子轼、辙，复去蜀游京师，今参知政事欧阳公修为翰林学士，得其文而异之，以献于上。既而欧阳公为礼部，又得其二子之文，擢之高等。于是三人之文章，咸传于世，得而读之者，皆为之惊，或叹不可及，或慕而效之。"①不是对苏洵其人其文十分熟悉和理解，是做不出如此深刻准确的评价的。

苏轼是"三苏"中和曾巩交往最多的一个。在嘉祐二年的科试中，欧阳修曾将苏轼的试卷误认为是曾巩的卷子，为避嫌，故意将其抑为第二名。这件事记载在苏辙为苏轼作的墓志铭里。而苏轼的这份试卷见收在《东坡全集》卷四十中，曾巩的试卷《元丰类稿》失收，被保存在金代临汾刻本《南丰曾子固先生集》卷十一中。及第之后，由于欧阳修、梅尧臣的关系，他们互相钦敬，开始了亲密的交往。陈长方《步里客谈》记载了一件事："陈师锡伯修作《五代史序》，文词平平。初，苏子瞻以让曾子固，曰：'欧阳门生中，子固先进也。'子固答曰：'子瞻不作，吾何人哉？'二公相推未决，陈奋笔为之。"②欧阳修《新五代史》成书于宋仁宗皇祐五年，但只是个初稿，欧阳修在给梅尧臣的信中便说过："闲中不曾作文字，只整顿了《五代史》，成七十四卷，不敢多令人知，深思吾兄一看，如何？可得极有义类，须要好人商量。此书不可使俗人见，不可使好人不见。奈何！奈何！"③又在《与渑池徐宰无党》中说："五代史昨见曾子固议，今却重头改换，未有了期。"④这两封信都作于皇祐五年，后四年的嘉祐二年苏轼和曾巩才进士及第并相识。显然，为《新五代史》作序一事，应是在他们及第之后。治平三年，苏洵去

① 曾巩：《苏明允哀词》，《元丰类稿》卷41，四库全书本。
② 陈长方：《步里客谈》卷下，四库全书本。
③ 欧阳修：《与梅圣俞》，《文忠集》卷149，四库全书本。
④ 欧阳修：《与渑池徐宰无党》，《文忠集》卷150，四库全书本。

世，苏轼、苏辙回乡守丧，在翻检家中旧书时，翻到苏洵整理的苏轼祖父苏序的生平材料，想起苏洵当初本有请曾巩为作墓志铭的意愿，于是从四川眉山老家给曾巩写了一封信，托附此事。信中说:"伏念轼逮事祖父，祖父之没，轼年十二矣。尚能记忆其为人。又尝见先君欲求人为撰墓碣，虽不指言所属，然私揣其意，欲得子固之文也。京师人事扰扰，而先君亦不自料止于此。呜呼！轼尚忍言之？今年四月，轼既护丧还家，未葬，偶与弟辙阅家中旧书，见先君子自疏录祖父事迹数纸，似欲为行状未成者，知其意未尝不在于此也。因自思念，恐亦一旦卒，然则先君之意，永已不遂，谨即其遗书，粗加整齐为行状，以授同年兄邓君文约，以告于下执事，伏惟哀怜而幸诺之。"[①] 曾巩答应了这一求请，写了《赠职方员外郎苏君墓志铭》，文中对苏氏家族称赞有加:"君之季子洵，壮犹不知书，君亦不强之，谓人曰:'是非忧其不学者也。'既而洵果奋发力学，与其子轼、辙，皆以文学名天下，为学者所宗。盖虽不用于世，而见于家、称于乡里者如此。"[②] 在居丧期间，苏轼还曾致书曾巩，引荐四川姓黎和姓安的两位年轻文士来京城拜见曾巩，后来黎生选任江陵府参军，临别时，曾巩写了一篇赠序相送，文中说:"赵郡苏轼，余之同年友也。自蜀以书至京师遗余，称蜀之士曰黎生、安生者。既而黎生携其文数十万言，安生携其文亦数千言，辱以顾余……二生固可谓魁奇特起之士，而苏君固可谓善知人者也。"[③] 苏轼居丧期满回到京师，又和曾巩同任馆职，直到熙宁二年曾巩通判越州为止。曾巩离京时，馆阁同僚为其饯行，苏轼作了我们在前面提到过的那首诗《送曾子固倅越得燕字》，诗中透露出了曾巩自求外任与欧阳修的被排挤出朝廷之间有某种联系，对曾巩的出走表示出非常惋惜之情。元丰六年，曾巩在金陵病逝，社会上却流传着一则苏轼和曾巩同一天去世的消息，以致神宗皇帝都亲自询问其事。后来苏轼自己在笔记中记述了这件事:"吾昔谪黄州，曾子固居忧临川，死焉。人有妄传吾与子固同日化去，且云如李长吉时事，以上帝召他（也）。时先帝亦闻其语，以问蜀人蒲宗孟，且

① 苏轼 :《与曾子固》,《东坡全集》卷 72，四库全书本。
② 曾巩 :《赠职方员外郎苏君墓志铭》,《元丰类稿》卷 43，四库全书本。
③ 曾巩 :《赠黎安二生序》,《元丰类稿》卷 13，四库全书本。

有叹息语。”[1] 可见这则谣传连神宗也相信了。

苏辙和曾巩的直接交往应该也是很多的。但流传下来的只有在曾巩去世后写的一篇挽词。在挽词中，他给了曾巩以相当高的评价：“少年漂泊马光禄，未路骞腾朱会稽。儒术远追齐稷下，文词近比汉京西。平生碑版无容继，此日铭诗谁为题？试数庐陵门下士，十年零落晓星低。”[2] 这里涉及到曾巩坎坷的生平经历、深厚的儒学修养、杰出的文学才能，乃至对欧门弟子纷纷下世的哀感等许多方面。这些评价是很准确的。

这里还有一点也是必须说及的，那就是曾氏家族其他人和苏氏兄弟的关系。在对待新法的问题上，苏氏兄弟相对来说显得要保守一些，而曾氏兄弟则和这场变法革新运动有着比较密切的关系，但这并没有影响到他们的交往。在变法之初，曾布曾是王安石的得力助手，但后来遭到吕惠卿的谗毁而被贬斥，和曾巩一样，辗转于州府任上。或许是这一原因，在王安石二次罢相之后，他还曾一度被召回朝中，但又因为拒绝按司马光等的意思修改新法，被再度外放，此后起起落落，晚年还一度拜相。这些经历，使他的处境比苏氏兄弟相对要好些，因而也有可能在力所能及的情况下，给他们一些政治上的庇护和帮助。苏轼给曾布的信件，在《东坡全集》中只保留了三篇，而在《苏文忠公全集》中则辑录了十三篇，《东坡全集》所收录的三篇全在内。第一篇作于登州还朝时期，信中说：“某启：流落江湖，晚复叨遇。惟公知照，如一日也。”又说：“违阔以来，思仰日深。辱书教，伏审履兹秋凉台候万福，欣慰之极。二圣思治，求人如不及，公岂久外？惟千万为国顺时自爱。”[3] 苏轼元丰二年（1079）因“乌台诗案”而入狱，一年之后，捡了一条命而被流放到黄州，到元丰八年（1085）起用为登州知府，到任五天又被召入朝为尚书礼部郎中，元祐元年（1086）升任中书舍人。曾布也于元祐八年还朝，升任户部尚书，但因为拒绝修改新法中的免役法，得罪了司马光，出为太原府知府。从这封信来看，在此之前，苏轼曾得到过曾布的帮助，至于是否是在“乌

① 苏轼：《志林》，《东坡全集》卷 101，四库全书本。
② 苏辙：《曾子固舍人挽词》，《栾城集》卷 13，四库全书本。
③ 苏轼：《答曾子宣》（其一），《苏文忠公全集》卷 50，明万历刻本。

台诗案”中，就不得而知了。对曾布的外任，苏轼也是给了发自内心的安慰的。其余十二篇有十一篇作于在翰林院任职时，内容包括举荐朋友、请曾布谋取山西名贵草药以及日常问讯等。其中谈得最多的，是曾布托他作一篇“塔记”，他因事太多，一拖再拖，未能动笔：“塔记非敢慢，盖供职数日，职事如麻，归即为词头所迫，率常以半夜乃息，五更复起，实未有余力。”[①]信中多次说到曾布“远赐手教”[②]之类的话，可见曾布也是常有书信给他的。这十三封信的最后一封，是哲宗绍圣元年（1094）苏轼在党争中再次受到打击，被贬往英州（今广东英德）时，当时的形势是黑云压城，许多人都避而远之，曾布却去信安慰。苏轼怀着由衷的感激，回信说：“某本不敢通问，特承不鄙废放，手书存问，乃敢裁谢万一。”[③]信中告诉曾布，塔记已然写好，来不及寄上，只好待到哪天流放结束得以北归时再抄奉。元符元年（1098），蔡京等阴谋杀害元祐党人，计划派当年迫害曾巩的吕升卿和酷吏董必前往岭南等地。这时曾布已经回朝，上疏劝阻。此事可见之于李焘《续资治通鉴长编》和陈均《九朝编年备要》的记载：“上曰：‘祖宗未尝诛杀大臣，今岂有此？’布曰：‘然则何必遣使也？况升卿兄弟与轼、辙乃切骨仇雠，天下所知。轼、辙闻其来，岂得不震恐？万一望风引决，朝廷本无杀之之意，使之至此，岂不有伤仁政？兼升卿凶焰，天下所畏。又济之以董必，此人情所以尤惊骇也。”[④]曾布的劝阻得到哲宗的赞许，朝廷终于没有派出吕升卿等前往岭南，是曾布在关键时刻保全了苏轼兄弟的性命。

曾肇和苏辙的关系也是很密切的，苏辙知制诰，代朝廷起草的曾易占告词、曾肇任中书舍人的告词，对曾氏家族和曾氏兄弟，也是赞誉有加的。苏辙和曾肇还是儿女亲家，这种联姻也在某种程度上增强了两大家族的关系。

在文学创作上，宋六家都有很高的成就，相互之间也是各有其特点和短长。具体到曾巩和三苏，情况也一样。这种比较，早在南宋，朱熹就做过了。朱熹说：“东坡文字明快，老苏文雄浑，尽有好处。如欧公、曾南丰、韩昌

① 苏轼：《答曾子宣》（其七），《苏文忠公全集》卷 50，明万历刻本。
② 苏轼：《答曾子宣》（其四），《苏文忠公全集》卷 50，明万历刻本。
③ 苏轼：《答曾子宣》（其十三），《苏文忠公全集》卷 50，明万历刻本。
④ 李焘：《续资治通鉴长编》卷 495，四库全书本。

黎之文，岂可不看？”“文字到欧、曾、苏，道理到二程，方是畅。荆公文暗。”“欧公文章及三苏文，好处只是平易说道理，初不曾使差异底字换却那寻常底字。”又说：“欧公文字敷腴温润。曾南丰文字又更峻洁，虽议论有浅近处，然却平正好。到得东坡，便伤于巧，议论有不正当处，后来到中原见欧公诸人了，文字方稍平。老苏尤甚。大抵已（以）前文字都平正，人亦不会大段巧说，自三苏文出，学者始日趋于巧。”“东坡文说得透，南丰亦说得透，如人会相论底，一齐指摘说尽了。欧公不尽说，含蓄无尽意又好。”[①]朱熹对王安石的评价，有他作为理学家的偏见在内，但就大体而言，还是很有见地的。实际上，和王安石、三苏比，曾巩早期文章的慓鸷奔放和他们的风格很相像。到后来，则各自趋于成熟，各有各的风貌。三苏早期的文章，受战国纵横家文章的影响很大。李涂说：“苏门文字，到底脱不得纵横气习。”[②]又以苏洵最为突出。苏洵长于论，所作大体分两类。一是为打通仕途而作的那些策论，博辩淋漓，纵横迭宕，是典型的纵横家文字。另一类是写给当朝权臣求请援引的书信，也往往写得感慨低回，但也还是有议论恣肆的特点。他去世早，当二苏、曾、王等风格发生转变时，他已经不在人世了。苏辙早期文章受父亲的影响很大，也是汪洋恣肆、淋漓酣畅的，后期则变得淡泊而疏荡，予人以一种秀美而纤弱的强烈印象。一如茅坤所说，“其奇峭处不如父，其雄伟处不如兄，而其疎宕袅娜处，亦自有一片烟波，似非诸家所及。”[③]曾巩后期的文章，一改前期如三军朝气、猛兽之抉怒那种特点，既不像老苏的恣肆与粗豪，也不似小苏的秀美纤弱，而是古雅平正、潜气于内，于婉曲纡徐之中，显示出缠绵劲折的特点。在成就方面，较老苏和小苏都要略高一些。但和苏轼比，其成就则明显不及。朱熹曾将曾巩与苏轼两人的文章做过比较，说：“南丰文却近质。他初亦只是学为文，却因学文渐见些子道理，故文字依傍道理做，不为空言，只是关键紧要处也说得宽缓不分明，缘他见处不彻，本无根本工夫，所以如此。但比之东坡，则较质而近理。东坡则华艳处多。”又说：“看

① 《朱子语类》卷139，四库全书本。
② 李涂：《文章精义》，四库全书本。
③ 茅坤：《唐宋八大家文钞》卷152，四库全书本。

他（苏轼）也只是据他一直恁地说将去，初无布置，如此等文字，方其说起头时，自未知后面说甚么在……如退之、南丰之文，却是布置。某旧看二家之文，复看坡文，觉得一段中欠了句，一句中欠了字。”[①] 这里涉及两个问题。一是文与质的区别，二是结构是否严谨。朱熹认为曾巩文章“近质”，但“质而近理”，原因在于他是“依傍道理做”，但又往往在“关键紧要处”“说得宽缓不分明”，这是因为他在“道理”即儒学学说方面修养不够，“本无根本功夫”。但比苏轼要好，苏轼的文章“华艳处多”。其次，曾文严于布置，结构和措辞都很严谨。苏轼则不然，“只是据他一直恁地说将去”，所以不及曾巩。应该说，朱熹对曾、苏二人文章特点的看法还是准确的。但他在进行水平高下的评判时，所使用的标准却是不恰当的。他全然是以理学家的眼光来看待文学的。他尽管看出了曾巩文章“依傍道理做”这一特点，但还是认为曾文的儒学功底不足。在宋明两代的学者中，朱熹是唯一的一位不肯以醇儒许曾巩的人。正因为带有这样的偏见，所以对苏轼的文章他就更不喜欢。事实上，苏轼的文论，是融合了老庄与佛学的思想及观照方法在内的。也正因为如此，在创作中，就更注重追求“随物赋形”“姿态横生”的艺术境界。这正是苏轼的诗文高出其他人的地方。曾巩则不然。曾巩一直固守着儒家传统的艺术观念，“镕式经诰，方轨儒门”[②]。并且把这种艺术特点发展得更为完美，更为成熟，最后形成了自己独特的艺术风格。但如果以之和苏轼相比，其成就的高下则是显而易见的。不过，一如苏轼在论书法时所说：“短长肥瘠各有态，玉环飞燕谁敢憎？”[③] 在文学上其实也一样。欧阳修的情灵摇荡也罢，苏轼的姿态横生也罢，曾巩的纡徐典雅也罢，以及王安石的峭拔刚健、老苏的博辩凌厉、小苏的淡泊疏荡也罢，都是很成功的艺术风格。正是这一批不同风格特点的文章大家同时崛起于宋代文坛，终于形成了波澜壮阔的北宋诗文革新运动，将文学创作推向了高潮，成为了风雅大宋的一个重要标志，也为中国古代文学留下了许多不朽的篇章。

---

① 《朱子语类》卷 139，四库全书本。

② 刘勰：《文心雕龙 · 体性》，《文心雕龙》卷 6，四库全书本。

③ 苏轼：《孙莘老求墨妙亭诗》，《东坡全集》卷 3，四库全书本。

第五节　“振拔崎岖长者心”

——曾巩与文坛新秀

除了和政界名臣及文坛大家的交往外，曾巩因其成就与名声，还影响了一批文坛新人，他们都曾以这样那样的方式求学于曾巩，曾巩对他们也是倾情相待，予以帮助和扶持。这些新秀中最主要的有陈师道、秦观、张耒、晁补之、释道潜、刘弇和“临江三孔”。

陈师道、秦观、张耒和晁补之也是苏轼的学生，与黄庭坚、李廌并称为“苏门六君子”，但这并不妨碍他们与曾巩的交往。

陈师道，字履常，一字无已，彭城（今江苏徐州）人。他一生都穷困潦倒，到晚年才由苏轼荐举，为徐州教授。他在诗歌创作方面取法黄庭坚，诗风因而接近于“江西诗派”，被后人尊为“江西诗派”的“三宗”之一。但在文章写作方面，则是学曾巩的，而且学得很有成就。

陈师道见曾巩，是在曾巩知襄州时。其《送邢居实序》说：“吾年如生时，见子曾子于江汉之间，献其说十余万言，高自誉道，子曾子不以为狂，而报书曰‘持之以厚’。吾之不失其身，子曾子之赐也。”① 又在《答晁深之书》中说：“始，仆以文见曾南丰，辱赐以教曰：‘爱子以诚，不知言之尽也。’仆行方内，才得此尔。”② 江西诗派的另一位青年诗人江端礼曾向陈师道请教作文之法，陈师道则极力推重曾巩，并以江端礼无缘师从曾巩为憾事：“仆之不敏，勤无成能，惟于修文，略无师法。愧无异闻，虚辱盛意。若曰量子以为教，如医之量药以当病，如工之量才以当用，子曾子盖能之矣，仆非其任也。嗟乎！子之不逢夫子也。”③ 他的文集中，还保留有两首和曾巩酬唱的诗歌《和南丰先生西游之作》《和南丰先生出山之作》。估计也应是作于在襄州时期，可惜曾诗已经散佚了。曾巩去世，陈师道哀伤不已，除了作挽词二首之外，还写了《妾薄命》二首以示悼念：“主家十二楼，一身当三千。古来妾薄命，事

---

① 陈师道：《送邢居实序》，《后山居士文集》卷16，上海古籍出版社影印南宋绍兴刻本。
② 陈师道：《答晁深之书》，《后山居士文集》卷10，上海古籍出版社影印南宋绍兴刻本。
③ 陈师道：《答江端礼书》，《后山居士文集》卷10，上海古籍出版社影印南宋绍兴刻本。

主不尽年。起舞为主寿，相送南阳阡。忍着主衣裳，为人作春妍。有声当彻天，有泪当彻泉。死者恐无知，妾身长自怜。”“叶落风不起，山空花自红。捐世不待老，患妾无其终。一死尚可忍，百岁何当穷？天地岂不宽？妾身自不容。死者如有知，杀身以相从。向来歌舞地，夜雨鸣寒蛩。”陈师道在诗题下自注“为曾南丰作”[①]。《妾薄命》是乐府杂曲，他是借乐府古题来抒发对老师的感激与悼念的。在《观兖文忠公家六一堂图书》中他说：“生世何用早？我已后此翁。颇识门下士，略已闻其风。”又说：“向来一瓣香，敬为曾南丰。”[②]他没能见到欧阳修，但从作为欧阳修“门下士”的曾巩他们那里了解到了欧公的风采。他将一瓣心香，献给了曾巩。他为自己能师从曾巩而自豪。

陈师道从曾巩那里所受的影响，除了自守励志的精神和不同流俗的耿介风骨之外，还有文学上的修养。曾巩和他初次相识时，和欧阳修初识曾巩、苏轼、王安石时一样，很为他的文才所惊骇，“许其必以文著，时人未之知也”[③]。曾巩也可谓是能知人的了。尽管后来陈师道在诗歌领域成了“江西诗派”的大家，以致诗掩文名，但他在古文写作方面的成就还是很令人瞩目的。《朱子语类》有一段话，是记载朱熹与弟子谈论曾巩指导陈师道作文一事的：“广又问：‘后山文如何？’曰：‘后山煞有好文字，如《黄楼铭》《馆职策》皆好。’又举数句，说‘人不怨暗君怨明君’处，以为说得好。广又问：‘后山是宗南丰文否？’曰：‘他自说曾见南丰于襄、汉间，后见一文字说南丰过荆襄，后山携所作以谒之。南丰一见爱之，因留款语。适欲作一文字，事多，因托后山为之，且授以意。后山文思亦涩，穷日之力方成，仅数百言。明日以呈南丰，南丰云：‘大略也好，只是冗字多，不知可为略删动否？’后山因请改窜，但见南丰就坐，取笔抹数处，每抹处连一两行，便以授后山。凡削去一二百字，后山读之，则其意尤完，因叹服，遂以为法，所以后山文字简洁如此。’”[④]朱熹所说，还仅限于简洁一个方面，实际上曾文纡徐典重、儒雅博厚、包蕴密

① 陈师道：《妾薄命》，《后山居士文集》卷1，上海古籍出版社影印南宋绍兴刻本。

② 陈师道：《观兖文忠公家六一堂图书》，《后山居士文集》卷1，上海古籍出版社影印宋绍兴刻本。

③ 谢克家：《后山居士集叙》，《后山居士文集》卷首，上海古籍出版社影印南宋绍兴刻本。

④ 《朱子语类》卷139，四库全书本。

致等特点，同样为陈师道所取法。他的大部分文章，都像曾文那样往往据六经之言以立论，按六经的精神对所记或所论事物进行极细致的阐发，在结构上又包蕴严密、层次了然。从某种意义上讲，在和曾巩接触最为密切的一辈文坛新秀中，陈师道是最得了曾巩文章技巧的精髓的一个人。所以，曾巩还请他为父亲曾易占写了《光禄曾公神道碑》。

陈师道对曾巩的诗歌创作不是很赞许，在《诗话》中转录过社会上所谓“曾子固短于韵语”[①]的话。他是从作家很少有“全才”的角度来记录社会上这种评论的，应该说这是文学创作中最为常见的现象。不过，他之所以会这样看，很可能还和他在诗歌创作方面的审美取向有关。他之师事曾巩，主要是在古文方面。而于诗，则是效法黄庭坚的。他说过：“仆于诗，初无法师，然少好之，老而不厌，数以千计。及一见黄豫章，尽焚其稿而学焉。豫章以为譬之奕焉，弟子高师一着，仅能及之，争先则后矣。仆之诗，豫章之诗也。”[②]黄庭坚认为杜甫不长于文，而韩愈不工于诗：“诗文各有体，韩以文为诗，杜以诗为文，故不工尔。”[③]陈师道完全继承了黄庭坚这一观点。他说：“学诗当以子美为师，有规矩故可学。退之于诗，本无解处，以才高而好耳。”又说：“退之以文为诗，子瞻以诗为词，如教坊雷大使之舞，虽极天下之工，要非本色。”[④]而曾巩前期的诗歌，正是沿着欧阳修所倡导的学韩的路子而来的，陈师道不很欣赏也就在情理之中了。但这只是文学审美取向的不同而已，和他们的交往并不矛盾。

“苏门六君子”中另一位和曾巩有交往，同时也评价过曾巩诗歌的是秦观。秦观字少游，他们相识与交往的具体过程，没有详细的记载。现在所能看到的，一是曾巩去世时，他写了《曾子固哀词》悼念，后来又在给朋友的一首唱和诗中，对曾巩做了这样的描述：“昔者曾中书，门户实难瞰。笔势如长淮，初源可觞滥。经营终入海，欲语焉能暂？斯人今则亡，悲歌风惨憺。”[⑤]他对曾巩诗歌的评价，见于苏轼《题跋》的记载：“秦少游言：‘人才各有分限。

① 陈师道：《诗话》，《后山集》卷 23，四库全书本。
② 陈师道：《答秦觏书》，《后山集》卷 9，四库全书本。
③ 陈师道：《诗话》，《后山集》卷 23，四库全书本。
④ 陈师道：《诗话》，《后山集》卷 23，四库全书本。
⑤ 秦观：《次韵邢敦夫秋怀十首》之三，《淮海集》卷 2，四库全书本。

杜子美诗冠古今，而无韵者殆不可读；曾子固以文名天下，而有韵者辄不工。此未易以理推也。”① 和陈师道一样，他也是从“人才各有分限”的角度来看待这一问题的。

“苏门六君子”中和曾巩有过交往的还有张耒和晁补之。张耒，字文潜，他只是在曾巩由明州移知亳州的路上匆匆见了一面，但对曾巩却是怀着深深的敬意的。他有一篇《书曾子固集后》详细地叙述了他们交往的过程：“元丰二年夏，曾公自四明守亳，道楚，予时自楚将赴河南寿安尉，始获以书拜公于行次。公得予书，甚喜也。谓予曰：‘我与子皆泝汴而西，能从我行乎？’时予舟无挽兵，为予求之甚力。公又曰：‘我行驶非子能及也，子至永城，当缆舟，陆走一日至亳，为旬日会也。’公遂行。后予病六十日，至永城病未愈，不能骑，因永城令寓书于公。六年，予罢寿安尉，居洛，而文（闻）公卒。为文一篇，将祭公于河（江）南。而成都范祖禹梦得，自言尝为公举，亦欲为文以祭，谓予有往江南者，约同祭之。而是岁，予家多事，自洛来陈。明年又走淮南，未克祭也。八年四月公弟翰林公自建昌起京师，予谒见于咸平，知公已葬南丰。或客可寓以祭者，当书所为文，一吊公之墓焉。其意之所欲，则具之文矣。”② 晁补之则比张耒要幸运得多。晁补之字无咎，山东钜野人。在北宋，晁氏家族不只是名门望族，更是著名的文学世家。晁补之是曾巩妻子晁文柔的堂侄。他结识曾巩，很可能是在曾巩通判越州时期，当时其父晁君成任浙江上虞县县令。他和曾巩的妹夫关景晖交厚，和曾肇也交往密切。他的文集《鸡肋集》中有一首题为《子固席上雪得芰字》的诗，可见在曾巩召集的文人聚会中，他也是与会者。曾巩知齐州时，曾建北渚亭。二十一年之后，晁补之也至齐州任太守，作了一篇《北渚亭赋》，他在赋序中说：“北渚亭，熙宁五年集贤校理南丰曾侯巩守齐之所作也。盖取杜甫《宴历下亭诗》以名之，所谓‘东藩驻皂盖，北渚凌清河’者也。风雨废久，州人思侯，犹能道之。后二十一年，而秘阁校理南阳晁补之来承守之。侯于补之，丈人行。

① 苏轼：《题跋·记少游论诗文》，《苏轼文集》卷 68，中华书局 1986 年排印本。
② 张耒：《书曾子固集后》，《张右史文集》卷 47，四库全书本。

辱出其后，访其遗文故事，靡有存者。”[1]和苏氏兄弟来往密切的诗僧道潜，也和曾氏兄弟有很深的交往。道潜，法名参寥子，在北宋文坛上也是一位才华横溢、名满天下的诗人。道潜集中保留有他赠给曾巩的诗两首，其一说:“文章炜烨动当时，隽乂虽多不并驰。解激颓波旋往古，独怜夫子抱青规。山川淑气真能感，宇宙雄名岂浪垂？未信长途老天马，行看蹴踏上瑶池。”[2]曾巩去世，他也作有挽诗，自称曾巩的门人:“命世高标见实难，狂澜既倒赖公还。学穷游夏渊源际，文列班扬伯仲间。落落声尘随逝水，滔滔论著在名山。凄凉四海门人泪，想对秋风为一潸。”[3]对曾巩也是评价很高的。

和曾巩交往密切的还有“临江三孔”的孔文仲、孔武仲、孔平仲。“三孔”，江西临江军人，因为区域划分上的变迁，当代学者或说是今新余，或说是新淦，或说是清江，其实现在属于江西的峡江县。“三孔”在当时的文坛上也是声名鹊起的年轻作家。曾巩和“三孔”的交往导源于“三孔”的父亲孔延之。孔延之，字长源，是孔子四十六世孙。曾巩参加乡试时，是由孔延之考择的。孔延之去世后，曾巩在《祭孔长源文》中说:“维我与公，绸缪平昔。诗书讨论，相求以益。我试于乡，自公考择。弥久弥亲，情隆意获。”[4]又应孔氏兄弟之托，为作墓志铭。这一层关系，延及于其后代，所以“三孔”也得到过曾巩许多关照和帮助。还在孩提时期，曾巩就给他们做过启蒙教育。曾巩知齐州，孔武仲时任齐州州学教授，和曾巩的来往就更密切了。后来，孔武仲在《祭曾子固文》中说:“惟公文为世表，识在人先。愤道之息，志于必传。”又说:“我少方蒙，公发其源。长仕岱阴，从以周旋。决疑辨惑，一语不捐。或钩其细，毫积丝联。或究其大，苞方括圆。面奖所是，夺其不然。粗若有之，公赐多焉。”[5]在齐州期间，孔武仲经常和同僚陪同曾巩游宴唱和，“最惭佳客忘形契，肯伴衰翁着屐行”[6]。曾巩还特地向朝廷举荐孔武仲，为此孔武仲写了《谢曾学士

① 晁补之:《北渚亭赋》,《鸡肋集》卷 2，四库全书本。
② 道潜:《赠子固舍人》(其一),《参寥子诗集》卷 3，四库全书本。
③ 道潜:《曾子固舍人挽辞》(其一),《参寥子诗集》卷 4，四库全书本。
④ 曾巩:《祭孔长源文》,《元丰类稿》卷 38，四库全书本。
⑤ 孔武仲:《祭曾子固文》,《清江三孔集》卷 19，四库全书本。
⑥ 曾巩:《雪后同徐秘丞皇甫节推孔教授北园晚步》,《元丰类稿》卷 6，四库全书本。

举升擢启》。文中说："伏蒙知府学士举某才行堪任升擢者，猥被甄收，迄无称副。退而自省，悸不能安。""夫何鲰生，独荷大赐，敢不激昂美意，步骤远图？施设事功，已难任于济世；养完素履，尚无负于知人。"①曾巩在齐州时，孔平仲任近邑密州州学教授，曾到齐州拜访曾巩。曾巩和他整日整夜交谈。曾巩有二十一首题咏齐州风景的诗篇，他一一唱和。孔平仲对曾巩的知遇之恩也非常感激，写了《上曾子固》一诗给曾巩，诗中说："海邦穷僻想知音，疋马春风入岱阴。千里山川忘道远，一门兄弟辱恩深。发扬底滞先生德，振拔崎岖长者心。更以诗篇壮行色，东归胜挟万黄金。"②曾巩和诗说："园池方喜共追寻，正是槐榆夹路阴。双烛纵谈樽酒渌，一枰消日纸窗深。波涛万字惊人笔，尘土千钟异俗心。佳句从来知寡和，愧将沙砾报黄金。"③"三孔"和曾肇也有密切的交往。到元祐间，"三孔"还和苏轼、苏辙同任馆职，黄庭坚便曾将他们和苏轼兄弟相并论，有过所谓"二苏上连璧，三孔立分鼎"，"天不椓斯文，俱来集台省"④的赞誉。他们终于没有辜负曾巩的辛勤培养和殷切期望。

在这批追慕曾巩的青年才俊中，还有一位刘弇。刘弇，字伟明，安成（今江西安福）人。刘弇自小就很尊敬曾巩，而且很喜爱曾巩的文章。当然，这中间也带有对江西乡贤的推崇这一因素在内。他原想去京师拜访曾巩，不知是什么原因没有成功。直到曾巩知襄州，他又不辞劳苦，赶到襄阳去求见曾巩。他崇拜曾巩及求见的过程，可见之于他上呈给曾巩的两封书信的记载。《上知府曾内翰书》中说："始某为儿童时，闻江西文章之盛，近世所未有，初未之信也。"成年之后，才知道此言并非溢美，"文章之盛，则未始不在吾江西也。于是尝试叩其姓氏，则不过三数人而已。则同郡欧阳公、临川王文公、而阁下曾公也。某虽不言，心独异之。后数年始游京师，至则尽得阁下与二公之文，伏而读之，遂以前日所闻者为幸（信）然，而恨不得即乎其人也。"⑤

① 孔武仲：《谢曾学士举升擢启》，《清江三孔集》卷12，四库全书本。
② 孔平仲：《上曾子固》，《清江三孔集》卷24，四库全书本。
③ 曾巩：《和孔平仲》，《元丰类稿》卷7，四库全书本。
④ 黄庭坚：《和答子瞻和子由常父忆馆中故事诗》，《山谷集》卷3，四库全书本。
⑤ 刘弇：《上知府曾内翰书》，《龙云集》卷21，四库全书本。

在《上曾子固先生书》中又说:“因一介行李之间，北走京师，亟欲拔置门下，使与贤子弟游。故虽弇亦以为他日之愿望，诚有在于是者，不可以无偿也。冒不测之汝汉，走千余里之襄阳，于斯时也，去入谒之艰，无门屏之伺，一朝而足迹接焉，顾不幸哉？脱或泯默自同乎众人，则阁下当谁与进者？谨因藉手次一二具之，录耶？弃耶？惟命是听。入冒台严，俯伏待罪。”①

刘弇崇拜曾巩，和陈师道一样，也在为人与为文两个方面：“某犹为此纷纷者独何耶？徒以有意乎阁下之为人，而又尝亲诵其文也。”他最早读到的，是曾巩在馆阁整理旧籍时写的那些序文，而后再及于其他。在对曾巩文章做了一番细致的钻研揣摩之后，他对曾巩的文学思想有比较深入的理解，但在接受曾巩的主张时，又做了一些过于偏颇的阐发。他认为，“言”与“文”在体现其社会作用上其实还是有很大差距的，“言”在表达上有很多局限，“惟其形容之不能写精微之，不能尽中有以类万物之情，外有以贯万物之变，旁有以发其耳目之聪明，而截然自造于性命道德之际，此言之所以不可已，而文章所为作也”。这和曾巩在讨论“良史”和优秀作家的标准时所说的那些话，有很多相通的地方。刘弇也认为在文学的发展过程中，存在一个“道统”“文统”合一的问题。他说：“盖自孟子以来，号著书者甚众，而汉独一扬雄而已。唐自元和间复得韩愈、柳宗元之徒，垂千百年，历三四人，至吾宋而又得夫所谓三人者，何其作之鲜耶？”他所说的“三人”即欧阳修、王安石和曾巩。他是将这个“统”延续到了江西三家身上的。他也特别强调作家道德修养对文章写作的作用，但又过于强调了这种作用，这终于导致了他在将韩、柳和曾巩相比时，对他们文学成就的高下做出了不恰当的评价:“然二子之文，其宏壮伟丽虽足以家自为名，而求列于后世，顾其间不能无憾，而若有所待者亦岂少哉？至于阁下之文则不然，纡徐容与，优游平肆。其析理精，其寓意微，其序事详且密，而独驰骋于百家之上。浑浑乎其深也，暨暨乎其壮也，謷乎其似质而无当于用也，韬乎其与物逝而不主于故常也，沈乎其若浮，敛乎其似无所止，而迢迢乎如将治而不可穷也。”他最后得出结论说，曾巩的

① 刘弇：《上曾子固先生书》，《龙云集》卷15，四库全书本。

文章“虽未敢直比之孟、扬，然自以为跨越韩、柳，超绝诸子远矣”。而之所以如此，则在于曾巩“道隆德骏（峻）为世表的”[①]。这样，刘弇也便成了第一个把曾巩哄抬到不适当地位的人。这中间显然和投书求见，以求能被收纳于门下，所以不免夸大其词以致言过其实有关。但他也确实是意识到了曾巩文章“文”“道”合一的倾向，看到了曾巩文章的主要特点，以及这种特点所以形成的原因。刘弇在文学创作上名气没有“苏门六君子”大，对他的文章特点后世的评价也不太一致。《四库全书提要》的《龙云集提要》说:“其文不名一格，大都气体宏整，词致敷腴。周必大作是集序，谓其醺经饫史，吞吐百氏，为足继欧阳修之后，而上接韩文，推许未免溢分。《宋史》本传称其文‘铲削瑕颣，卓诡不凡’，庶几乎近其实矣。”[②] 其实周必大的原序并没有说过这样的话。周必大只是说有宋一代，在庐陵郡，欧阳修赫然为一代儒宗，继之者则是刘弇。这并不关乎对他文章的评价。而他文章的特点，周必大说："如《南郊赋》气格近先汉"，"诗、书、序、记往往祖述韩、柳，间或似之。铭志丰腴，规摹文忠（欧阳修）。"[③] 显然四库馆臣们是误记了。但平心而论，刘弇的文章确实也有取法曾巩纡徐婉曲、熔式经诰的一面，只不过学得不太成功，远没有达到曾巩那种水平而已。

总之，由于曾巩在当时文坛上的影响，使他得到了一辈文学新人的崇敬。这些人当中，如陈师道、秦观、张耒、晁补之、“临江三孔”后来都成了蜚声文坛的作家。当然，使他们各自最后享有盛誉的不在古文，但这是很正常的现象。他们的师事曾巩，是一代新秀转益多师过程中的一段经历。但如果我们抛开这种门户之见来看待，便会发现，这恰恰显示出了风雅大宋在文学方面的开放与包容，显示出了北宋文坛鼎盛与繁荣的面貌。北宋文坛，正因为有几代前辈的铺垫，最后又有了欧阳修这样的领袖人物，有“三苏”、曾、王这样的主唱者，有陈师道、秦观他们浑厚的和声，才形成了宋代文学高昂嘹亮的时代大合唱。曾巩则是这一大合唱中的一位大家。

---

① 刘弇：《上知府曾内翰书》，《龙云集》卷 21，四库全书本。
② 《四库全书提要·龙云集提要》，《龙云集》卷首，四库全书本。
③ 周必大：《龙云集原序》，《龙云集》卷首，四库全书本。

第七章

望处更有山几重

——曾巩研究中的几个问题

第一节　疑义何妨相与析

——曾巩谥议之我见

三十余年前我在拙著《曾巩评传》中，曾提及曾巩在南宋宝祐年间因陈宗礼之请而赐谥“文定”的问题。限于当时特殊的历史条件，许多图书馆中线装书籍还处于封存状态，资料搜集非常困难。我所依据的，主要是《建昌府志》所载“理宗时赐文定，邑人陈宗礼所请”一语，及《南丰县志》卷五所载陈宗礼《曾南丰先生祠堂记》所说的一段话:“余尝窃禄中秘，偶当陛对。尝述先生之文之道，请赐谥立祠以光往哲，以范后学。朝廷既以文定易名，贤太守又为祠以从众欲，余适需次与观规画，邑之士请书其本末，遂不敢辞。”并据陈宗礼此文末尾所署写作时间，将赐谥时间定在宝祐四年。2008 年第 3 期《文学遗产》杂志发表了张燕婴先生《稿本〈故中书舍人南丰先生曾公谥议〉述略》一文，介绍了故宫博物院收藏的南宋末年刘汉弼撰写的为曾巩议定谥号的奏书文稿，并对我和学界此前所认为的宝祐四年赐谥之说提出了质疑。这大致包括两个方面：一是请赐者并非陈宗礼，二是请赐和赐谥时间不当在宝祐四年。主要理由是，刘汉弼曾于嘉熙二年（1238）八月至十二月间，和淳祐二年（1242）两度兼任考功员外郎一职，此文当作于淳祐二年第二次任职期间，后三年刘汉弼即已去世。而陈宗礼则在刘汉弼去世那年方进士及第，八年后的宝祐元年（1253）至宝祐二年（1254）才供职于秘书省，刘汉弼不可能在去世后再应陈宗礼之请谥奉命为曾巩作谥文。其次，刘汉弼在曾巩谥议稿中说，曾巩的赐谥，是应南丰盱江学舍诸生所请，朝廷颁付有司核议的。所以曾巩赐谥文定，既非因陈宗礼之请，也不应是在宝祐四年。

在学术讨论中，有新材料发现并引发对研究对象的更深入的讨论，这是很值得高兴的事。从这个意义上讲，稿本《故中书舍人南丰先生曾公谥议》的发现并面世，确实有着很重要的学术价值。但刘汉弼这份稿本被发现之后，原南丰县博物馆邱模楷馆长和我，经过搜集和查阅相关资料，觉得有些问题仍旧是值得讨论的。本节拟就这些疑点，谈谈我的看法。

曾巩谥文定，曾有朝廷颁发的谥文，这是无疑的。但学界一直没有找到撰稿者及谥文的确凿的线索，所以有关论著多只简单提及。我在写《曾巩评传》之前，于20世纪70年代初搜集曾巩资料时，曾在四部丛刊本的《金华黄先生文集》卷二十一和卷十六中，发现了《跋南丰曾公谥文定复议》和《刘忠公奏议集序》两篇文章。这两篇文章亦见于四库全书所收黄溍《文献集》卷四及卷六。后一篇不涉及曾巩谥议问题，前一篇全文如下：

宋制：文臣光禄大夫、武臣节度使以上，法当定谥者，皆太常博士议之，考功郎中复之，乃以上于朝而降勅。绍兴初，欲旌死节之臣，始有赐谥。径令中书舍人行词给告，太常、考功咸不与焉。由是应得谥者，亦援以为比。乾道末，臣寮言其非故事而申明之。淳熙中，遂诏特命谥者，并经有司议定，取旨出勅。曾公官止四品，因乡郡之请而赐谥。其议于太常，复于考功者，用近制也。然其发扬褒美，虽书赞之辞，殆不是过。岂以降勅给告为轻重哉？刘公自嘉熙戊戌讫淳祐壬寅，凡两兼考功，又真除员外郎，不知此议作于何时？今言者方建白重修《宋史》，考其岁月，上之有司，以补曾公列传之阙可也。

此即张先生所发现的刘汉弼《故中书舍人南丰先生曾公谥议》稿本上黄溍的题跋。我当时曾按文中所谓“刘公自嘉熙戊戌讫淳祐壬寅，凡两兼考功，又真除员外郎，不知此议作于何时”一语，试图查找到这位“刘公”的具体材料，但鉴于当时的条件，惜其未果。出于慎重，只好在书中特意以一语附带提及，而未展开叙述。数十年过去，看到张先生所发现的这个稿本，作为曾巩的研究者，我是很高兴的。至于我将赐谥时间定在宝祐四年，则是参照了方志研究中确定郡县设立时间的惯例。在历史上，大凡设立新的郡县，一般都有一个从倡议到写出呈文上报有司，再到有司核议，朝廷批复，下达地方，再由主管部门选派长官，直至首任长官正式到任，并组建相关政府机构行使权力，才算完成。所以学界多以最后一道程序的完成作为确定设立时间的依据。对已故官员中属于追谥一类官员的赐谥，与此有些相似。从提出请赐要求，到太常寺和礼部分别做出谥议和复议，再到批准，然后颁发告词，所在州郡建祠祭祀，同样有个过程。我当年将曾巩赐谥时间定在宝祐四年，就是在请教了有关历史学家后，参考了设立新郡县时间的划分惯例而定的。

今天看来，我的这种选择可能是有些不妥。但正如我在前文所说的，将刘汉弼撰写谥议文稿定作赐谥时间，我觉得也同样是值得商榷的。事实上，陈宗礼为曾巩请谥一事，现在我们已发现的材料，远不止于他那篇《曾南丰先生祠堂记》。邱模楷先生在南丰《二源曾氏族谱》中，发现过一篇曾巩从裔孙曾渊子写的《重建南丰先生曾文定公祠堂记》。此文亦见于同治《南丰县志》。全文如下（文中勘正语为邱馆长所加）：

圣贤之道，流行天地间，而其神气，则无所不知（《县志》作“不之”，族谱误）也。吾七世祖曾文定公，盖传圣贤之道为世儒宗。而生居南丰，其神气尤显。邑东之奉亲坊与秋雨堂之在城西者，实世居之第，与安禅寺跬步而近。公尝有《赠懃上人》诗题寺壁（《元丰类稿》作“《赠安禅懃上人》”）云：“讵知潇洒吾庐近（《县志》作“旧”），却有高明此寺邻。水竹迸生刚节老，秋山迥（《元丰类稿》作“过”，误）抱翠岚新。谁（《元丰类稿》作“惟”）怜季子归来困，自笑原思久更贫。深识幽人风谊（《元丰类稿》作“义”）厚，扫轩开榻最相亲。”予少时读书其中，建（当为“见”字之误）公手译（当为“泽”字之误），不胜感慨，乃为摹刻，藏之《全（当为“金”字之误）石录》中，经今几载矣！宝祐间，予友千峰陈君立之居官中秘，为公请谥得赐文定，而郡守杨公为之立祠于迎盱门外一里许，仍复近寨（按：《县志》作“祠”，族谱误）之族一家，俾领祀事，甚盛举也。然寺（《县志》作“祠”）距邑治稍远，凡四方士君子来者，欲瞻诸公，多不便于行。余奉命西巡，过家拜祖垄，族众以为言，欲以当邑之中重立公祠，且得为诸子姓聚学计，适当余心。则忆当时读书，僧院之外多空地弃（应是“空弃地”），乃出资二十金输之官以易其地。以丈计者，周围皆六有奇。于是族众之富者出财，贫者效力，其有心计而勤者督工。以兹岁之秋八月兴作而十月告成焉。视迎盱之祠虽若少隘，然忆公尝寓此，则公神气当益显于此。而吾子姓学道于此者，又皆乐有所依归，不特士君子瞻诸者之为便也。于是族众皆喜，而又语余曰：“祠建矣，公得以专祀矣，不有叔茂、安仁、湘潭、文肃、文昭为诸宗之祖乎？固皆公手足至戚也，独不可以并祀于此乎？”余时怆然者久之，乃府（应为“俯”之误）而思，曰：“祀公之专者，有众平时之公议也；欲并祀诸祖者，吾家一本之私情也。祀不以专则弗尊，而于公议有咈；不并诸祖而祀之则弗亲，而于私情为不申，是谓难为兄难为弟者也。”于是酌公私之间有权焉。乃于室之内设为诸祖神位，而六位以次列于上，若生平聚食于斯者然。特于中堂立公像位，以慰其来瞻诸者。若夫岁时祀事，则并举于室中。而牲醴品仪则取诸寺田之入，更不以费于官，庶几公私曲尽，可垂永久。于是族众乃欣然色喜曰：“如是则尊尊亲亲之道备矣！”遂砻石碑，余次其言为记而刻之。时宋咸淳十年甲戌岁冬十月望立石。

曾渊子（1226—？），字广微，号留远，旧说是江西金溪人，邱模楷先生经过极其认真的考辨，考定其祖上虽曾析居金溪，但其后又迁回了南丰，曾渊子在一些文章中也一再谈及过自己自幼至长在南丰的活动，所以曾渊子其实是南丰人。[1]曾渊子为宋理宗淳祐十年进士，历官右正言、监察御史、权户部尚书，浙西制置使，同知枢密院、参知政事，广西宣谕使，是位著名的抗元志士。这篇记是为咸淳十年南丰重建曾巩祠堂而作的，一是说明何以将祠址由城郊迁入城内，二是说明和族人商讨如何处理曾巩与曾氏诸祖共祀的问题。对我们的讨论来说，有价值的是文中这句话："宝祐间，予友千峰陈君立之居官中秘，为公请谥得赐文定，而郡守杨公为之立祠于迎盱门外一里许"。这位千峰先生陈立之，就是陈宗礼。这段话中，关于曾渊子和陈宗礼的关系，陈宗礼之请谥，曾巩之被赐谥，地方官员建祠以落实谥议的过程，记录得非常明白。这里所说的"杨公"即杨瑱，宝祐年间曾知建昌军事，《江西通志》《建昌府志》记载了好几起他在南丰和南城主持对曾巩、李觏等地方文化名人的建祠祭祀活动。

此外，还有一个材料也是应该注意的。这就是刘埙在其《隐居通议》卷九的《陈文定公诗句》一则中，也说及曾巩的赐谥过程："初，南丰先生曾公以硕学鸿文师表一世，殁且一百年，易名礼缺。公（陈宗礼）宝祐立朝，因转对，为穆陵言之，得谥文定。其后公薨，亦谥文定，异哉！"陈宗礼去世后也被赐谥为"文定"，刘埙觉得很巧合，所以在文中说及这件事。刘埙（1240—1319），字起潜，南丰人。宋亡时，已三十六岁，对曾巩被赐谥、南丰建祠堂祭祀一事，应当是很清楚的。

我们现在所能看到的曾巩谥议问题的材料，除刘汉弼的文稿之外，其余几乎都是出自南丰本土或邻邑崇仁、金溪的学者之手。这些作者有的甚至还是曾氏的后人。而陈宗礼、曾渊子还都是有着相当高的政治地位的官员。朝廷给一位已故前朝官员赐谥，是相当郑重、严肃的事。无论从礼仪上讲，还是从这些官员的身份讲，都是不容弄虚作假的。陈宗礼和曾渊子官位显赫，他们在各自所作的曾文定公祠堂记中，都言之凿凿地说是因陈宗礼之请而赐谥，说他们有假，无论如何是说不过去的。杨瑱作为地方行政长官，也决不可能假造圣旨、欺君罔上，在朝廷没有赐谥的情况下，跑到南丰去主持修建

① 邱模楷：《曾渊子身世籍贯考》，南丰地方文化研究中心编：《文化南丰》，2017 年第 8 期。

文定祠堂来落实朝廷颁赐的谥号。更何况刘埙还特别说到是陈宗礼在陛对时对“穆陵”说的，“穆陵”即理宗。所以，以刘汉弼稿本及此谥议文稿的写作时间为依据，来全盘否定陈宗礼与曾巩谥议的关系，显然也是不妥当的。

以此，我觉得我们在对这一历史疑案作出判断时，在研究方法上，可能走入了一个“非此即彼”的误区。确实，刘汉弼为曾巩谥议的最初起草者应是无疑义的，这有黄溍的跋文为证。但这并不足以否定陈宗礼之请谥，因为这里存在一个刘汉弼起草了谥议稿之后，朝廷是否即已颁行告词的问题。这里还须说明一点，张先生文章发表后，一些学者似乎又误解了张先生的原意，也未弄清我所说的陈宗礼请谥一事，在介绍张先生文章时，将我说的陈宗礼“请谥”解释为“起草谥议”，并以为张先生文章推翻了我说的陈宗礼为曾巩谥议起草者的说法。纵观所有材料，无论是前人，还是拙著，都没有说过陈宗礼是谥议的起草者，而只说他是请谥者。如果考虑到刘汉弼起草的谥议可能没能及时颁发的因素，我们就没有理由去否定陈宗礼的再次请谥的可能性。更何况，刘埙已说得很明白，陈宗礼是在应诏陛对时，向理宗提出这个请求的。其次，古代的谥议，通常为三类，一是去世后即予赐谥的。这一般是适用于当朝符合赐谥条件的已故官员。但也有个请谥和议谥到最后颁发的过程。如欧阳修于熙宁五年去世，颁谥“文忠”则在两年以后的熙宁七年。杨万里于开禧二年去世，诏令赐谥则在两年之后的嘉定元年，但真正颁发谥告，却是在其去世八年之后的嘉定七年。二是对已故所谓“罪官”，在去世多年后得以昭雪，然后追封谥号的。如黄庭坚于北宋徽宗崇宁四年逝世于宜州贬所，一直到南宋恭宗德祐元年，才被太常寺谥议为“文节”。三是如曾巩这类官阶品级不够但又有深远影响的官员，在若干年后经地方或子弟请谥而追谥的，其谥议过程可能就更复杂一些。但不管哪类，其中存在一个时间差是可以肯定的。这最典型的例子是杨万里。从《诚斋集》卷一百三十三所附《谥文节公告议》中可看出，早在开禧三年，其后人即已向朝廷上呈了议谥的申请，次年（即嘉定元年）就已诏令赐谥，下礼部评议。同年四月十九日，礼部收到太常寺博士陈贵谊所撰谥议及四月十三日考官郎官李道传所撰谥议。但一直到嘉定六年十二月八日，才确定谥号，嘉定七年正式颁发《谥文节公告议》。

从起草谥议到最后颁发，相隔了七年。这中间也可能和上层官员对其评价有异议有关，也可能和职能部门办事效率有关，甚至还可能有某些不为人知的因素在内。总之，在古代官员赐谥中，这类情况不在少数。像曾巩这类品级不及的前朝官员的追谥，是否也存在这种被一再延迟的情况呢？也就是说，淳祐年间朝廷依盱江学舍诸生之请，由刘汉弼撰写了曾巩的谥议文稿，但是否当时就获得批准并下达，恐怕是值得存疑的。

黄溍既然为刘汉弼的奏议集写过序，他在那里边并未看到这篇谥议，而恰恰在这篇谥议稿本的跋文中又特别指出此谥议不知作于何时，这中间应该是感觉到了有某种原因存在的。

所以，我想我们不妨作这样一个推断，即早在淳祐年间，朝廷接到过盱江学舍学子为曾巩请谥的申文，由刘汉弼起草了谥议，但出于某种原因而被搁置。直到宝祐年间，陈宗礼在陛对时，再次向理宗提出了这一请求，终于得到批准，颁发了正式的谥告，于是由知建昌军事杨瑱主持了南丰曾文定祠堂的修建，以落实朝廷的谥告。其颁赐时间，大致可推定在着手建祠的宝祐三年夏天之前。当然，这只是我个人的理解，提出来和学界共同商讨，更为准确的判断，自然还有待于新材料的发现。

第二节　所幸天未丧斯文

——元大德本《元丰类稿》述录

曾巩的文集《元丰类稿》最初刊刻于元丰八年（1085），这从首刻时中书舍人王震所作的《南丰先生文集序》中可以得到印证。序说："客有得其新旧所著而裒录之者，余因书其篇首云。宋元丰八年三月朔日三槐王震序。"[①]这个本子按曾肇在曾巩《行状》中所说，有《元丰类稿》五十卷，《续元丰类稿》四十卷，《外集》十卷，但到元大德年间，《续稿》《外集》已散佚了。时任南丰县令的丁思敬从地方访得所藏旧本五十卷《类稿》，重新刊印，前

① 《元丰类稿》卷首，四库全书本。

有王震原序和朱熹所作《南丰先生年谱序》及《后序》，最后有丁思敬所作《元丰类稿后序》。只是将王震原序改题为《重刊南丰文集序》而已。这后来就被学界称之为大德本。这是至今所见流传下来的《元丰类稿》较早的刻本。至于宋代原刻本的《元丰类稿》，传至今日，据有关资料显示只余残卷，其实这所谓的残卷，也只是残页而已。

在《元丰类稿》诸刻本中，大德本是一个不应被忽略的刻本。陈杏珍、晁继周先生在他们整理的《曾巩集》的《前言》中说，这个刻本较能反映曾巩文集的原貌，这是很恰当的评价。关于这一点，我们如果将其与宋刻本《曾南丰先生文粹》作一比较，就可以看出来。

宋、金两代保存下来的有两部非常有价值的刻本，一是宋本《曾南丰先生文粹》，一是金代临汾刻本《南丰曾子固先生集》。金刻本中保留了不见于他本的曾巩诗歌二十九首，词一首，文七十八篇。这些文章很有可能是已散佚的《续稿》《外集》中的文章。这部刻本，20 世纪 80 年代中华书局曾影印出版，陈杏珍先生在为此次影印写的《说明》中已做了详细的考辨和介绍。这个刻本和《元丰类稿》在编排上不属同一个系统。它的主要价值，是可以让我们看到曾巩早期文章的大致风貌，因而特别珍贵。而对我们研究《元丰类稿》宋代原刻本最有价值的，则是《曾南丰先生文粹》。我将这部《文粹》和元大德丁思敬刻本做了一个比较，得到一个很强烈的印象，即《文粹》可以反衬出元大德本应该是保留了宋代《元丰类稿》原刻本的基本面貌。

关于这一刻本的主持者丁思敬及其刊刻过程，我们现在能找到的材料非常少。只知道他是东平（今山东东平）人，元成宗大德六年曾任南丰县令，这可见之于《南丰县志》和丁思敬在刻本后面附的“后序”的记载。其书刻成的时间则是后两年的大德八年。“后序”说：“仆尝读舍人王公所著《南丰先生文集序》，喜其有波涛、烟云、三军朝气之语，足以摹写斯文之妙。及观紫阳夫子序公家谱，甚恨世之知公者浅，而后未敢以前言为可喜也。公先世亦鲁人，常欲抽瓣香、修桑梓，敬而未能 . 大德壬寅春，假守是邦，既拜公墓，又获展拜祠下，摩挲石刻，知为魁枢千峯陈公名笔。至品藻曾、苏二公文，则独以金精玉良许曾文之正，信乎！曾文定之文价，至陈文定而后论定也。公余进学，官诸生访旧本，谓前邑令黄斗斋尝绣诸梓，后以兵毁。夫以先生文献之邦，而文竟无传，守乌得辞其责？乃致书云仍留畊公，得所刻善本，亟捐俸，倡僚属及寓公士友，协力鸠工，摹而新之，逾年而后成，其用心亦勤矣，后必有不汲汲于他务者，悯其勤而寿其传，斯无负雪楼先生品题云。大德甲辰良月，东平丁思敬拜手书于卷尾。”① 这里说的“千峰陈公”“陈文定”即上节说到的陈宗礼。而“黄斗斋”“云仍留畊公”“雪楼先生”则均不可考。

我们具体地来考察一下大德本。大德本五十卷，按文体分类编排。卷一至卷五为古体诗，卷六至卷八为律诗，卷九为论与议。卷十至卷十四为传序，其中卷十的传只有一篇《洪范传》，其实还是一篇论，而非人物传记。卷十五至卷十六为书，卷十七至卷十九为记，卷二十至卷二十六为制诰、制诰拟词和诏、策。卷二十七至卷二十八为表。卷二十九至卷三十二为疏和札子。卷三十三至三十五为奏状。卷三十六至三十七为启、状。卷三十八至四十一为祭文、疏、哀辞，这里的疏是属于神祇祭祀一类的文字，和卷二十九所收的《熙宁转对疏》不属同一类文体。卷四十二至卷四十七为碑志行状。卷四十八为传，卷四十九为本朝政要策，其实是国家政策法令要点的辑录，其中有些非常简短，称不上是完整的文章。卷五十为金石录跋尾。

再看《文粹》。这里先要说明的是，《文粹》除宋刻本之外，还有明代嘉靖二十八年无锡安如石刻本，其篇目多于宋刻本。我们这里用以对比的，是宋刻本。此书前后均未注明选编者和选编时间，全书十卷，共收文一百零七篇。因为所选为文，所以前面的诗歌全删除了。和大德本对照，卷一所对应的是第九卷，以下各卷即按此次序编排。

卷一对应大德本卷九，收论一篇，议三篇，与大德本完全相同。

卷二对应大德本卷十至卷十一，收序十一篇。比大德本的卷十少《洪范传》一篇，《进太祖皇帝总序并状》只取序文。比卷十一目录序少《鲍溶诗集目录序》

---

① 丁思敬：《元丰类稿后序》，元大德本《元丰类稿》卷尾。

一篇，其余十篇全同。

卷三对应大德本卷十二、十三和十四，收序十九篇。其中大德本卷十二的文集序九篇，《文粹》全同。大德本卷十三的文集序及杂序九篇，《文粹》少收《越州鉴湖图序》等三篇。大德本卷十四赠序、字序十一篇，《文粹》少收《送傅向老令瑞安序》等六篇。

卷四对应大德本卷十五、十六，收书十五篇。大德本卷十五为十篇，《文粹》删去《上欧阳舍人书》《上齐工部书》和《再与欧阳舍人书》等三篇。大德本卷十六收书十八篇，《文粹》只取了《与杜相公书》等八篇，少收《与王介甫第一书》等十篇。

卷五对应大德本卷十七、十八，收记十六篇。大德本卷十七记十二篇，《文粹》全同。大德本卷十八记十三篇，《文粹》只收了前面的《思政堂记》等四篇，其余编入下一卷。

卷六对应大德本卷十八、十九，收记十三篇。较大德本卷十八余下的九篇少《瀛州兴造记》一篇，其余全同。大德本卷十九收记九篇，《文粹》只收《襄州宜城县长渠记》等四篇，少《广德湖记》等五篇。

卷七对应大德本卷二十六，收诏三篇、策两篇。大德本卷二十六制诰拟词十六篇，《文粹》中全无。诏四篇，《文粹》诏三篇，少《赐高丽诏》一篇。《拟代廷试进士策问》大德本为三篇，《文粹》少第二篇。

卷八对应大德本卷二十九、三十，收疏一篇，札子三篇。其中大德本卷二十九疏一篇，札子一篇，《文粹》同。大德本卷三十札子六篇，《文粹》选前两篇。其余编入下一卷。

卷九对应大德本卷三十、三十一、三十四、三十五，收札子四篇、状五篇。比大德本卷三十余下的四篇札子少一篇，又将卷三十一的《再议经费札子》一篇补入，成四篇。大德本卷三十四收状八篇，《文粹》少《授沧州乞朝见状》等四篇。大德本卷三十五收状三篇，《文粹》只收了《拟辞免修五朝国史状》一篇。合为状五篇。

卷十对应大德本卷四十一至四十六共六卷，收哀辞一篇，墓志铭十篇，选文显得比较草率。大德本卷四十一收祭文十六篇，疏一篇，哀辞三篇，《文粹》

只选了《苏明允哀辞》一篇。大德本卷四十二收墓志铭八篇,《文粹》选《虞部郎中戚公墓志铭》等四篇。卷四十三墓志八篇,《文粹》选三篇。卷四十四墓志十一篇,《文粹》只选了一篇。卷四十五墓志十八篇,《文粹》选一篇。卷四十六墓志十五篇,墓表一篇,《文粹》只选了《亡兄墓志铭》一篇。

以此来看,《文粹》无疑是个选本。就选本的一般规律来说，它作为“文粹”，先删除了“诗”而专选“文”。选文之中又侧重于选最具文学价值的文体，所以所选文章相对集中在曾巩文章中文学色彩最浓的序、记、书和哀祭、墓志等几类文体中，其他如占据曾文很大比重的制诰、札子几乎全删。但大概是受全书总篇幅的局限，曾文中文学价值很高的表启也全部没有入选，而同样具有较高文学价值的哀吊、墓志也选得很少，且显得比较粗略。但它又是个很特殊的选本。这主要表现在卷目及各卷文章的具体编排顺序上。参照大德本，便可发现,《文粹》在卷目编排顺序上，从《元丰类稿》的第九卷文章开始，后面各卷的次序完全是依次而下的，没有一处颠倒或错乱。即便是合《元丰类稿》中几卷文章中所选篇章为一卷的，其文章的编排顺序也是严格按原来各卷的先后顺序来编排的。如第一卷,《文粹》篇目排列为：

论
唐论
议
救灾议
为人后议
公族议
大德本格式、篇目、顺序完全相同。又如第三卷,《文粹》篇目排列顺序为:
序
李白诗集后序
先大夫集后序
王深父文集序

王子直文集序

范贯之奏议集后序

王平甫文集序

强几圣文集序

思轩诗序

类要序

相国寺维摩院听琴序

张文叔文集序

馆阁送钱纯老知婺州诗序

齐州杂诗序

（赠）黎安二生序

送周屯田序

送江任序

送赵宏序

送王希序

送丁琰序

前九篇在大德本中为第十二卷，顺序相同。从《类要序》起至《（赠）黎安二生序》六篇，在大德本中为第十三卷，但大德本是九篇，《文粹》少《越州鉴湖图序》《顺济王敕书祝文刻石序》和《叙盗》等三篇。大德本中，《越州鉴湖图序》在《类要序》之前，为全卷第一篇。《顺济王敕书祝文刻石序》和《叙盗》在《齐州杂诗序》和《（赠）黎安二生序》之间，在全卷中为第七、第八篇。《文粹》删去这三篇后，其余六篇排列顺序和大德本完全一样。最后五篇在大德本中属第十四卷，大德本此卷共十一篇，依次为《送傅向老令瑞安序》《送周屯田序》《送江任序》《送刘希声序》《送李材叔知柳州序》《送赵宏序》《送王希序》《王无咎字序》《送蔡元振序》《送丁琰序》《谢司理字序》，《文粹》只取了其中五篇，但在排列上依旧严格地遵循了原来的顺序。其余各卷的情况与此完全一样。所以，与其说《文粹》是曾巩文章的一个选本，还不如说是五十卷本《元丰类稿》的一个删减本。进一步对照大德本，我想，这种契合恰恰说明，大德本确实保留了元丰八年《元丰类稿》首刻本文集部分的原貌。

其次是和其后的明代各刻本相比，大德本各篇正文保留了一些宋本的篇目和诗题下的小序。如卷七《水西亭书事》一诗，及卷四十七《太子宾客致仕陈公神道碑》自"及退而自休，日"以下，至铭词的"乃长书省"一句之前的四百六十八字，现今所见各种明刻本，无不缺漏，而大德本则保存得很完整。

这里还有一点是要说及的，就是大德本卷首的目录在次序编排上出现了一些颠倒错乱现象。这又有三种情况。一是诗题或文题漏刻许多字，如卷二《将之江淛延祖子山师柔会别饮散独宿孤亭遂书怀别》，只刻"遂书怀别"四字；卷五《延庆寺会景纯正仲希道介夫明叟纳凉同观建郧宫中画象翰林墨迹延庆寺者刘裕故宅中有寿丘山》，只刻"寿丘山"三字；卷六《雪后同徐秘丞皇甫节推孔教授北园晚步》，只刻"孔教授北园晚步"等等。但这是刻工为节省目录篇幅有意省去的部分，如对照各卷正文，则可发现在正文中还是完整无缺的。二是有部分标题在编排上次序颠倒。如卷二《送人移知贺州》和《之南丰道上寄介甫》颠倒，卷四《与舍弟别舟岸间相望感叹成咏》和《戏呈休文屯田》颠倒，同卷《麻姑山送南城尉罗君》和《东轩小饮呈坐中》颠倒，卷五《移守江西先寄潘延之节推》和《汉阳泊舟》颠倒，同卷《访石仙岩杜法师》和《晓出》颠倒。这也是刻工为节省版面，在排列目录时，将字数较少的题目合在一行，而将字数稍多的题目或单独编成一行，或与特别短的题目合成一行。对照正文则顺序还是正常的。三是漏字或错字。如卷六《送关彦远赴江西》漏"彦"字，同卷《忆越中梅》，"越"刻为"赴"字，《再赋喜雪》之"赋"字也刻作"赴"字，《寄致仕欧阳少师》之"仕"字刻作"士"字。卷七《正月六日雪霁》"雪"刻作"雲（云）"等等，这只是误刻，对照正文，除"越"字正文也误刻之外，其余都未刻错。而且这种错字的现象，在宋刻古籍中就已经是一个比较普遍、比较常见的事，许多学者都指出过这一点。至于大德本的这类错误究竟是沿袭了宋版的错误，还是在新刻中出现的错误，我想恐怕二者都有。但倘若以之比较一下明代的《元丰类稿》各种刻本，大德本则显然要精良得多。

总之，从细致的比较中可以看出，元大德本《元丰类稿》尽管没有保留《续稿》和《外集》，但因为隔宋代较近，所据又是南丰当地所存旧本，所以还是保留了宋代原刻《元丰类稿》的基本面貌。也正因为这个刻本，曾巩文集的主体部分得以较好地保留下来，让后人得以看到曾巩诗文中最精华的部分。从这一角度来说，大德本应被视作是很珍贵的一个刻本。

第三节　一生殷勤一部书

——清顾刻本《元丰类稿》述录

曾巩文集诸多刻本中，还有一个刻本也是很有价值的，这就是清康熙五十六年长洲顾崧龄刻《元丰类稿》五十二卷本。

顾崧龄是江苏长洲（今吴县）人。顾氏家族作为吴中望族，散处苏州周边各县，是一个有着极其深厚的文化底蕴的传统文学世家，曾被康熙称作“江南第一读书人家”。这个家族除热衷学术著述之外，还有喜好藏书和刻书的习惯。从明至清，顾氏家族中如顾元庆、顾有孝、顾嗣立、顾存仁、顾櫰、顾缵诒、顾崧龄，以及较顾崧龄要晚、活动于乾隆、嘉庆、道光年间的顾广圻、顾沅、顾湘，都有刻书的爱好。关于这一家族，以及他们所从事的古籍整理、校勘和刻印活动，江庆柏先生《明清苏南望族文化研究》、凌郁之先生《苏州文化世家与清代文学》，以及刊载于《江苏出版史志》1995 年第 2 期的叶瑞宝先生《苏州顾氏刻书考述》一文，都有较详细的介绍与评论。但关于顾崧龄，我们无论是从史料还是当代的顾氏家族研究著作中，能看到的材料却非常之少。只知道他属长洲顾氏，字峻岳，一字东巌。据柯愈春先生《清人诗文集总目提要》（上册）介绍，他是康熙五十年副榜贡生，有《东巌诗集》四卷，但仅存一卷，藏上海图书馆。而他所刊刻的书籍，现在所知道的，也只有这部《元丰类稿》。又据《绣谷亭书录》云：“曾（巩）集自元大德以后，刻者屡矣，皆不免伪漏。近何屺瞻以传是楼宋大小字二本校勘，得《水西亭书事》诗一篇，及《太子宾客陈公神道碑》内脱字四百六十有八，顷见长洲顾崧龄新刻本，缺者在焉。并以《文鉴》《文粹》《圣宋文选》《能改斋漫录》等书，凡得外集二十首。余又于《播芳文粹》（得）表牍三首，并寄东巖补之。”这大概就是到目前为止，我们能收集到的有关顾崧龄的全部材料了。

关于这个刻本的整理与刊印过程，顾崧龄在刻本完成之后，曾写过一篇《曾南丰先生全集跋》，全文如下：

《南丰先生元丰类稿》五十卷，前明递刻以传，宜兴令邹氏乃刻于正统间，最先出。其中讹谬已多，况后焉者乎？崧龄喜诵先生文，苦无善本，又虑其愈久愈失其真，于是参相校雠，佐以《宋文鉴》《南丰文粹》诸书，手自丹黄，谋重刻之有年矣。侧闻屺瞻何太史焯每慨藏书家务博而不求精，故即近代通行之书多所是正，而先生集亦尝假昆山传是楼大小字二宋本相参手定，其副墨在同年友子遵蒋舍人杲所，因请以归，於是复参相校雠。凡宋本与诸本异同者，僭以鄙意折衷其间。如第七卷脱《水西亭书事》诗一首，第四十七卷《太子宾客陈公神道碑》脱四百六十八字，诸本皆然，则据宋本补入。类此颇多，未易悉数。至于先生《续稿》及《外集》，南渡后已散佚，见于吴曾《能改斋漫录》、莊绰《鸡肋编》与《文鉴》《文粹》中者得十三首，拟附于后。舍人闻而韪之，因又出《圣宋文选》见示，复得七首。共二十首，分为上下卷，题曰《南丰先生集外文》。刻既成，乃喟然而叹。盖叹舍人不吝之雅意，与太史是正之苦心，俾是刻得免踵讹承谬之诮，抑且搜取遗珠，幽而复光，以遂崧龄修瓣香之敬，於先生宁非厚幸哉？

先生之文，自宋以来，序而颂扬者众矣，以崧龄荒陋，即欲置喙，宁有加焉？因次王震以下序十二首，总冠简端，惟自述其重刻缘起如此。

康熙五十六年丁酉夏四月日，长洲后学顾崧龄谨跋。[①]

此文开头所说的明正统十二年宜兴县令邹旦的刻本，是入明之后《元丰

① 顾崧龄：《曾南丰先生全集跋》，康熙长洲刻本《元丰类稿》卷尾。

类稿》最早的刻本。以其卷后辑录有大德本丁思敬后序，学界一般都认为是源自大德本。但这个刻本校勘不很精严，踵讹承谬处甚多。此后的明刻本则又大多以这个刻本为底本，递相沿袭，错讹更多。顾崧龄选择的底本是哪种？他在这篇跋文中也没有说明。但从本文开头一段话来看，他校勘《元丰类稿》应是分两段进行的。其最初未必选定了某一刻本做底本，再参以他本。而很可能是以邹旦本和其他明刻本互相参校，在参校中又佐之以《宋文鉴》《南丰文粹》诸书，完工之后，曾拟将这个校本付梓，惜未如愿。后来又得到何焯曾精校诸多古籍的信息，何焯曾参照昆山传是楼所藏《元丰类稿》的大小字两宋本，校勘过《元丰类稿》，并写下了许多精审的校记。蒋杲藏有这些校记的副本。于是，他从蒋杲处求得这个副本，再行校勘。蒋杲又给他提供了《圣宋文选》一书，他从中又辑得曾巩佚文七篇，结合此前从《能改斋漫录》及《宋文鉴》《南丰文粹》诸书中辑录的一十三篇，合为南丰集外文两卷，于康熙五十六年予以刊行。此书刊行之后六年，何焯也便去世了。

跋文所说的何焯，字屺瞻，号义门，长洲人。康熙四十一年由直隶巡抚李光地举荐，以拔贡生入直内廷，特赐进士出身，改庶吉士，授编修。曾长期校书武英殿，后赠侍读学士。大概就在这期间，他对诸多古籍做过很严谨的校勘，写下了许多极有见地的校勘文字和批语。他因而也被认为是开启清代考据学风的先行者。至于他对曾巩《元丰类稿》的校勘，是在他入仕之前，还是其后，因为不见于资料记载，我们就不得而知了。何焯文章在当时极负盛名，尽管著述颇丰，但据《四库提要》说，在当时却没有什么著作传世。他去世之后，先是其子何云龙、侄子何堂与弟子沈彤收集他的这些文字，整理成编，交何堂的堂弟何祖述刊刻。不知何因，何祖述最后只刻了六卷，于乾隆十六年印行。其后又由蒋维钧广为搜辑，编为五十八卷的《义门读书记》，于乾隆三十四年刊印。其中关于曾巩《元丰类稿》的校记计五卷。不过，这都是顾崧龄校刻《元丰类稿》以后的事了。所以，我们可以据此而推断，顾崧龄所参看的何焯的校记，应是蒋杲所保存的何焯的手稿副本，而不是后来成书的《义门读书记》。

其次，是跋文中所说的传是楼。传是楼是清代著名学者、藏书家徐乾学的藏书楼。徐乾学，字原一，号健庵，是明末清初著名学者顾炎武的外甥，也是昆山人。康熙九年进士，授编修，曾任《明史》总裁、侍讲学士、内阁学士。累官至刑部侍郎。传是楼以其藏书的丰富和精选，在当时便名闻遐迩。汪琬《传是楼记》说它“凡七楹间，命工斫木为橱，贮书若干万卷，区为经、史、子、集四种……凡为橱者七十有二”①。何焯参校用的大小两宋本即取自他的藏书中。

再者就是跋文中所说的蒋杲。蒋杲，字子遵，也是长洲人，康熙五十年进士，历官户部郎中，廉州知府。最后编定《义门读书记》的蒋维钧，则很可能是其后辈。

理清了上面这些关系，我们再回到顾崧龄校刻《元丰类稿》上来。应该说，顾崧龄的校勘是认真的，加上又借鉴并吸收了何焯的成果，所以这个刻本成了现存《元丰类稿》诸多旧刻本中校勘最为精严的刻本。乾隆年间修四库全书，其中辑入的《元丰类稿》，即以此校本为底本。当代学者陈杏珍、晁继周先生整理、由中华书局印行的《曾巩集》，也是以其为底本的。

顾刻本的价值，主要表现为这样几个方面：

首先，是补录了明刻本所遗漏的作品。这又分两类，一是整篇遗漏的，如第七卷中《水西亭书事》一诗。另一类则是行文有脱漏的，如第四十七卷的第一篇《太子宾客致仕陈公神道碑铭》，自“及退而自休，日使家人诵书，常数千年”的“日”字以下，至铭文的“乃长书省，乃宾宫朝”一句前计四百六十八字，顾本予以了补入，使之成为完篇。在上引跋文中，顾崧龄自叙这两处都是在得到何焯的校记后，据宋本补入的，这无疑是他吸收了何焯校记的具体表现。不过，有一点也是必须说明的。顾崧龄在这里没有提到元大德本，而且说何焯所参校的，是大小字两宋刻本。看来他们两人都没有看到过大德本。因为在大德本中，上述两处都不存在脱漏问题。但不管他们看到过没有，他们据宋本补入，使之完整，这一点，还是值得特别肯定的。

其次，是收集了曾巩的二十篇佚文，编为集外文两卷。关于这二十篇佚

① 汪琬：《传是楼记》，《尧峰文钞》卷23，四库全书本。

文，顾崧龄在跋尾中说，辑录自《宋文鉴》《南丰文粹》《能改斋漫录》和《鸡肋编》四书的十三篇，辑自《圣宋文选》的七篇。但实际上，在上述诸书中，存在这二十篇文章互见的情况。表列如下：

《国体辨》(《圣宋文选》《南丰文粹》)
《邪正辨》(《圣宋文选》《南丰文粹》)
《说势》(《圣宋文选》《南丰文粹》)
《说用》(《圣宋文选》《南丰文粹》)
《读贾谊传》(《圣宋文选》《南丰文粹》)
《书郑魏公传》(《圣宋文选》《南丰文粹》《宋文鉴》)
《上欧蔡书》(《圣宋文选》《南丰文粹》)
《代上蒋密学书》(《圣宋文选》《南丰文粹》)
《代人上石中允书》(《圣宋文选》《南丰文粹》)
《听琴序》(《圣宋文选》《南丰文粹》)
《杂识二首》(《宋文鉴》)
《怀友一首寄介卿》(《能改斋漫录》)
《厄台记》(《圣宋文选》《鸡肋编》)
《问尧》(《圣宋文选》)
《论习》(《圣宋文选》)
《说言》(《圣宋文选》)
《说非异》(《圣宋文选》)
《治之难》(《圣宋文选》)
《上田正言书》(《圣宋文选》)
《代人上永叔书》(《圣宋文选》)

顾跋所说的辑自《圣宋文选》的七篇，指的应该就是后面这七篇。但实际上前面的十三篇中，只有《杂识二首》和《怀友一首寄介卿》是不见于《圣宋文选》的。

这些文章的辑录，对后人研究曾巩早期文章风格特点，有着极为重要的价值。我们在前面说过，欧阳修在《送吴生南归》一诗中，曾说过他初次读到曾巩文章时的强烈印象："我始见曾子，文章初亦然。昆仑倾黄河，渺漫盈百川。决疏以导之，渐敛收横澜。"在《元丰类稿》首次结辑成集的时候，王震在其序文中言及曾巩文章的特点，也说他"慓鸷奔放、雄浑瑰伟，若三军之朝气，猛兽之抉怒，江湖之波涛，烟云之姿状，一何奇也"！刘埙《隐居通议》说："近得《续稿》四十卷，细观其间或多少作，不能如《类稿》之粹。"但这种个性鲜明的风格特点，在现存五十卷本《元丰类稿》所收作品中，体现的却并不是那样突出，而在顾本所辑的两卷集外文的大部分作品中，我们却可以明显地感觉得到。20 世纪 80 年代，陈杏珍、晁继周先生发现并由中华书局影印了金代临汾刻本的《南丰曾子固先生集》。我们如果仔细检点其中所收集的诗文，可发现顾刻本从《圣宋文选》等处辑录的集外文，绝大多数都见于金刻本。而且一些文章在金刻本中，原本是取子书的分类组合形式来分卷的。如《国体辨》《邪正辨》在金刻本中则是和《时俗辨》《号令辨》，加上《治之难》(金刻本作《为治难》)合为第四卷的。又如《说势》《说用》《说言》《说非异》四篇，在金刻本中，《说势》《说用》《说言》三篇是和《说学》《说官》《说宫》三篇共同组合为第七卷的。而《说非异》则是和《说内治》《说遇下》《说夷》合在一起为第八卷。此外，如《问尧》《论习》后还有一篇《论贫》，加上《书与客言》《书虏事》《书唐欧阳詹集》《讲周礼疏》合编在第五卷中。《读贾谊传》《书魏郑公传》(金刻本作《书魏郑传》)则和已收入五十卷本的《元丰类稿》第四十八卷的《洪渥传》合为第六卷。这中间固然有些不是纯粹的子书编组形式（这和金刻本只是曾巩文集的一个选本有关），但大体上还是显示出所取秦汉子书传统的组合格式。这中间的许多文章，都是《元丰类稿》和顾崧龄所辑集外文没有收录到的。陈杏珍、晁继周先生整理的《曾巩集》，从中辑录出除顾刻本集外文已辑录的佚文以外的诗三十二首，文七十八篇。由此，我们也可以推断，无论是何焯也罢，还是顾崧龄也罢，大概都没有见到过这个金代刻本。但即便如此，当我们将金刻本所载录的这些曾巩佚文，和顾崧龄所辑集外文做一比较，仍旧可以进一步看出这些文章中所体现的曾文早期的风格特点的。所以，尽管顾崧龄的辑佚还很不全面，但他毕竟为我们透见曾巩早期文章的大致面目，感受他已散佚的《续稿》和《外集》的一些信息，提供了很可贵的资料。从这一点上讲，顾崧龄所辑录的集外文尽管只有二十篇，其贡献当是不容小觑的。

顾刻本所以为后来的曾巩研究者特别推重，还有一个原因是其校勘较流传下来的诸多明代刻本要精严。我们在前面说过，顾崧龄是经过了两次校勘的，其中不但有他自己的校勘成果，还借鉴和吸收了何焯的校记，这自然会在相当程度上增强其校勘的质量。不过，清代的四库馆臣还是觉得有美中不足之处。《四库提要》的《元丰类稿提要》说："康熙中长洲顾崧龄所刊，以宋本参校，补入第七卷中《水西亭书事》诗一首，第四十七卷中《太子宾客陈公神道碑铭》中阙文四百六十八字，颇为清厘。然何焯《义门读书记》中有校正《元丰类稿》五卷，其中有如《杂诗五首》之颠倒次序者，有如《会稽绝句》之妄增题目者，有如《寄郓州邵资政》诗诸篇之脱落原注者，其他字句异同不可殚举，顾本尚未一一改正。"《提要》只说及了对《水西亭书事》和《太子宾客陈公神道碑铭》的增补，其实，顾刻本对何焯校记的去取远要复杂。何焯《义门读书记》中关于《元丰类稿》的校记共五卷，其中涉及诗歌一百九十四首，散文四百四十二篇，绝大部分是校勘文字，也有少部分是对艺术手法和文章特点的评论。顾刻本对何焯的校记意见还是采用了不少。如为四库馆臣批评的所谓"妄增题目"的《会稽绝句三首》,明刻本误刻为《会稽绝句三首送赵资政》，何校记指出"宋本无'送赵资政'四字为是"，顾本其实是做了删除的,《四库提要》批评错了。《瀛洲兴造记》"为南北角道若干里"一句，何校记云："'角'作'甬'。"顾刻本予以了改正。同篇"昔郑火灾"一句，何校记云："'灾'字衍。"顾本删去了"灾"字。又如《进太祖皇帝总论并状》之"将无以使列圣巍巍之伟迹焜耀昭彻"一句,何校记:"'伟'作'韪'。""觉悟万世"一句之"悟"，何校记云原作"寤"。"自天宝以后"，何校记云："'以'作'已'。""纪纲寝坏"，何校记云："'寝'作'浸'。""有所乏少，常振助之"，何校记云："'振'作'赈'。"顾刻本都一一做了改正，即便是可以互通的字也如此。又"忧吏民之不良"一句，何校记："'民'字衍。”顾本删除了“民”字。“其群臣有恩旧、有劳能”一句，何校记：“‘其’下有‘于’字。”顾刻本做了增补。在另一些篇目的校勘中，他又是有选择性的採纳。如《抚州颜鲁公祠堂记》中“与常山太守杲卿伐其后”一句，何焯校记云：“‘与’字上有‘公’字。”顾本没有增补。文末“夫公之赫赫不可尽者，固不系于祠之有无”一句，何校记云：“‘尽’作‘盖’。”顾本也没有改回。但“四方闻之，争奋而起。唐卒以振者，公为之唱也”一句，何校云：“‘唱’作‘倡’。”顾本则予以了改正。“今天子至和三年，尚书都官郎中知抚州聂君某，尚书屯田员外郎通判抚州林君某，相与慕公之烈，以公之尝为此邦也，遂为堂而祠之。”何校云：“‘知抚州聂君某’，‘某’作‘厚载’。‘通判抚州林君某’，‘某’作‘慥’。”顾刻本则均做了补正。至于《四库提要》所说的未被采纳的几处，也确实存在。如卷四的《杂诗五首》中“相去几年今与古”一首，明刻本在“少年百事锐”一首之前，何校已指出其次序颠倒，但顾本没有改正过来。卷八《过灵壁张氏园三首》，何校记云：“‘灵’当作‘零’。”并引《宋史·地理志》所云“元祐元年始割虹之零壁镇为县，其改为灵壁，则在政和七年”为证，指出：“曾之作诗，苏（轼）之作记，皆在未为县之时，不但‘零’之为‘灵’未改也”。顾刻本没有采纳何校记的意见，依旧作“灵壁”。卷十八《清心亭记》“命之在彼者，能安之，则万物自外至者安能累我哉”一句，何校记云：“‘则万物自外至者’，‘物’下有“之”字。”顾本未依何校记增补。同篇“亦可谓能知其要矣”一句。何校记云：“‘能’字衍。”顾本也未将“能”字删去。如《寄致仕欧阳少师》诗，何校记云：“作‘《寄致政观文欧阳少师》。’原注有‘固辞宠禄，归就休闲。进退之宜，四方所仰’十六字。”顾刻本未按何校记增补。同卷《寄郓州邵资政》诗，何校云：“题下原注：‘蒙郓州知府安抚资政书，言入秋以来，甚有游观之兴，而少行乐之地。因问敝邑山水之景，见索新诗。某荒废文字久矣，惟重意之辱，不能自已，谨吟二百字上寄。’俗本删节不完，今依宋本改正。”这段原注，在大德本中也一样，但正如何焯所说，在一些明刻本中却被删节，显得不完整。顾刻本没有采纳何焯的校记补入原注注文，而是沿用了何焯所称“俗本”删节后的话：“蒙问敝邑山水之景，见索新诗。重意之辱，谨吟二百字上寄。”

在顾刻本中，这种如《四库提要》所说的“未一一改正”的地方还有不少。而之所以会出现这种情况，原因可能有两方面：一是如顾崧龄在跋尾中所说的，“凡宋本与诸本异同者，僭以鄙意折衷其间”。也就是说，他还是加入了自己的判断和取舍，而不是对何焯校记的全部照搬。对一些何校记虽已指出，但他认为其实是无误的，他便未做改动。如前所举《进太祖皇帝总论并状》中“大惧智不足以窥测高远”一句中的“窥”字,何校记说宋本作“究”，顾刻本便没有采纳。第二，则可能和顾崧龄、四库馆臣各自所看到的何焯校记不同有关。顾崧龄校勘《元丰类稿》在康熙五十六年前，他所看到的是藏于蒋杲家的副本。而何氏后人首次汇集刊印的六卷本《义门读书记》，刊印时间是在顾刻本印行三十四年之后的乾隆十六年。蒋维钧搜集整理并刊印的五十八卷本的《义门读书记》则更晚，是在乾隆三十四年，较六卷本又后了十八年。《四库提要》的《义门读书记提要》作于乾隆四十三年九月，《元丰类稿提要》则作于乾隆四十六年，较顾崧龄校刻《元丰类稿》已晚了六十四年了。以此，四库馆臣所依据的何焯校记，应该是蒋维钧搜集的比较完整的《义门读书记》。顾崧龄看到的副本则属未及付梓的手稿抄本一类，至于这个副本是否完整，他在跋尾中没有说明，但和四库馆臣看到的《义门读书记》，显然是有区别的。这中间有些校记他没能看到，也未可知。

综上，我想我们可以就顾刻本《元丰类稿》得出如下一些结论：

一、尽管顾崧龄在刻本前汇编的十二篇序跋中收有丁思敬的“后序”，但从顾刻本和元大德丁思敬刻本的比较中，还是可以看出，无论是何焯还是顾崧龄，应该是都没有见过大德本。顾崧龄最初采用的只是明代的一些刻本，后来才参考了何焯的校记，于康熙五十六年刊印了新校勘的《元丰类稿》。而何焯所使用的又是大小两字的宋刻本，所以，他们在校正明刻本的错误和脱漏时，都没有提到和宋本比较一致的大德本。

二、在关于《元丰类稿》的校勘中，何焯的校记是最精审、最有价值的一种。顾刻本借鉴并吸收了他许多意见,所以在现存《元丰类稿》各种版本中，顾刻本远比明代诸多刻本要好。

三、顾刻本参考的何焯校记副本，和比他刊行《元丰类稿》还晚五十余年由蒋维钧搜集刊印的《义门读书记》，很可能存在出入。但四库馆臣所依据的，是比较完整的《义门读书记》，这却是可以肯定的。《四库提要》批评顾刻本没有完全采纳何焯的校记，以致一些何焯在校记中已指出的相异或脱漏处，没有一一改正，也是合符顾刻本实际的。这可能和顾崧龄有自己的判断和取舍有关，也可能和双方所依据的何焯校记不同有关。但就总体来看，顾刻本仍不失为现存《元丰类稿》诸刻本中最精审、最有价值的刻本。

一生殷勤一部书。正是因为有了顾崧龄的这些努力，才在元大德本之外，有了一部更为完备的五十二卷本的《元丰类稿》，这个功劳是不应被埋没的。

结　语

还在曾巩处于穷困潦倒的时候，王安石就预言说他“借令不幸贱且死，后日犹为班与扬”。[①]曾巩后来虽不因贫困而死，但王安石当初的预言，还是为历史所证实，也为同时代作家及后人所认同。在曾巩去世时，苏辙在挽辞中说他“儒术远追齐稷下，文词近比汉京西”[②]。释道潜说他“学从游夏渊源继，文列班扬伯仲间”[③]。明代的学者何乔新也说他“学术自应超董贾，文章元不让韩欧”[④]。他不但在十二年外任中充分展示了杰出的政治才能，而且在一系列的文章中展示了他对社稷安危的关心，和对政治改革的深入思考。而更主要的，是他以自己的文学成就，成了中国文学史上卓有建树的古文大家之一。自南宋至清代的几百年中，他一直被视作“蓄道德而能文章”的古文家，视作“文统”与“道统”合一的楷模。他的文章无论是当时还是后来，也一直被人奉为学习的典范，尤其是明清两代的古文家，不少人都从学他的文章入手来学欧阳修、学秦汉古文。近代以后，尽管因为受社会政治思潮的影响，他曾长期被有意冷落，但这些历史的烟云，毕竟掩盖不住他作为文章大家所具有的耀眼的光辉。一千年来，他始终以其彪炳显赫的成就，高高地耸立在中国文坛之上，获得后人的热爱与尊敬。

---

① 王安石：《赠曾子固》，《临川文集》卷13，四库全书本。
② 苏辙：《曾子固舍人挽词》，《栾城集》卷13，四库全书本。
③ 释道潜：《曾子固舍人挽词》，《参寥子诗集》卷4，四库全书本。
④ 何乔新：《过嘉禾怀南丰先生》，《椒邱文集》卷24，四库全书本。

后　记

我在20世纪80年代曾写过一本《曾巩评传》，1990年由江西高校出版社出版。按体例，那其实是一本研究性著作，我原定的书名为《曾巩研究》，但因为当时学术著作发行非常困难，考虑市场的实际情况，我接受了出版社的意见，将书名改为“评传”。书出版后，发行量虽然不是很大，但三十年来，还是受到了学界比较广泛的关注。限于自己当时的学养和水平，加上当时文献资料收集非常困难，拙著存在一些不如人意的地方，我对一些材料的理解也存在明显的错误。这主要有以下几处：一是关于曾巩首次赴试的时间，拙著采用的是王焕镳先生《曾南丰先生年谱》的说法，定在仁宗景祐三年。而根据李震先生发现的新材料，应该是庆历元年。二是曾巩耕读期间置办田地的南源庄，我原以为是金溪的南源。而根据原南丰县博物馆馆长邱模楷先生的考证，应是距南丰县城十余里的崇觉寺附近的南源。三是曹彦约“诗才清不羡沧浪”的“沧浪”，我原解释为南宋的严羽，而实际上严羽晚于曹彦约。曹诗是沿用了《楚辞·渔父》的典故。四是对潘德舆“五七言古甚排宕有气”一语，因句逗错误而作了错误的理解。五是《赴齐州》一诗，应是晁补之的作品，《宋诗纪事》误为曾巩所作。我未辨真伪，沿用了这一说法。一个二十来万字的小本子，竟出现如此之多的失误，实感惭愧。以此，多年以来，我也一直企望有机会对这些失误进行纠正。所幸的是，中共南丰县委、南丰县人民政府拟在2019年隆重举办曾巩诞辰一千周年纪念活动，南丰县南丰地方文化研究中心和江西人民出版社特约我写一本新的曾巩评传，这使我终于得到一个机会，来对旧作中的失误进行修正。为此，特向中共南丰县委、县人民政府和江西人民出版社表示衷心的感谢，并借此机会向学界同行及阅读过拙著《曾巩评传》的读者致歉。

此次新写的这本评传，除对旧作的上述错误作了修正之外，也遵循评传体例的写作规范，在结构上做了比较大的调整，并且补充了许多新的内容，研究视野也有所拓展。对旧作中一些我自以为已梳理或辨析清楚了的问题，如曾巩的历史评价等，则没有过多的重复。对一些实在不得不重复的内容，写作时也在篇幅上做了适当的调整。

回顾三十多年来的研究工作，我曾经得到江西高校出版社，以及许多前辈学者和方方面面朋友的热情帮助，这一直让我非常感激。本书的写作和出版，又得到南丰地方文化研究中心夏老长主任和陈飞龙书记、江西人民出版社王一木先生、抚州市社科联罗伽禄先生、南丰县博物馆王永明馆长等的大力支持。借此机会，向大家表示衷心的感谢。去年秋天，长期以来一直关心和支持我进行曾巩研究、甚至临终前还在给本书写作提供新的材料的原南丰县博物馆馆长邱模楷先生不幸去世，没能看到我这本书的出版，为此我感到深深的遗憾。但愿这本小书的出版，能给他一点小小的告慰。

我年事已高，自觉精力大不如前，书中或许还会有新的错误，愿识者不吝指正。

王琦珍

于江西师大南区宿舍雨风斋

2019.1.8